Andrew Carrington Hitchcock

SATANS BANKER

Die Finanzgeschichte der globalen Vereinnahmung durch Rothschild & Co

*Gewidmet den
Millionen von Männern, Frauen und Kindern,
welche, durch die Jahrhunderte,
unter den ›Bankern Satans‹ gelitten haben.*

Ihr seid nicht vergessen.

© 2009 by J.K.Fischer-Versandbuchhandlung-Verlag
und Verlagsauslieferungsgesellschaft mbH
D-63571 Gelnhausen-Roth
Herzbergstraße 5-7
Tel 06051 - 47 47 40   Fax 06051 - 47 47 41
www.j-k-fischer-verlag.de

ISBN 978-3-941956-66-7

Printed in Germany

© andrewcarringtonhitchcock@hotmail.com
Originalausgabe „The Synagogue of Satan" 2006
Übersetzung: Klaus Müller
Layout & Satz: Revo Emag

Andrew Carrington Hitchcock

SATANS BANKER

Die Finanzgeschichte der globalen Vereinnahmung durch Rothschild & Co

„Lass mich das Geld einer Nation drucken und kontrollieren, und ich mache mir nichts daraus, wer die Gesetze schreibt"

Mayer Amschel Rothschild

J.K.Fischer-Verlag

Vorwort

Satan ist ein Synonym für die Neigung zum Bösen. Satan lockt mit Macht, Reichtum und Berühmtheit. Bei ihm gibt es keine Moralansprüche, es ist alles erlaubt. Hinter ihm verbirgt sich ein ruchloses, mörderisches Netzwerk, das im Hintergrund der Weltgeschichte die Fäden zieht und im wahrsten Sinne des Wortes über Leichen geht.

Was geschah als Jesus auf die Geldwechsler im Tempel traf? Er warf sie hinaus und sagte: „Mein Haus soll ein Ort des Gebets sein, aber ihr habt eine Räuberhöhle daraus gemacht"! Und in der Offenbarung des Johannes steht betreffs des ehrsamen Menschen: "Ich kenne Deine Drangsal und Armut, dennoch bist Du reich. Ich weiß auch, dass Du von jenen geschmäht wirst, welche Juden zu sein behaupten und es doch nicht sind, sondern eine Versammlung Satans". Hier weiß die Apokalypse sehr wohl zwischen gottergebenen Juden und einer bösartigen Clique egomaner Halunken zu unterscheiden.

Es ist die uns innewohnende Liebe und die Verantwortung unseren Mitmenschen gegenüber, die uns sagt, dass wir den teuflischen Verlockungen nach Macht, Ruhm und übermäßigem Besitz widerstehen sollen. Aber nicht alle können das. Gar manche haben sich dem Teufel verschrieben, um das Spiel der irdischen Macht über alle dadurch verursachten Leiden hinweg mit allen Konsequenzen gnadenlos auszukosten. Doch dieses duale Spiel der Gegensätze neigt sich dem Ende zu. Die Lakaien der Macht sind in diesem Endzeit-Szenario derzeit dabei, durch übergroße Gier verursacht serienweise in ihr eigenes Schwert zu stürzen. Insgeheim ahnen sie es in ihrem letzten Aufbäumen bereits, das ihr dunkles Spiel bald ausgepfiffen wird.

Das Erwachen der Menschheit ist trotz aller demagogischer Gehirnwäsche und massenmedialer Desinformation nicht mehr aufzuhalten. Die Zeichen der Zeit stehen auf massive Veränderung und es ist für die darob verzweifelten Strippenzieher zu spät, das Ruder nochmals mit ihren alten Tricks herumzureissen. Untergang oder Seitenwechsel ist nun deren Devise.

Doch in dieser turbulenten, geschichtlich einmaligen Phase der Menschheit heißt es nochmals Rückschau halten, um zu verstehen, wie alles so kommen konnte, und danach dieses künstlich inszenierte Jammertal schleunigst zu verlassen. Das absichtliche Gegeneinanderhetzen von Bevölkerungsgruppen wird zunehmend durchschaut, man braucht nur zu fragen, wem es eigentlich immer nur nützte. Zur inneren Ganzwerdung ist es wie in der Psychoanalyse sinnvoll, nochmals in die Vergangenheit zurückzublicken, und noch einmal direkt ins Angesicht der zunehmend identifizierten Täter des Grauens zu blicken.

Im Sinne des Heilwerdens der Menschheit geht darum, sich mit der bislang vor der Menschheit unter Verschluss gehaltenen eigenen Geschichte ein letztes Mal zu konfrontieren, um die wahren Attentäter der Weltgeschichte sodann in ihrem Häufchen Elend zurückzulassen und im Zorn oder liebevoll auf den Müllhaufen der Geschichte zu werfen. Nur so ist ein Neuanfang der Menschheit möglich, eine Zukunft des Miteinander anstelle des künstlich und mit teuflischer Absicht geschürten Gegeneinanders. Je besser wir die Wurzeln der Vergangenheit kennen, desto schneller geht das Zeitalter des Terrors der Macht und der satanischen Gier einer Horde von koordinierten Blutlinien und Einzeltätern zu Ende.

Diese bislang gut getarnten Psychopathen der Weltherrschaft der letzten Jahrhunderte samt ihrem perfiden Netzwerk ins Licht zu stellen, darum geht es in der speziellen Geschichtsschreibung dieses Buches, die wohlweislich in unseren Schulbüchern fehlt. Auch schon in der Materie etwas Belesenere werden ob des Umfangs der Infamie der Akteure noch ins Schwitzen geraten. Im Kern läßt sich das Netzwerk der Mega-Kriminalität aber mit nur einem Namen umreissen: Rothschild! Alles andere ist im Vergleich dazu nahezu Peanuts!

Die Rothschilds sind zusammen reicher als die gesamte Weltbevölkerung. Sie erlangten dies durch die Finanzierung von inszenierten Kriegen, oftmals gleich für beide Seiten. Wenn man die historischen Abläufe näher betrachtet, fällt auf, dass dieses von den jüdischen Rothschilds angeführte - vorwiegend sogar pseudo-jüdische - Netzwerk elitärer Familien in ihren zumeist gut getarnten menschenverachtenden Aktivitäten keinerlei Pardon kennt und auch keinerlei Rücksicht auf die jüdische Bevölkerung nahm. Ansonsten hätte die Familie Rothschild diesen Status nie erreichen können.

Durch historische Nachforschungen hat sich herausgestellt, dass die jüdische Bevölkerung unter einer Beimischung von Familien gelitten hat und leidet, welche sich auf einige wenige verwandten Blutlinien erstreckt, und jüdisch nur dem angenommenen „Glauben" nach ist. Dies hat zu vielfachen Diffamierungen der arglosen jüdischen Bevölkerung geführt.

Da die Behauptung der Ashkenazim-Abkömmlinge, jüdisch zu sein, auch in die offizielle Geschichtsschreibung Eingang gefunden hat, mag die nachfolgende Quotierung des Wortes jüdisch dem Leser oftmals seltsam erscheinen, soll aber so zitiert werden, wie in der Geschichtsschreibung vorgefunden.

In der Tat handelt es sich nur um wenige Blutsverwandtschaften, die sich mannigfacher historischer Lügen und Propaganda bedienten und bedienen. Die Rothschild-Familie ist eng mit den königlichen Familien Europas verwandt, welche ebenso behaupten, eine messianische jüdische Herkunft zu besitzen. Weitere mit den Rothschilds verwandte Ashkenazim-Blutlinien tragen Namen wie: Astor; Bundy; Collins; DuPont; Freeman; Kennedy; Morgan; Oppenheimer; Rockefeller; Sassoon; Schiff; Taft; Van Duyn.

Hinter der Wall Street, der City of London und der Bank des Vatikans verbirgt sich ein Bankenkartell eben jener verwandten Familien, welche sich durch Einheirat in die „königlichen Blutlinien" eine ungeheure Machtposition geschaffen haben, und die Religion als perfides Mittel nutzen, um sich als „Gottes Auserwählte" im Mittleren Osten einen eigenen Staat aufzubauen.

Die einfache jüdische Bevölkerung wurde in der Vergangenheit schon oft für die Untaten dieser Familien angegriffen. Die Zielsetzung dieses Kartells widerspricht aber den Wünschen der jüdischen Bevölkerung konträr, wie sich zunehmend in einem gesteigerten Unmut auch sogar der jüdischen Bevölkerung gegenüber dem Zionismus zeigt. Hier ein kleiner Ausschnitt aus der Internetseite „Jews against Zionism" (Juden gegen Zionismus):

> „Wir flehen unsere jüdischen Brüder an und ersuchen sie, zu realisieren, dass die Zionisten nicht die Retter der jüdischen Leute und Garanten ihrer Sicherheit sind, sondern eher die Anstifter und der eigentliche Grund des jüdischen Leidens im Heiligen Land und weltweit. Die Idee, dass Zionismus und der Staat Israel der Beschützer der Juden sei, ist wahrscheinlich der größte Schwindel, der je an den jüdischen Leuten durchgeführt wurde. In der Tat, wo sonst seit 1945 waren die Juden in solch physischer Gefahr als im zionistischen Staat?!"

Das vorliegende Buch klärt diesen Sachverhalt unverwunden auf: Es handelt sich hier nicht um eine jüdische Verschwörung, sondern um ein satanisches Ringen nach der Weltherrschaft, welche Israel als ihr Aufmarschgebiet beansprucht und ein angebliches Anrecht auf den „Thron von Jerusalem" einfordert.

Der Autor erklärt in hervorragender Weise die historische Entstehung des heutigen Finanzwesens, und nebenbei erfährt man noch, wie die Familie Rothschild aus reiner Geld- und Machtgier Kriege vom Zaun brach, um dann beiden Seiten, natürlich hochverzinst, dafür mit Finanzen auszustatten. Dadurch, sowie mittels Einheirat in mächtige Familienclans durch Inzest oder Heirat mit ersten oder zweiten Vettern und Kusinen konnten die Rothschilds eine immer mächtiger werdende Vetternwirtschaft aufbauen. Das alles geschah unter Zuhilfenahme diverser Männerbünde, Logen, Geheimdienste und des Militärs. So entstand eine für Laien völlig undurchsichtige Mafia des Mammons. Das Ergebnis dieser Strategie des Bösen: Es gibt heute nur noch fünf Länder ohne eine durch Rothschild kontrollierte Zentralbank: Iran, Nordkorea, Sudan, Lybien und Kuba.

Wenn man nach den Verursachern der weltweiten Finanzkrisen und sinnlosen Kriege sucht, dann hat man sie hier gefunden. Die Wurzel liegt in der solchem Bankwesen immanent zugrunde liegenden Korruption. Der wesentlichste Punkt: es ist schuldenbasiert! Geld entsteht zumeist schon allein dadurch, dass jemand ein Darlehen bei der Bank aufnimmt. Dadurch hat die Bank die gesetzliche Möglichkeit, dieses Geld in zehnfacher Höhe weiter zu leihen.

Vor Jahrhunderten brauchten die Könige immer öfter einen Finanzgeber, um ihre aufeinander losgehenden Armeen zu finanzieren. Darauf beruht unser heutiges Finanzsystem. Das von der Rothschild-Familie darob aufgebaute Finanzräderwerk arbeitete allerdings auch hinter dem Rücken der Fürsten und Könige, und finanzierte die Kriege oftmals gleich für beide Seiten. Dadurch konnten sie Nationen in riesige Schuldverschreibungen zwingen. Genau damit gewann die Macht von Rothschild und Co. mit jedem Krieg dazu, und diese Familien wurden schließlich weitaus mächtiger als die Nationen selbst, welche durch angehäufte Schulden de facto vielfach schon an ihre Geldgeber überschrieben sind.

An diesem Zeitpunkt der Geschichte befinden wir uns heute. Eine Analyse dieses kriminellen Netzwerks und dessen Entstehungsgeschichte zeigt, dass man Frieden nicht durch solcherart geschürte Kriege erreichen kann. Allein im 20. Jahrhundert starben 190 Millionen Menschen auf gewaltsame Weise, zumeist aufgrund kriegerischer Auseinandersetzungen. Eine andere Lösung der Konflikte ist nötig und wird erst mit neuem Bewusstsein und dem Verständnis der verschwiegenen Zusammenhänge und des teuflischen Wirkens dieser Kabale möglich.

Vielerlei Missverständnisse treten auch in Bezug auf den Talmud und die Kabbalah auf. Diese beiden Bücher sind nicht jüdischen, sondern eigentlich babylonischen Ursprungs. Prinzipiell wäre zu fragen, wofür denn der Begriff „jüdisch" heute nun eigentlich stehen soll. Für die Religion, eine Rasse, eine Volkszugehörigkeit oder eine Nationalität? Oder ist es nur eine Worthülse? Kaum ein Begriff trägt soviel zur Verwirrung bei wie dieser, und sollte nicht zu Kriegen, Propaganda und Volksverhetzung führen. Auch wenn aus historischen Gründen vielfach Juden im Vordergrund finanzpolitischer Machenschaften stehen, sind es doch immer einzelne Individuen oder nur kleine (teils nur vorgebliche) jüdische Gruppen, die für diese unwürdigen Taten verantwortlich sind und sich diesbezüglich schuldig machen. Es geht hier nicht um ein Volk als Kollektiv, da es unzulässig ist, vom Einzelnen verallgemeinernd auf das Ganze zu schließen.

Man kann sagen: die Mafia ist Italienisch. Aber das würde nicht bedeuten, dass alle Italiener Mafiosi sind. Dasselbe trifft hier zu. Viele Kriminelle des beschriebenen Netzwerkes sind jüdisch. Aber dies bedeutet nicht, dass die jüdische Bevölkerung an sich kriminell ist. So etwas zu behaupten, wäre in der Tat unangebracht und völlig lächerlich.

Das vorliegende Buch richtet sich somit gegen jeden Rassismus und Nationalismus, sowie gegen jeden politischen Betrug und Antisemitismus. Historische Missverständnisse müssen aufgeklärt und Menschenleben weltweit vor diesen monströsen Missetätern geschützt werden. Die nachfolgende massive Illustration der der bösartig inszenierten Ereignisse soll es dem Leser erleichtern, die komplexen Zusammenhänge zu verdauen und den wahren Tätern ins Auge zu sehen.

Diese horrible Chronologie des Bösen schildert den historischen Ablauf der Bildung unseres heutigen modernen Bankenwesens. Er schildert die Erschaffung von Geld aus dem „Nichts" und die daraus resultierenden gesellschaftlichen Folgen über die Jahrhunderte. Diese Geschichte ist weltbewegend und es ist primär eine Geschichte der Rothschilds und ihrer Handlanger. Leider ist es eine tragische Geschichte die mit dem Mord an Millionen von Menschen und dem künftigen Schicksal unseres Planeten verbunden ist. Wofür, muss man sich fragen, sind diese Menschen gestorben? Für den Schein des Geldes!

Heute befindet sich nur noch fünf Prozent allen Geldes in Form von Banknoten im Umlauf, der Rest existiert nur digital, das heißt in Computern. Kein Wunder, dass nun rein elektronisches Geld eingeführt werden soll. Damit wären wir dann der Diktatur der Banker noch vollkommener ausgeliefert. Diese Familien verstehen es, alles ins Gegenteil zu verdrehen. Das ist die satanische Kunst der so genannten Illuminaten. Schwarz ist Weiß, Krieg wird Frieden genannt, und Recht wird zu Unrecht. Anstatt zu geben, wird genommen. So wurde die ganze Welt von diesen Familien mit tragischsten Konsequenzen zum Narren gehalten?

Es begann alles nur mit ein paar Münzen und Schmuckstücken...

Klaus Müller, Übersetzer

10

Inhaltsverzeichnis

14

Satans Banker -
Eine Chronologie ihrer Geschichte und Agenda

740: In 740 A.D. in einem Land eingeschlossen zwischen dem Schwarzen und dem Kaspischen Meer, bekannt als Khazaria, einem Land das heute zumeist von Georgien besiedelt ist, aber auch nach Russland reicht sowie nach Polen, Litauen, Ungarn und Rumänien hinein, wurde die moderne jüdische Rasse geboren. **Eine moderne jüdische Rasse, die gar nicht jüdisch ist!**

Wie kann dies sein, fragen Sie? Zu der Zeit fühlten die Khazarier sich verwundbar, da Muslime auf der einen Seite und Christen auf der anderen Seite von ihnen lebten, und sie deshalb konstant Attacken von der einen oder anderen Seite fürchteten. Umso mehr, als die Khazarier keinen dieser Glauben hatten und anstatt dessen ihrer Idol-Verehrung folgten, welches sie reif für die Invasion seitens Leuten machte, die sie zu einem Glauben bekehren wollten.

Der khazarische König Bulan, entschied, dass es zum Vorteil der Khazarier wäre, zu einem dieser Glauben zu konvertieren, um sich gegen Attacken zu schützen. Aber zu welchem? Wenn sie zum Islam konvertierten, dann würden sie Attacken seitens der Christen riskieren und wenn sie zum christlichen Glauben wechselten, wäre die Gefahr hoch von den Muslimen attackiert zu werden.

Er hatte eine Idee. Es gab noch eine andere Gruppierung, welche mit den Muslimen und Christen zu ihren beiden Seiten zurechtkamen, vornehmlich in Handelsgeschäften. Eine Gruppierung, welche in gleicher Weise ebenso mit den Khazariern handelte. Diese Gruppe waren die Juden. König Bulan entschied, dass, wenn er seine Leute anweisen würde, zum Judaismus zu wechseln, sowohl Muslime wie Christen glücklich wären, da sie zu dem Zeitpunkt schon bereitwillig mit den Juden Handel trieben, und so tat er es.

König Bulan hatte Recht. Er würde in seinem Leben sein Land frei von Besatzung sehen, außerdem konvertierten seine Bürger freudig zum Judaismus und nahmen die Prinzipien des heiligsten jüdischen Buches, des Talmud, an. Es gibt viele Dinge, die der König jedoch nicht mehr sehen würde.

Er würde es nicht mehr erleben, zu sehen, wie sein Volk zu den Abkömmlingen eines Mannes wurde, der viel mächtiger sein würde als er, der runde 1000 Jahre später in Deutschland geboren wurde, ein Mann namens Bauer, der die Rothschild Dynastie gründen würde.

Er würde nicht mehr leben, zu sehen, wie seine Dynastie den Reichtum der ganzen Welt durch Betrug und Intrigen aufsaugte, welches sie durch die großen Reichtümer finanzieren würden, die sie vornehmlich anhäuften, indem sie die Kontrolle über den Geldvorrat erreichten.

Er würde nicht mehr sehen, wie seine Leute ein Heimatland in Palästina als ihr Geburtsrecht für sich beanspruchen, und sicherstellen, dass dort jeder Premierminister seit der Gründung 1948 ein Ashkenazim Jude ist, obwohl doch das wahre Heimatland der Ashkenazim-Juden, sein Königreich, 800 Meilen entfernt liegt.

Und er würde nicht mehr leben, um zu sehen, wie seine Leute die biblische Prophezeiung der „Synagoge Satans" Wirklichkeit werden lassen.

Oliver Cromwell

1649: Oliver Cromwell erhält Rückenstärkung vom Britischen Parlament für die Exekutierung von King Charles I nach Anklage wegen Staatsverrat. Anschliessend erlaubt Cromwell den Juden wieder, nach England zu kommen, hebt aber das Ausweisungs-Edikt nicht auf, das 1290 von König Edward I erlassen wurde, und alle Juden für immer aus England vertrieb sowie die Vorkehrung traf, dass jene, welche sich in England nach dem 1. November 1290 aufhielten, exekutiert werden.

In seinem Buch „*L'Antisemitisme son histoire et ses causes,*" (Der Antisemitismus, seine Geschichte und seine Ursachen), 1894 veröffentlicht, bemerkt der respektierte jüdische Schriftsteller Bernard Lazare das folgende über die Verbannung der Juden:

„*Wenn diese Feindlichkeit, sogar Abneigung den Juden gegenüber nur zu einem Zeitpunkt oder in einem Land gezeigt worden wäre, wäre es einfach, die Gründe des Ärgers abzugrenzen und zu entwirren, aber diese Rasse ist im Gegensatz dazu Gegenstand des Hasses seitens aller Bevölkerungen, unter deren Mitte sie sich breitgemacht hat. Es folgert daraus, da die Feinde der Juden den verschiedensten Rassen angehörten, da sie in Ländern weit entfernt voneinander lebten, da sie unter verschiedenen Gesetzen lebten, die gegensätzlichen Prinzipien folgten, da sie weder dieselbe Moral noch Gebräuche ausführten, da sie unterschiedlichen Gesinnungen angehörten und über nichts in derselben Weise urteilten, dass der allgemeine Grund des Antisemitismus immer in Israel selbst gelegen hat und nicht in denen, die Israel bekämpften.*"

Professor Jesse H. Holmes drückt in „*The American Hebrew*" die folgende ähnliche Meinung aus:

„*Es kann kaum ein Zufall sein, dass der gegen die Juden gerichtete Antagonismus fast überall in der Welt zu finden ist, wo Juden und Nichtjuden assoziiert sind. Und da die Juden das gemeinsame Element der Situation sind, würde es wahrscheinlich erscheinen, dass die Gründe augenscheinlich doch mehr bei Ihnen gesucht werden sollten als in den weit variierenden Gruppen, die diesen Antagonismus fühlen.*"

1688: A. N. Field erklärt in seinem Buch „*All These Things*", veröffentlicht in 1931, die Situation in England in diesem Jahr als ein Ergebnis von Cromwells Entscheidung, das Gesetz zu ignorieren, das die Juden von England bannte, und

Ihnen zu erlauben, in Nichtbeachtung des Gesetzes zurückzukommen, das nur 33 Jahre früher erlassen wurde, wie folgt:

> *„Dreiunddreißig Jahre nachdem Cromwell die Juden nach England hineingelassen hatte, erschien eine holländische Prinzessin von Amsterdam, umgeben von einem ganzen Schwarm an Juden aus diesem jüdischen Finanzzentrum. Seinen königlichen Schwiegervater aus dem Königreich vertreibend, nahm er den Thron großzügig an. Ein sehr natürliches Resultat, das auf jenes Ereignis folgte, war die Schaffung der staatlichen Schulden durch das Establishment sechs Jahre zuvor durch die Bank of England, zum Zweck des Geldleihens an die Krone. England hatte bis dahin für alles bezahlt, wie es kam* (ohne Schulden), *bis diese Juden ankamen."*

Gründung der Bank of England

1694: Die täuschender weise *„Bank of England"* genannte Bank wird gegründet. Die Bank ist täuschend genannt, da der Eindruck verschaffen wird, dass sie von der Regierung von England kontrolliert würde, obwohl sie in Realität eine Private Institution ist, die von den Juden gegründet wurde. In seinem Buch „The Breakdown of Money (Die Aufteilung der Finanzen), veröffentlicht 1934, erklärt Christopher Hollis die Gründung der Bank of England wie folgt:

„In 1694 brauchte die Regierung von William III (der von Holland zusammen mit diesen Juden gekommen war) dringend Geld. Eine Gruppe reicher Männer unter der Führung von William Paterson bot William an, Ihm £ 1.200.000 bei 8 % Zinsen zu leihen unter der Bedingung dass „The Governor and Company of the Bank of England" (Der Gouverneur und die Firma der Bank von England), wie sie sich selbst nannten, das Recht haben sollte, Banknoten zum vollen Ausmaß ihres Kapitals zu drucken. Das soll heißen, die Bank bekam das Recht, £ 1.200.000 in Gold und Silber einzukassieren und es in £ 2.400.000 umzuwandeln (es zu verdoppeln), und davon £ 1.200.000 als Darlehen an die Regierung zu vergeben, und die anderen £ 1.200.000 in Banknoten, selbst zu benutzen.

Paterson hatte ganz recht damit, dass dieses Vorrecht, welches der Bank gegeben wurde, das Privileg Geld zu machen war... In der Realität hielten Sie einen Geldvorrat von nicht mehr als zwei oder dreitausend Pfund. 1696 (also innerhalb von 2 Jahren) zirkulieren sie £1.750.000 an Banknoten gegen eine Bargeldreserve von £ 36.000."

William Paterson: „Die Bank hat den Nutzen der Zinsen auf alle Gelder, welche es aus nichts kreiert"

Die Namen der jüdischen Kontrolleure der Bank of England werden nie preisgegeben, aber es ist ersichtlich, dass sie schon in diesem Jahr durch ihre Kontrolle der Bank of England Kontrolle über die Britische Familie ausüben. Während ihre Identität

geschützt war, hätten sie vielleicht jedoch gewünscht, dass sie einen diskreteren Frontmann gewählt hätten, nachdem William Paterson erklärte:

„Die Bank hat den Nutzen der Zinsen auf alle Gelder, welche es aus nichts kreiert."

Die Tatsache, dass Paterson bereit war, die Katze in dieser Art und Weise aus dem Sack zu lassen, mag erklären, wieso er als armer Mann, ausgestoßen von seinen Kollegen, starb; oder vielleicht hatte dieser „shabbey goy" einfach in seiner Nutzbarkeit für die Juden hinter den Szenen ausgedient. (shabbey goy = schäbiges Menschlein, bzw. ein Nichtjude, der insgeheim die Interessen der Juden repräsentiert).

1698: Schon nach 4 Jahren der Führung der Bank of England ist die Kontrolle dieser Juden über die britische Geldversorgung sprunghaft angestiegen. Sie hatten das Land mit so viel Geld überflutet, dass die Schulden der Regierung an die Bank von den anfänglichen £ 1.250.000, auf £ 16.000.000 anstieg, und das innerhalb von nur 4 Jahren, was einer Steigerung von 1280 % entspricht.

Wieso tun Sie das? Ganz einfach, wenn Summe des Geldes, das sich in einem Land im Umlauf befindet, £ 5,000,000 beträgt, und eine Zentralbank etabliert wird und weitere £ 15,000,000 druckt, was Phase 1 des Plans ist, und dieses Geld in die Wirtschaft durch Darlehen etc. schickt, dann wird dies natürlicherweise den Wert der anfänglichen £ 5,000,000 verringern, welche sich in Umlauf befanden, bevor die Bank gebildet wurde. Der Grund dafür ist, dass die anfänglichen £ 5,000,000, die 100 % der Wirtschaft repräsentierten, nun nur noch 25 % der Wirtschaft repräsentieren. Dies gibt der Bank nun Kontrolle über 75 % des Geldes in Umlauf mit den £ 15,000,000, welche an das Land ausgegeben wurde.

Dies verursacht Inflation, die einfach eine Reduktion des Wertes des Geldes, das durch den gewöhnlichen Bürger geschaffen wird, darstellt, da die Wirtschaft mit Geld überflutet wurde, wofür die Zentralbank verantwortlich ist. Da nun das Geld des gemeinen Bürgers weniger wert ist, muss er zur Bank gehen, um für ein Darlehen zu bitten, dass er sein Geschäft führen kann etc., und wenn die Zentralbank zufrieden ist, dass es genügend Bürger da draußen mit Schulden gibt, dann wird die Bank den Geldzufluss verringern, indem sie keine Darlehen offeriert. Das ist Phase 2 des Plans.

Phase 3 besteht darin, sich zurück zu sitzen und zu warten, bis die verschuldeten Leute bankrott gehen, was wiederum der Bank erlaubt, von Ihnen wirkliche Werte, Geschäfte und Wohneigentum etc., für Pfennige zu beschlagnahmen. Inflation betrifft nie eine Zentralbank, in der Tat sind sie die einzige Gruppe, die von ihr profitieren können, da sie, wenn sie nicht über genügend Geld verfügen, einfach mehr drucken können.

Eröffnung des Bankhauses Rothschild

1744: Am 23. Februar wird Mayer Amschel Bauer, ein Ashkenazim-Jude, in Frankfurt geboren, das vierte Kind von Moses Amschel Bauer, einem Geldleiher und Eigentümer des Bankhauses.

Moses Amschel Bauer platziert ein rotes Schild über der Eingangstür zu seinem Bankhaus. Dieses Zeichen ist ein rotes Hexagramm (das geometrisch und numerisch die Nummer 666 ergibt), welches sich unter Rothschild Anweisung 200 Jahre später auf der Israelischen Flagge finden wird.

1753: Gutle Schnaper, eine Ashkenazim-Jüdin (zukünftige Ehefrau von Mayer Amschel Bauer), wird als Tochter von Wolf Salomon Schnaper, einem respektierten Händler, geboren.

1760: Während dieser Zeit arbeitet Mayer Amschel Bauer für ein Bankgeschäft, das den Oppenheimer in Hannover gehört. Er ist sehr erfolgreich und wird Juniorpartner. Während er an der Bank arbeitet, macht er die Bekanntschaft von General von Estorff.

Nach dem Tod seines Vaters kehrt M.A.Bauer nach Frankfurt zurück, um die Geschäfte seines Vaters zu übernehmen. Bauer erkennt die Wichtigkeit des Roten Hexagramms und ändert seinen Namen von Bauer zu Rothschild, nach dem roten Hexagramm oder Zeichen über der Eingangstür.

Zusammenarbeit mit königlichen Häusern, Darlehensverträge für Kriegstruppen, „Friedenstruppen" genannt

Unter seiner neuen Identität als Mayer Amschel Rothschild entdeckt er, dass General von Estorff jetzt dem Hof des Prinzen Wilhelm IX von Hessen-Hanau, einem der reichsten königlichen Häuser in Europa verbunden ist, welches ihren Reichtum durch die Verleihung von Hessischen Soldaten an fremde Länder für große Profite ausübt (eine Praxis, die auch heute noch ausgeführt wird durch den Export von „Friedenstruppen" über die ganze Welt).

Er macht deshalb die Wiederbekanntschaft des Generals unter dem Vorwand, ihm wertvolle Münzen und billige Schmuckstücke zu heruntergesetzten Preisen anzubieten. Wie geplant wird Rothschild daraufhin Prinz Wilhelm selbst vorgeführt, der mehr als erfreut ist über die niedrigen Preise, die er für jene raren Münzen und Schmucksachen verlangt, und Rothschild offeriert ihm einen Bonus für jegliches weitere Geschäft, das der Prinz in seine Richtung lenken kann.

Rothschild wird daraufhin zum engen Bekannten des Prinzen Wilhelm, und schließt Geschäfte mit ihm und anderen Mitgliedern des Hofes ab. Bald entdeckt er, dass die Darlehensvergabe an Regierungen und Königshäuser profitabler ist als die Verleihung an Individuen, da die Darlehen größer sind und durch die Steuern einer Nation gedeckt sind.

M.A. Rothschild wird „Hoflieferant Seiner Erlauchten Hoheit, Erbprinz Wilhelm von Hessen, Graf von Hanau"

1769: Mayer Amschel Rothschild wird zum Hofagenten für Prinz Wilhelm IX von Hessen-Kassel; der Enkel von George II; Neffe des Königs von

Dänemark; und Schwiegerbruder des Königs von Schweden. Es wird ihm daraufhin Erlaubnis durch Prinz William gegeben, eine Plakette mit dem Wappen von Hessen-Hanau vor seinem Geschäft anzubringen, das ihn als „M. A. Rothschild, Hoflieferant Seiner Erlauchten Hoheit, Erbprinz Wilhelm von Hessen, Graf von Hanau" ausweist.

Geburtsstunde der Illuminaten

1770: Mayer Amschel Rothschild entwirft einen Plan für die Schaffung der Illuminaten und betraut Ashkenazim-Juden Adam Weishaupt, einen Krypto-Juden (ein Jude der behauptet nichtjüdisch zu sein), der sich nach außen als römisch-katholisch gibt, mit ihrer Organisation und Entwicklung. Die „Illuminaten" sollen auf der Lehre des Talmud basieren, welche wiederum eine Lehre rabbinischer Juden ist. Sie sollen „Illuminaten" genannt werden, ein luziferanischer Begriff, der „Hüter des Lichts" bedeutet.

Mayer Amschel Rothschild heiratet die erst 17-jährige Gutle Schnaper am 29. August.

1771: Am 20. August kommt Schönche Jeanette Rothschild auf die Welt, die erste von Amschel Rothschilds 5 Töchtern. Sie wird später Benedikt Moses Worms heiraten.

1773: Am 12. Juni kommt Amschel Mayer Rothschild auf die Welt, der erste von Amschel Rothschilds' 5 Söhnen. Er, wie alle seine Brüder, die ihm folgen, wird in das Familiengeschäft im Alter von 12 Jahren eintreten.

1774: Am 9. September kommt Salomon Mayer Rothschild auf die Welt.

1776: Adam Weishaupt vollendet die Bildung der Illuminaten am 1. Mai 1776. Die Aufgabe der Illuminaten besteht darin, die Goyim (traditionell übersetzt: Nichtjuden) durch politische, ökonomische, soziale und religiöse Mittel zu dividieren.

Der Plan besteht darin, die gegensätzlichen Seiten der Goyim zu bewaffnen, während ihnen „Ereignisse" angeliefert werden, sodass sie anfangen können: zwischen sich zu kämpfen; nationale Regierungen zu zerstören; religiöse Institutionen zu zerstören; und letztendlich einander zu zerstören.

Weishaupt infiltriert daraufhin bald den Kontinentalen Orden der Freimaurer mit der Doktrin der Illuminaten und etabliert die Logen des Grossen Orients als ihr geheimes Hauptquartier. Dies geschieht alles unter den Anweisungen und der Finanz des Mayer Amschel Rothschild, und das Konzept verbreitet sich bald weltweit in die Freimaurerlogen hinein bis zum heutigen Tag.

Weishaupt heuert auch 2.000 bezahlte Befürworter an, insbesondere die intelligentesten Männer aus den Gebieten der Künste und Literatur, Bildung, Wissenschaft, Finanz und Industrie. Sie werden angewiesen, folgende Methoden zu benutzen, um das Volk zu kontrollieren.

1. *Gebrauche Geld- und Sexerpressungen, um Kontrolle über Männer zu erlangen, die bereits in hohen Stellen in verschiedenen Ebenen in der Regierung und in anderen Beschäftigungsfeldern stehen. Wenn einflussreiche Personen erst einmal auf die Lügen hereingefallen sind, auf die Täuschungen und die Versuchungen der Illuminaten, dann sollen sie in Fesseln gehalten werden durch die Anwendung politischer und anderer Formen von Erpressung, Drohungen des finanziellen Ruins, öffentliche Bloßstellung, und finanziellen Schaden, sogar Tod zu Ihnen selbst und Mitgliedern ihrer Familie.*

2. *Die Fakultäten der Colleges und Universitäten sollen Studenten kultivieren, die über außerordentliche mentale Fähigkeiten verfügen und außerdem wohlerzogenen Familien mit internationaler Anlehnung angehören. Sie sollen diese Studenten für spezielles Training in Internationalismus empfehlen und zu der Ansicht erziehen, dass nur eine Eine-Welt-Regierung den wiederkehrenden Kriegen und Streifzügen ein Ende bereiten kann. Solches Training soll gegeben werden durch die Vergabe von Stipendien an diejenigen, die von den Illuminaten ausgewählt werden.*

3. *Alle einflussreichen Leute, die unter die Kontrolle der Illuminaten geraten sind, sowie die Studenten, die speziell erzogen und trainiert wurden, sollen als Agenten genutzt, und als Experten und Spezialisten hinter den Szenen aller Regierungen platziert werden. Dies soll sicherstellen, dass sie den Führungskräften zu politischen Richtlinien raten, die über einen längeren Zeitraum den geheimen Plänen der Illuminaten dienlich sind. Diese geheimen Pläne sind eine Eine-Welt-Regierung sowie die Zerstörung der Regierung und der Religionen, zu deren Unterstützung sie gewählt oder bestimmt wurden.*

4. *Es soll absolute Kontrolle über die Presse erreicht werden, welche zu jener Zeit das einzige Massenkommunikationsmittel ist, das Informationen an die Öffentlichkeit verbreitet, sodass alle Nachrichten und Informationen geschönt werden können, um die Massen glauben zu lassen, dass eine Eine-Welt-Regierung die einzige Lösung zu den vielen verschiedentlichen Problemen in der Welt ist.*

1777: Am 16. September wird Nathan Mayer Rothschild geboren.

1781: Am 2. Juli wird Isabella Rothschild geboren.

1784: Am 29. August wird Babette Rothschild geboren.

Die Französische Revolution

Adam Weishaupt gibt seine Anordnungen für die Französische Revolution, die von Maximilien Robespierre angefangen werden soll, in Buchform. Dieses Buch ist von einem von Weishaupts Geschäftspartnern, Xavier Zwack, geschrieben worden und wurde mit Kurier von Frankfurt nach Paris geschickt. Jedoch auf dem Weg dorthin wird der Kurier vom Blitz getroffen, und das Buch, das den Plan detailliert, wird von der Polizei entdeckt und den bayrischen Autoritäten übergeben.

Es ist offensichtlich, dass die bayrische Autoritäten davon überzeugt sind, dass das Buch, das entdeckt wurde, eine wirkliche Bedrohung seitens einer privaten einflussreichen Gruppe darstellt, die den Gebrauch von Kriegen und Revolutionen plant, um politische Ziele zu erreichen.

1785: Als Konsequenz verbietet die bayrische Regierung die „Illuminaten" und schließt alle bayrischen Logen des Grossen Orients, indem sie die Polizei anweist, die Häuser Weishaupts und seiner einflussreichsten Partner zu räumen.

Mayer Amschel Rothschild verlegt seinen Familiensitz daraufhin in ein 5-stöckiges Gebäude in Frankfurt, das er mit der Schiff-Familie teilt, die später auch eine große geschichtliche Rolle spielen sollte.

1786: Die bayrische Regierung veröffentlicht die Details des Illuminaten Plots in einem Dokument mit dem Titel *„The Original Writings of The Order and Sect of The Illuminati.* (Die originalen Schriften der Order und Sekte der Illuminaten)."* Dann senden sie ihre Dokumente an alle Köpfe der Kirchen und Staaten in ganz Europa, die trauriger weise die Warnung ignorieren.

1788: Am 24. April wird Kalmann (Carl) Mayer Rothschild geboren.

1789: Durch die europäische Ignorierung der Warnung der bayrischen Regierung hat der Plan der Illuminaten für eine Französische Revolution von diesem Jahr an bis zum Ende in 1793 Erfolg. Diese Revolution ist der Traum eines jeden Zentralbankers, da eine neue Konstitution festgesetzt sowie Gesetze erlassen werden, welche die Erhebung von Steuern seitens der römischen katholischen Kirchen verbieten und ebenso die Befreiung der Kirche von der Steuer beseitigen.

Mayer Amschel Rothschild sagt 1790:

„Lass mich das Geld einer Nation drucken und kontrollieren, und ich mache mir nichts daraus, wer die Gesetze schreibt"

1791: Die Rothschilds erreichen die „Kontrolle über das Geld einer Nation" durch Alexander Hamilton (ihren Agenten in George Washingtons Kabinett), als sie eine Zentralbank in den USA genannt *First Bank of the United States* gründen. Diese wird mit einer 20-jährigen Charta etabliert. Innerhalb der ersten 5 Jahre dieser Zentralbank wird die amerikanische Regierung 8.200.000 Dollar von ihr borgen, und die Preise im Land werden um 72 % steigen. In Bezug auf diese exzessiven Darlehen und Inflation sagt Thomas Jefferson, zu jener Zeit Staatssekretär:

„Ich wünschte, es wäre möglich, eine einzige Änderung an unserer Konstitution durchzuführen, nämlich der Regierung die Möglichkeit, Geld zu leihen, wegzunehmen."

Henriette („Jette") Rothschild wird geboren, und heiratet später Moses Montefiore. Montefiore wird später zum Präsidenten des Board of Deputies der britischen Juden 1835-1874.

1792: Am 15. Mai wird der letzte von Mayer Amschel Rothschilds Kindern geboren, Jacob (James) Mayer Rothschild.

1796: Amschel Mayer Rothschild heiratet Eva Hanau.

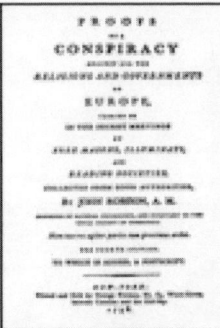

John Robison:

„Beweis für eine Verschwörung gegen alle Religionen und Regierungen Europas"

1798: John Robison veröffentlicht ein Buch mit dem Titel „Beweis für eine Verschwörung gegen alle Religionen und Regierungen Europas ausgetragen in Geheimen Versammlungen der Freimaurer, Illuminaten und Lesegesellschaften." In diesem Buch gibt Professor Robison von der Universität Edinburg, einer der führenden Intellektuellen seiner Zeit, der in 1783 zum Generalsekretär der Royal Society in Edinburgh wurde, die Details des ganzen Rothschild „Illuminaten"-Komplotts wieder.

Er beschreibt, wie er ein Freimaurer auf hoher Stufe in der „Scottish Rite of Freemasonry" gewesen sei, und von Adam Weishaupt nach Europa eingeladen wurde, wo ihm eine überarbeitete Kopie der Weishaupt Verschwörung gegeben wurde. Obwohl er vorgab, mit dem Plan einherzugehen, stimmte Professor Robison diesem Plan nicht zu und publizierte eben jenes Buch, um sie zu entblößen. Dieses Buch enthielt Details der Investigation der bayrischen Regierung in die Illuminaten und die Französische Revolution. Dasselbe Jahr am 19. Juli unterrichtet David Pappen, Präsident der Harvard Universität, die graduierende Klasse über den Einfluss, den die Illuminaten auf die Amerikanische Politik und Religion ausübten.

Im Alter von 21 verlässt Nathan Mayer Rothschild Frankfurt, um in England mit einer großen Summe Geldes von seinem Vater ein Bankengeschäft in London zu etablieren.

Napoleon: „Geld hat kein Mutterland, Bankiers sind ohne Patriotismus und Anstand, ihr einziges Ziel ist Gewinn"

1800: In Frankreich wird die *Bank of France* etabliert. Napoleon würde bald sehen, dass ein freies Frankreich ein schuldenfreies Land bedeutete, und er sagt daraufhin:

> *„Die Hand die gibt ist auch die Hand die nimmt. Geld hat kein Mutterland, Bankiers sind ohne Patriotismus und Anstand, ihr einziges Ziel ist Gewinn."*

Salomon Mayer Rothschild heiratet Caroline Stern.

1806: Napoleon sagt, dass es sein

> *„...Ziel ist, dem Haus von Hesse-Kassel die Herrschaft zu entziehen und es von der Liste der Mächtigen zu streichen."*

Nachdem Prinz William IX von Hessen-Hanau dies hört, flieht er und geht nach Dänemark. Er vertraut seinen Schatz, dessen Wert um die 3.000.000 Dollar beträgt, seinem Hoflieferant Mayer Amschel Rothschild zur sicheren Aufbewahrung an.

Nathan Mayer Rothschild heiratet Hannah Barent Cohen, die Tochter eines reichen Londoner Händlers.

Präsident Thomas Jefferson: „Nichts kann mehr geglaubt werden, was in einer Zeitung steht"

1807: Präsident Thomas Jefferson (der dritte Präsident der Vereinigten Staaten von 1801 – 1809, war einer der ersten, der einen ehrlichen Einblick in die Unehrlichkeit und Bestechlichkeit der Medien gibt, als er sagt:

> *„Nichts kann mehr geglaubt werden, was in einer Zeitung steht. Die Wahrheit selbst wird verdächtig, wenn sie in dieses verschmutzte Gefährt gesteckt wird. Das wahre Ausmaß des Zustands der Missinformation ist nur jenen bekannt, die sich in der Situation befinden, Tatsachen innerhalb ihres Wissensbereiches mit den Lügen des Tages vergleichen zu können."*

1808: Nathan Mayer Rothschild bekommt seinen ersten Sohn, geboren als Lionel Nathan de Rothschild.

1810: Sir Francis Baring und Abraham Goldsmid sterben. Nun ist Nathan Mayer Rothschild der einzige verbleibende große Bankier in England.

Salomon Mayer Rothschild geht nach Wien und gründet die Bank *M. von Rothschild und Söhne.*

Nathan Mayer Rothschild:

„Lehrt diesen frechen Amerikanern eine Lektion. Versetzt sie in den kolonialen Status zurück"

1811: Die Erlaubnis der den Rothschilds gehörenden *Bank of the United States* läuft aus und der Kongress stimmt gegen eine Erneuerung. Nathan Mayer Rothschild ist nicht begeistert, und sagt:

> *„Entweder wird die Erlaubnis zur Verlängerung gegeben, oder die Vereinigten Staaten werden sich in einem verheerenden Krieg wieder finden."*

Die Vereinigten Staaten stehen jedoch stark, und die Charta wird nicht verlängert, was Nathan Mayer Rothschild dazu veranlasst, eine neue Kriegsdrohung auszusprechen und sie umzusetzen versucht.

Unter Anordnung von Nathan Mayer Rothschild erklären die Briten den Vereinigten Staaten den Krieg

1812: Von Rothschild Geld unterstützt, und unter Anordnungen von Nathan Mayer Rothschild, erklären die Briten den Vereinigten Staaten den Krieg. Der Plan der Rothschilds ist, die Vereinigten Staaten durch die Führung dieses Krieges in solche Schulden zu stürzen, dass sie keine Option haben, als sich den Briten zu ergeben und die Charta für die Rothschild gehörende *First Bank of The United States* zu erneuern. Jedoch ist es ihnen nicht möglich, eine große Attacke zu liefern, da die Briten noch damit beschäftigt sind, Napoleon zu bekämpfen, und der Krieg endet in 1814 und Amerika ist nicht geschlagen.

Geschäfts- und Inzestregeln der Familie Rothschild

Am 19. September stirbt Mayer Amschel Rothschild. In seinem Testament legt er genaue Regeln dar, denen das Haus der Rothschilds folgen soll:

1. Alle Schlüsselpositionen in dem Familiengeschäft sollen nur von Familienmitgliedern gehalten werden;
2. Nur männlichen Mitgliedern der Familie ist es erlaubt, am Familiengeschäft teilzunehmen. Das schloss einen geheimen sechsten Bastard-Sohn mit ein, der aus Berichten bekannt ist (Es ist wichtig, hier zu bemerken, dass Mayer Amschel Rothschild auch 5 Töchter hatte, sodass die Verbreitung der Rothschild Dynastie *ohne* die Führung des Rothschild Namens weitläufig ist; Juden glauben, dass der gemischte Nachwuchs einer jüdischen Mutter rein jüdisch ist);
3. Die Familie soll mit ihren ersten und zweiten Vettern und Kusinen heiraten, um das Familienerbe zu erhalten. (Interessanterweise sollen, laut der *Jewish Encyclopaedia* von 1905, von den 58 Rothschild Ehen zu diesem Datum genau die Hälfte, also 29, mit ersten Vettern und Kusinen geschlossen worden sein – eine Praxis, die heute als Inzucht bekannt ist.)
4. Es soll keine Bestandserfassung veröffentlicht werden;
5. Es soll keine gesetzliche Aktion genommen werden in Bezug auf den Wert des Erbes.
6. Der älteste Sohn des ältesten Sohnes soll der Kopf der Familie werden (dieses konnte nur geändert werden, falls die Mehrheit der Familie anderweitig entscheidet).

Testamentsregel Nummer 6 wird gleich angewendet, als Nathan Mayer Rothschild dazu auserwählt wird, die Nachfolge seines Vaters als Kopf der Familie anzutreten.

Jacob (James) Mayer Rothschild geht nach Paris, Frankreich, um die Bank *de Rothschild Frères* zu gründen.

Nathaniel de Rothschild, der spätere Schwiegersohn von Jacob (James) Mayer Rothschild, wird geboren.

1814: In Bezug auf die $ 3,000,000, welche Prinz William IX von Hessen-Hanau dem Mayer Amschel Rothschild für sichere Aufbewahrung anvertraute, gibt die *Jewish Encyclopaedia*, 1905 Edition, Band 10, Seite 494, folgenden Bericht, was damit geschah:

> *„Laut der Legende wurde dieses Geld in Weinfässern versteckt, um es vor dem Zugriff der Soldaten Napoleons zu sichern, und 1814 wieder in dieselbe Fässer in verpackt, als der Kurfürst (Prinz William IX von Hessen-Hanau) zurückkam. Die Wahrheit ist weitaus weniger romantisch und einiges geschäftstüchtiger."*

Diese letzte Zeile lässt durchscheinen, dass das Geld nie an Prinz William IX von Hessen-Hanau zurückgegeben wurde. Die Encyclopaedia sagt weiter:

„Nathan Mayer Rothschild investierte diese $ 3,000,000 und kaufte damit Gold von der East India Company, in der Kenntnis, dass es für Wellingtons Halbinsel-Kampagne gebraucht würde."

Außerdem machte Nathan an dem gestohlenen Geld:

„...nicht weniger als viermal Profit:
i) Beim Verkauf der Papiere von Wellington, welche er für 50 Cents auf dem Dollar ankaufte und zum Nennwert einsammelte
ii) Beim Goldverkauf an Wellington
iii) beim Wiederaufkauf und
iv) beim Weiterverkauf nach Portugal."

Finanzierung von Krieg für beide Seiten

1815: Die 5 Rothschild-Brüder arbeiten daran, sowohl Wellingtons Armee (durch Nathan in England) sowie Napoleons Armee (durch Jacob in Frankreich) mit Gold zu versorgen, und beginnen damit ihre Politik der Finanzierung des Krieges von beiden Seiten. Die Rothschilds lieben Kriege, da sie massive Generatoren risikofreier Schulden sind.

Risikofrei, da die Schulden durch die Regierung eines Landes, und dadurch durch die Arbeit der Bevölkerung des Landes, garantiert sind, umso mehr als es nicht darauf ankommt, welches Land den Krieg verliert, da die Darlehen unter der Garantie gegeben werden, dass der Verlierer die Schulden des Gewinners zahlen wird.

Während die Rothschilds beide Seiten des Krieges finanzieren, nutzen sie die Banken, die sie über Europa ausgebreitet haben, um einen konkurrenzlosen Postservice mit einem Netzwerk an geheimen Routen und schnellen Kurieren zu etablieren. Relevante Post, die von den Kurieren befördert wird, wird geöffnet und die Details ihres Inhalts den Rothschilds mitgeteilt, sodass sie sich immer einen Schritt vor den Ereignissen befinden.

Diese Rothschild-Kuriere sind die Einzigen, denen es erlaubt ist, zwischen den Englischen und Französischen Blockaden zu passieren, und sie benützen diesen Vorteil, um Nathan Mayer Rothschild auf dem Laufenden zu halten, wie der Krieg voran geht, sodass er diese Information nutzen kann, um von seiner Position aus Aktien unter Beachtung dieser Insider-Information zu kaufen und zu verkaufen.

Einer von Rothschilds Kurieren, ein Mann namens Rothworth, erfährt, dass die Briten den Kampf um Waterloo gewonnen hatten, eilt zum Kanal, um Nathan Mayer Rothschild die Nachricht zu übermitteln, damit ist er volle 24 Stunden schneller als Wellingtons eigener Kurier.

Nathan Mayer Rothschild geht daraufhin zum Aktienmarkt und beauftragt seine Arbeiter, die Konsuls (heute bekannt als Schuldanleihen) zu verkaufen. Aufgrund Rothschilds Ruf, dass er über mehr Informationen verfügt, fangen die anderen Händler an, Panik zu bekommen, und denken, dass England den Krieg verloren hätte, und verkaufen in Eile.

Als Resultat verlieren die Konsuls schnell an Wert, zu welchem Zeitpunkt Nathan Mayer Rothschild seine Arbeiter diskret dahingehend beauftragt, alle Konsuls, die sie bekommen können, aufzukaufen.

Als die Nachricht durchkommt, dass die Briten den Krieg tatsächlich gewonnen haben, steigen die Konsuls zu einem höheren Betrag als sogar vor dem Krieg an, was Nathan Mayer Rothschild einen Gewinn von ungefähr 20:1 gibt.

In der Tat prahlt Nathan Rothschild damit, dass er in seinen 17 Jahren in England seine anfänglichen £ 20.000 Einsatz, den ihm sein Vater gab, 2500-mal auf £ 50.000.000 steigerte.

Der Besitz dieser Schuldscheine gibt der Rothschild-Familie komplette Kontrolle über die britische Wirtschaft, das inzwischen (nach Napoleons Niederlage) das unumstrittene Finanzzentrum der Welt ist, und zwingt die Briten, eine Bank of England unter der Kontrolle von Nathan Mayer Rothschild zu gründen.

Interessanterweise lässt die New York Times 100 Jahre später eine Story laufen, die behauptet, dass Nathan Mayer Rothschilds Enkel versucht hatte, einen Gerichtserlass zu erhalten, um die Veröffentlichung des Buches, das jene Insider Story enthielt, zu unterdrücken. Die Rothschild Familie behauptet, dass die Geschichte erlogen wäre, aber das Gericht ging nicht auf den Anspruch der Rothschilds ein, und befahl, dass die Familie alle Gerichtskosten zu tragen hätte.

Nathan Mayer Rothschild: „Wer Englands Geldmarkt kontrolliert, kontrolliert das britische Imperium, und ich kontrolliere den britischen Geldmarkt"

Zurück zu 1815, in diesem Jahr macht Nathan Mayer Rothschild seine berühmte Aussage:

> *„Ich mache mir nichts daraus, wer auf den Thron von England gesetzt wird, um das Englische Imperium, in dem die Sonne nie untergeht, zu regieren."*

Die Rothschilds nutzen auch ihre Kontrolle der *Bank of England* dazu, das System von Papierguthaben zu etablieren. Sie konnten die Methode, das Gold von Land zu Land zu verschiffen, mit einem System von Papierguthaben und Papierkrediten ersetzen, in dem sie sich ihres Vorteils der fünf über Europa verteilten Banken bedienten. Damit schufen sie das Bankensystem unserer Tage.

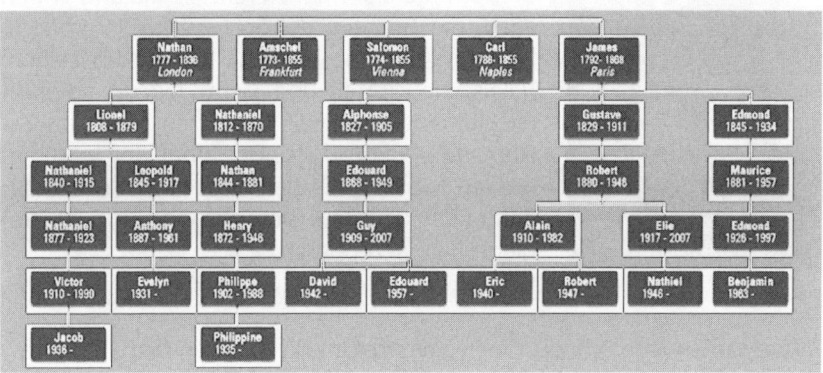

Das Zeitalter der Rothschilds: „Wir sind wie der Mechanismus einer Uhr, jeder Teil ist wichtig"

Es wird geschätzt, dass am Ende diesen Jahrhunderts, einer Zeitperiode, die nun als das "Zeitalter der Rothschilds" beziehungsweise „Age of the Rothschilds" bekannt wird, die Rothschild-Familie mehr als die Hälfte des Reichtums der Welt kontrolliert.

Der Wiener Kongress

Jedoch gab es etwas, das nicht so gut ging, wie die Rothschilds es sich in diesem Jahr gewünscht hätten: der Kongress von Wien, der im September 1814 begann und im Juni diesen Jahres endete. Das Ziel für diesen Wiener Kongress war für die Rothschilds, eine Weltregierung zu schaffen, in dem sie die Schulden, die Ihnen von vielen Europäischen Regierungen geschuldet wurden, als Hebelkraft nutzten, um Ihnen komplette politische Kontrolle über den größten Teil der zivilisierten Welt zu geben.

Der Kongress beginnt gut für die Rothschilds, denn es gelingt ihnen, die Schweiz als für immer neutrales Gebiet in Kriegen erklären zu lassen, denn damit gelingt es Ihnen, ein souveränes Gebiet zu schaffen, das sie dazu nutzen konnten, beide Seiten ihrer Schulden machenden Kriege zu finanzieren. Es gelang ihnen auch, die Grenzen der Schweiz zu vergrößern, um nun folgende Bereiche mit einzubeziehen: Valais; Neuchatel; und Genf; Jedoch scheitert ihr ultimativer Plan einer Weltregierung, als Zar Alexander I von Russland, einer der wenigen großen Mächte, die sich nicht einer Rothschild-Zentralbank fügten, sich weigert, eine Weltregierung zu akzeptieren.

Interessanterweise schrieb Weltregierungsfanatiker Ashkenazim-Jude Henry Kissinger seine Doktor-Dissertationsarbeit über den Wiener Kongress.

Dadurch aufgebracht schwört Nathan Mayer Rothschild, dass eines Tages er oder seine Nachfolger die gesamte Familie von Zar Alexaner dem I. sowie Nachfolger zerstören werden. Unglücklicherweise würde sich das 102 Jahre später in die Realität umsetzen, als Rothschild finanzierte Bolschewisten diese Versprechung ausführen.

Am 19. Juli stirbt Julie Rothschild.

Ende des britischen Kriegs gegen Amerika und die Second Bank of the United States

1816: Der amerikanische Kongress erlässt ein neues Gesetz, das eine weitere Rothschild dominierte Zentralbank erlaubt, was den Rothschilds wieder Kontrolle über den amerikanischen Geldmarkt gibt. Diese Zentralbank heißt *Second Bank of the United States* und es wird ihr eine 20-jährige Erlaubnis gegeben. Das bedeutet natürlich das Ende des britischen Krieges gegen Amerika mit dem Tod von tausenden britischen und amerikanischen Soldaten und der Bildung einer Rothschild kontrollierten Zentralbank.

1818: Nachdem die Franzosen in 1817 Darlehen aufnehmen, um den Wiederaufbau nach ihrer verheerenden Niederlage bei Waterloo zu ermöglichen, kaufen die Rothschild-Agenten enorme Mengen französischer Staatsanleihen, wodurch ihr Wert steigt.

Am 5. November schütten sie die gesamte Menge auf den offenen Markt, wodurch ihr Wert nach unten stürzt, und Frankreich in finanzielle Panik versetzt. Die Rothschilds schreiten daraufhin ein, um die Kontrolle des französischen Geldmarktes zu erlangen, dies ähnelt ihrer Manipulation des britischen Aktienmarktes 6 Jahre später.

Dies ist dasselbe Jahr, in dem die Rothschilds £ 5,000,000 an die preussische Regierung verleihen.

1821: Kalmann (Carl) Mayer Rothschild wird nach Neapel gesandt. Er wickelt eine Menge Geschäfte mit dem Vatikan ab, und Papst Gregor XVI überträgt ihm daraufhin die Order des St. George.

Auch gibt der Papst, jedes Mal wenn er Kalmann empfängt, ihm seine Hand anstatt des gewöhnlichen Zehen zum Küssen, was Beunruhigung darüber auslöst, wie groß der Machteinfluss des Kalmann Rothschild über den Vatikan ist.

1822: Der Kaiser von Österreich Franz I. macht die fünf Rothschild-Brüder zu „Baronen". Nathan Mayer Rothschild zieht es vor, den Titel nicht anzunehmen.

1823: Die Rothschilds übernehmen weltweit die finanziellen Operationen der Katholischen Kirche

Noch heute ist das riesige Banken- und Finanzbusiness der katholischen Kirche in einem ausgedehnten System mit den Rothschilds und dem Rest des internationalen Bankensystems vernetzt.

1827: Sir Walter Scott veröffentlicht sein 9-bändiges Werk „*The Life of Napoleon*" (Das Leben Napoleons) und in Band 2 schreibt er, dass die Französische Revolution von den *Illuminaten* (Adam Weishaupt) geplant war und von den Geldleihern Europas (den Rothschilds) finanziert wurde.

1828: Nach 12 Jahren, welche die *Second Bank of the United States* rücksichtslos nutzte, die amerikanische Ökonomie zu ihrem eigenen geldheischenden Profit und zum Schaden der Leute zu manipulieren, haben die Amerikaner genug, und Gegner dieser Bank nominieren den Senator Andrew Jackson von Tennessee als Kandidaten zur Präsidentschaftswahl.

Zur Bestürzung der Rothschilds gewinnt Jackson die Präsidentschaft und macht unmissverständlich bekannt, dass er sein Mandat dazu benützen wird, diese Bank bei der ersten Gelegenheit auszulöschen. Er fängt in seiner ersten Amtsperiode damit an, die Lakaien der Bank aus den Regierungsbehörden zu entwurzeln. Um zu illustrieren, wie tief dieser Krebs in der Regierung verwurzelt ist: er musste 2.000 der 11.000 Beschäftigten der föderalen Regierung kündigen, um dieses Ziel zu erreichen.

1830: David Sassoon, ein Bagdad-Jude und Bankier von David Sassoon & Co., mit Zweigstellen in China, Japan und Hongkong, benutzt sein Monopol des Opium-Handels in dieser Region, das er im Auftrag der Rothschild-kontrollierten britischen Regierung ausführt, um 18,956 Kisten von Opium umzuschlagen. Damit verdienten die Rothschilds und die englische Königsfamilie Millionen an Dollars.

1832: Die *Second Bank of the United States* bittet den Kongress 4 Jahre bevor die Verlängerung ausläuft, eine Erneuerung der Charta für die Bank zu bewilligen. Der Kongress willigt ein und schickt den Gesetzesentwurf an Präsident Jackson (dem 7. Präsidenten der Vereinigten Staaten von 1829 bis 1837), zur Unterschrift. Präsident Jackson erhebt Einspruch gegen diesen Gesetzesentwurf und gibt folgendes in seiner Veto-Begründung an:

> *„Es sind nicht nur unsere Bürger allein, die den Gewinn unserer Regierung erhalten sollen. Mehr als 8 Millionen Aktien der Bank werden von Ausländern gehalten... Besteht da keine Gefahr für unsere Freiheit und Unabhängigkeit bei einer Bank, welche ihrer Natur gemäß sehr wenig hat, was sie an unser Land bindet?*

Unsere Währung kontrollierend, unser öffentliches Geld erhaltend, und Tausende unserer Bürger in ihrer Abhängigkeit haltend... wäre sie furchterregender und gefährlicher als eine militärische Macht des Feindes. Wenn die Regierung sich darauf beschränken würde, gleichen Schutz zu geben, und, so wie der Himmel seinen Regen verteilt, diese Gunst gleichmäßig auf die Armen und die Reichen verteilte, wäre das ein uneingeschränkter Segen. In dem Gesetz vor mir scheint eine weite und unnötige Abkehr von diesen Prinzipien vorhanden zu sein."

Im Juli ist es dem Kongress nicht möglich, sich über Präsident Jacksons Veto hinwegzusetzen. Präsident Jackson steht dann zur Wiederwahl und zum ersten Mal in der amerikanischen Geschichte trägt er das Argument den Leuten vor, indem er seine Wiederwahl-Kampagne auf eine Tour durch das Land nimmt. Sein Slogan der Kampagne ist:

"Jackson und keine Bank!"

Obwohl die Rothschilds mehr als $ 3,000,000 in die Kampagne des Opponenten von Präsidenten Jackson, nämlich Senator Henry Clays, stecken, wird Präsident Jackson mit einem Landrutsch im November wieder gewählt. Jedoch weiß der neue Präsident, dass der Kampf erst am Anfang ist, und seinem Sieg folgend sagt er:

"Die Schlange der Korruption ist nur betäubt, sie ist noch nicht tot!"

Rothschilds verursachen eine Depression

1833: Präsident Jackson fängt an, die Einlagen der Regierung von der Rothschild-kontrollierten Second Bank of the United States herauszunehmen und sie anstatt dessen bei demokratischen Bankers anzulegen.

Dies versetzt die Rothschilds in Panik und sie tun, was sie am Besten tun, sie verringern die Versorgung mit Geld und verursachen eine Depression. Präsident Jackson weiß, was sie geplant haben und sagt später:

> *„Ihr seid eine Höhle voll von diebischen Schlangen, und ich plane, Euch hinauszujagen, und beim Ewigen Gott, ich werde Euch in die Flucht schlagen."*

1834: Der Italienische Revolutionsführer Giuseppe Mazzini wird von den „Illuminaten" dazu auserwählt, ihr revolutionäres Programm über die ganze Welt zu verbreiten, und er hält diese Funktion bis zu seinem Tod im Jahr 1872 ein.

1835: Am 30. Januar versucht ein Attentäter, Präsident Jackson zu erschießen, aber wunderbarerweise zünden beide Pistolen fehl. Präsident Jackson behauptet später, dass er wusste, dass die Rothschilds für diese versuchte Ermordung verantwortlich waren. Er

ist nicht der Einzige. In der Tat prahlt später sogar der Assassin, Richard Lawrence, der für nicht schuldig wegen Unzurechnungsfähigkeit befunden wurde, dass machtvolle Leute in Europa ihn angeheuert und ihm Schutz versprochen hätten, falls er bei seinem Tun gefasst werden sollte.

Die Rothschilds erwerben die Rechte an den Almadén Quecksilberminen in Spanien. Zu dieser Zeit ist dies die größte Gewerbeerlaubnis in der Welt, und da Quecksilber unbedingt benötigt wird, um Gold und Silber zu veredeln, gibt dies den Rothschilds praktisch ein Weltmonopol. Als Resultat dieses Erwerbs werden *N. M. Rothschild &*

Sons daraufhin das Gold für die *Bank of England* und viele andere internationale Kunden veredeln.

1836: Dem Jahr des Kampfes gegen die Rothschilds und ihrer Zentralbank in Amerika folgend, schafft Präsident Jackson es endlich, die Zentralbank der Rothschilds aus Amerika herauszuschmeißen, als die *Charta* (Erlaubnis) für die Bank nicht erneuert wird. Es würde bis 1913 dauern, bis die Rothschilds ihre dritte Zentralbank in Amerika eröffnen können, die Federal Reserve.

Am 28. Juli stirbt Nathan Mayer Rothschild und die Kontrolle seiner Bank, *N. M. Rothschild & Sons* wird an seinen jüngeren Bruder, James Mayer Rothschild, weitergegeben.

David Sassoon, der Drogenhändler der Rothschilds in China, erweitert seinen Handel auf über 30,000 Kisten von Opium jährlich, und der Drogenkonsum in den Küstenstädten breitet sich endemisch aus.

1837: Die Rothschilds schicken einen der ihren, August Belmont, einen Ashkenazim-Juden (wirklicher Name war Schönberg) nach Amerika, um sogleich mit der Rettung ihrer Bankeninteressen zu beginnen, welche von Präsident Jackson zerstört wurden.

1838: Am 8. Januar zahlt Präsident Jackson endlich die letzte Rate der nationalen Schulden zurück, welche dadurch geschaffen wurde, dass den Banken erlaubt wurde, Geld für Regierungsschuldverschreibungen auszugeben, anstatt einfacher weise Schatznoten ohne solche Bindung auszugeben. Er wird zum einzigen Präsidenten, der jemals die Schulden abbezahlt.

Opiumkrieg gegen China seitens der Rothschilds und der britischen Krone

1839: Aufgrund der ungezügelten Opiumsucht in China, von der David Sassoon, die britische Königliche Familie und die Rothschilds profitieren,

befiehlt der Manchu-Kaiser, dass der Handel beendet werden soll. Er ernennt den Kommissar des Kantons, Lin Tse-Hsu, als Führer der Kampagne gegen Opium. Lin Tse-Hsu organisiert die Beschlagnahmung von 2,000 Kisten von Opium und ordnet an, dass sie in den Fluss geworfen werden sollen. David Sassoon informiert die Rothschilds über diesen Vorgang, und diese verlangen, dass die militärischen Streitkräfte von Großbritannien Vergeltung üben, um ihre Drogenhandelsinteressen zu schützen.

Somit beginnt der Opiumkrieg, und die britische Armee kämpft schon wieder als Söldner für die Profitinteressen der Rothschilds. Sie attackieren Städte und blockieren Häfen. Die chinesische Armee ist inzwischen durch 10 Jahre Opiummissbrauch dezimiert und erweist sich als nicht ebenbürtiger Gegenspieler der britischen

Armee. Der Opiumkrieg endet 1842 mit dem Pakt von Nanking. Dies bezieht die folgenden Vorschriften mit ein, die so gestaltet sind, dass den Rothschilds durch ihre Marionette, David Sassoon, das Recht, eine ganze Bevölkerung mit Opium zu versorgen, garantiert wird.

1. Volle Legalisierung des Opiumhandels in China.

2. Kompensation an David Sassoon in der Höhe von 2 Millionen Pfund für das Opium, das Lin Tse-Hsu in den Fluss werfen lies.

3. Territoriale Eigenständigkeit für die Britische Krone über mehrere vor der Küste liegende Inseln.

1840: Die Rothschilds nennen sich selbst die *Bank of England's Bullion Brokers* (Goldhändler der Bank of England). Sie eröffnen Agenturen in Kalifornien und Australien.

1841: Präsident John Tyler (der 10. Präsident der Vereinigten Staaten von 1841 bis 1845) legt sein Veto gegen eine Erneuerung der Bewilligung für die *Bank of the United States* ein, was die Rothschilds im Kongress gleich groß bekannt geben. Er erhält daraufhin Hunderte von Briefen mit Morddrohungen.

1843: Die *B'nai B'rith* werden von Juden in New York City als masonische Loge etabliert. 70 Jahre später wird diese Gruppe die berühmtberüchtigte *Anti-Defamation-League* bilden, welche zu dem Zweck geschaffen wurde, jede Kritik an der jüdischen Überlegenheit oder Kriminalität als „antisemitisch" zu diffamieren.

1844: Salomon Mayer Rothschild kauft die United Coal Mines of Vítkovice und Austro-Hungarian Blast Furnace Company, welche sich zu den Top 10 Weltindustrien entwickeln werden.

Benjamin Disraeli, ein sephardischer Jude (der später britischer Premierminister wurde) veröffentlicht Coningsby, in welchem er Nathan Mayer Rothschild charakterisiert als:

„Der Lord und Meister der Geldmärkte der Welt, und natürlich praktisch Herr und Meister in fast allen anderen Märkten. Er hielt die Einkommen von Süditalien praktisch als Pfand, und alle Monarchen und Minister von allen Ländern hofierten ihn um seine Beratung und wurden durch seine Vorschläge geführt."

Disraeli macht auch folgende interessante Aussage:

„Die Rassenfrage ist der Schlüssel zur Weltgeschichte... alles ist Rasse, es gibt keine andere Wahrheit."

1845: Andrew Jackson (7. Präsident der Vereinigten Staaten) stirbt. Er hinterlässt Anweisungen, dass die folgende Inschrift auf seinem Grabstein zu platzieren ist, die in Übereinstimmung mit dem steht, was er für seinen größten Service an die Menschheit hält. Die Inschrift lautet:

„Ich tötete die Bank"

Dies wird gemacht und ist natürlich ein Bezug auf die Tatsache, dass er die Rothschilds *Second Bank of the United States* in 1836 zerstörte.

Der Bau von Eisenbahnlinien

Jacob (James) Mayer Rothschild (der inzwischen seine Nichte Betty heiratete, Salomon Mayer Rothschilds Tochter), und inzwischen als Baron James de Rothschild bekannt ist, gewinnt den Vertrag, die erste große Eisenbahnlinie über das Land zu bauen. Dies wird *"Chemin De Fer Du Nord"* genannt und läuft anfänglich von

Paris bis Valenciennes und verbindet sich dann mit dem österreichischen Gleisnetzwerk, das sein Bruder (der auch der Vater seiner Frau ist) Salomon Mayer Rothschild baute.

Edmond de Rothschild wird zu James Mayer Rothschild und Betty von Rothschild geboren. Er ist ihr jüngstes Kind.

1847: Lionel de Rothschild, der inzwischen die Tochter seines Onkels Kalmann (Carl) Mayer Rothschild geheiratet hat, wird in das Parlament der City of London gewählt.

Als Voraussetzung, in das Parlament einzu-
treten, wird ein Schwur in dem ehrlichen
Glauben eines Christen verlangt. Lionel de
Rothschild weigert sich, dies zu tun aufgrund seines judäischen Glaubens, welche
Jesus Christus abschwört, und als Resultat
dessen bleibt sein Sitz im Parlament 11 Jahre lang leer bis neue Schwüre erlaubt werden. Erstaunlicherweise schafft er es, seinen
Parlamentssitz so lange zu halten, obwohl
es ihm wegen Nichtabgabe des Schwurs
nicht erlaubt ist, seinen Wahlbezirk bei den
Wahlen im Parlament zu vertreten.

1848: Ashkenazim-Jude Karl Marx (ein
Krypto-Jude, echter Name Moses Mord-
ecai Levy) veröffentlicht *„Das Kommunistische Manifest".* Interessanterweise wird zur selben Zeit, als er an diesem
arbeitet, Karl Ritter von der Frankfurter
Universität seine Antithesis schreiben,
welche die Basis für Friedrich Wilhelm
Nietzsches „Nietzscheanismus" bilden
wird. Dieser Nietzscheanismus wird sich
später in Faschismus und dann in Nazis-
mus entwickeln, und dazu benutzt werden, den ersten und zweiten Weltkrieg
anzustiften.

Marx, Ritter, und Nietzsche werden alle von Rothschild finanziert und
stehen unter seinen Anordnungen. Hinter diesem Plan steht die Idee,
dass jene, welche die allgemeine Konspiration leiten, die Unterschiede in
den so genannten Ideologien dazu nutzen sollen, die menschliche Rasse
in große und größere Teile von gegensätzliche Lagern aufzuteilen, um sie
dann zu bewaffnen. Dann werden sie mental bearbeitet, bis sie anfangen, sich gegenseitig zu bekämpfen und zu zerstören und ins-be-
sondere alle politischen und religiösen Institutionen zu zerstören. Dies ist
im Grundzug derselbe Plan, den Weishaupt in 1776 aufstellte.

Interessanterweise bedeuten Marxismus, Kommunismus und ihr Abkömmling, Sozialismus, wenn man sie Jahre später in der Praxis beobachtet, nichts anderes als Staatskapitalismus und Herrschaft durch eine privilegierte Minorität, die eine despotische und totale Kontrolle über eine Mehrheit ausführt, die praktisch bar aller Rechte und Besitzes gelassen wird.

Dies erklärt, wieso die Rothschilds ein Interesse daran hatten, die Bildung dieser Ideologien zu fördern, welche sich später zu einer Ideologie der „Demokratie" entwickeln wird, einem System des Zwei-Parteien-Staats, in denen beide Parteien durch dieselbe Macht kontrolliert werden, und die, obwohl sie untereinander viel Geschwätz über uninteressante Themen geben, nach außen hin den Anschein geben, dass sie gegensätzlicher Auffassung seien. In Realität folgen sie praktisch derselben einfachen Ideologie, was dazu führt, dass die Bewohner einer Demokratie bald bemerken, dass sich nie etwas ändert wird, egal wen sie wählen.

Eva Hanau, Amschel Mayer Rothschilds Frau stirbt.

1849: Gutle Schnaper, Mayer Amschel Rothschilds Frau stirbt. Vor ihrem Tod sollte sie lässig sagen:

„Wenn meine Söhne keine Kriege wollten, würde es keine geben"

1850: Die Konstruktion des *Manor House of Mentmore* und *Ferrières in France* beginnt in diesem Jahrzehnt, noch mehr Rothschild Landsitze werden über die Welt verstreut folgen, und alle von ihnen werden mit Kunstwerken gefüllt.

Über Jacob (James) Rothschild in France wird gesagt, er sei 600 Millionen Francs wert, was 150 Millionen Francs mehr ausmacht als alle Bankiers in Frankreich zusammen.

1852: Der zukünftige Premierminister William Gladstone behauptet das Folgende über die *Bank of England* und die *City of London*, als er in diesem Jahr zum Schatzkanzler ernannt wird:

> *„Von dem Zeitpunkt an, an dem ich meinen Posten als Schatzkanzler annahm, fing ich an zu begreifen, dass der Staat, angesichts der Bank und der City, eine eigentlich falsche Position zu den Finanzen einnimmt. Die Regierung selbst war keine substantive Macht, aber sollte alles den Geldmächten überlassen, unangefochten und ungefragt."*

1853: David Sassoon, der Drogendealer der Rothschilds in China, wird als britischer Staatsbürger eingebürgert. Er behält die Kleidung und Benehmen eines Bagdad-Juden bei, aber erlaubt seinem Sohn, britische Manieren anzunehmen. Sein Sohn, Abdullah, ändert seinen Namen zu Albert, und zieht mit seinem Vater nach England. Er hat später einen Sohn, Edward Albert, der in die Rothschild Familie einheiraten wird.

David Sassoon lässt in Indien zu Ehren des jüdischen Erbes Synagogen bauen. Die eine in dem Gebiet von Fort und die andere in Byculla.

Nathaniel de Rothschild, der Sohn von Nathan Mayer Rothschild und Schwiegersohn von Jacob (James) Mayer Rothschild kauft Château Brane Mouton, den Bordeaux Vineyard of Mouton, und nennt es um in Château Mouton Rothschild.

1854: Caroline Stern, Salomon Mayer Rothschilds Frau, stirbt.

1855: Am 10. März stirbt Kalmann (Carl) Mayer Rothschild.

Am 28. Juli stirbt Salomon Mayer Rothschild.

Am 6. Dezember stirbt Amschel Mayer Rothschild.

Sigmund Freud: Inzest und Pädophilie sind normal

1856: Am 6. Mai kommt Ashkenazim-Jude Psychoanalytiker Sigmund Freud auf die Welt. Freud wird die westliche Moralität attackieren und die von ihm empfundene neurotische Hervorhebung des Sexes durch den westlichen Mann kritisieren, welche seiner Meinung nach zukünftig durch jüdische Werte der sexuellen Freizügigkeit ersetzt werden sollen. Interessanterweise förderte er einige Jahre die Sichtweise, dass Inzest und Pädophilie (Sex mit Kindern) normal seien, etwas das auch im Talmud erlaubt wird.

1858: Lionel De Rothschild nimmt endlich seinen Sitz im Parlament ein, als die Voraussetzung zur Ableistung eines Schwurs im echten Glauben eines Christen erweitert wird, um andere Schwüre einzubeziehen. Er wird zum ersten jüdischen Mitglied des britischen Parlaments.

Am 12. Juli gibt Lord Harrington eine Rede im House of Lords, und spricht sich gegen die Zulassung von jüdischen Immigranten nach England aus, und sagt konkret Folgendes:

„Sie sind die großen Geldleiher und Lohnauf-traggeber dieser Welt... Die Folge ist, dass die Nationen dieser Welt unter dem heftigen System der Besteuerung und nationalen Schulden äch-zen. Sie waren schon immer die größten Feinde der Freiheit."

1859: Schönche Jeanette Rothschild stirbt.

Anstiftung zum Amerikanischen Bürgerkrieg

1860: Im amerikanischen Süden entwickelt sich seit der ameri-kanischen Unabhängigkeit eine enge Geschäftsbeziehung zwi-schen den Aristokraten, die Baum-wolle anpflanzen, und den Baum-wollmanufakturen in England. Die Baumwolle wurde sogar von Amerika nach Frankreich und England auf Rothschild gehören-den Schiffen transportiert. Die Rothschilds erkannten, dass dies die Achillesferse der Amerikaner darstellte und dass sie jenen

Zustand nutzen konnten, sich selbst wieder in Amerika zu etablieren, nachdem ihre Zentralbank von Präsident Andrew Jackson in 1836 zer-stört wurde.

Die Rothschilds hatten dies schon lange vorbereitet, und in diesem Jahr hielt sich eine riesige Anzahl von Rothschild-Agenten in den südlichen Staaten auf. Sie manipulierten die Bevölkerung vorsichtig, indem sie Propaganda unter die Leute verteilten sowie zusammen mit den lokalen Politikern arbeiteten, die sie schon in ihrer Tasche hatten. Dies resultierte in der Sezession von Südkarolina am 29. Dezember 1860. Nur ein paar Wochen später würden sich weitere sechs Staaten gegen die Union verbünden, um die "Confederate States of America", eine abgespaltete Union mit Jefferson Davis als ihrem Präsidenten zu bilden.

Um den Norden zu provozieren, plündern die Rothschild-Agenten und ihre gehirngewaschenen Anhänger-Armeen, nehmen Befestigungen, Arsenal, und Währung sowie weiteren Besitz der Union ein.

Sogar Mitglieder des Kabinetts von Präsident Buchanan konspirieren untereinander, um den öffentlichen Kredit zu diskreditieren und die Nation in den Bankrott zu treiben. Buchanan gibt an, die Sezession durchzuführen, aber unternimmt keine Schritte, sie zu kontrollieren, sogar als das South Carolina Küstenmilitär Feuer auf ein Schiff der Vereinigten Staaten eröffnet.

1861: Einen Monat nach der Einweihung von Präsidenten Abraham Lincoln, dem 16. Präsident der Vereinigten Staaten von 1860 bis zu seinem Mord in 1865, trägt sich der amerikanische Bürgerkrieg am Fort Sumter in South Carolina zu, nachdem South Carolina die Union verlässt. Sklaverei wurde schon immer als Ursache für diesen Krieg erwähnt, aber dies war tatsächlich nicht der eigentliche Grund, denn Präsident Lincoln selbst sagt:

„Ich habe keine Gründe, direkten oder indirekten Einfluss auf die Institution der Sklaverei in den Staaten, in denen sie nun existiert, auszuüben. Ich glaube, dass ich kein gesetzgegebenes Recht habe, dies zu tun, und ich trage auch kein Ansinnen, dies zu tun...

Mein größtes Ziel ist es, die Union zu retten und es geht nicht darum, die Sklaverei zu retten oder zu zerstören. Wenn ich die Union retten könnte, ohne einen Sklaven zu befreien, würde ich dies tun."

Der eigentliche Grund für den Krieg ist, dass die südlichen Staaten sich aufgrund der Handlungen der nördlichen Staaten in einer düsteren ökonomischen Situation befanden. Die Industrialisten im Norden hatten Handelstarife benutzt, um vorzubeugen, dass Südliche Staaten billigere Güter von Europa kaufen konnten. Europa rächte sich daraufhin mit der Beendung des Baumwollimports vom Süden. Somit wurde der Süden gezwungen, mehr für seine Güter zu zahlen, während ihr Einkommen gleichzeitig dezimiert wurde.

Das ist der Zeitpunkt, an dem die Geldleiher die Möglichkeit sahen, Amerika zu dividieren und zu erobern, indem sie es in den Bürgerkrieg schickten. Otto von Bismarck bestätigt dies, als er in seiner Zeit als Kanzler von Deutschland (1871-1890) in 1876 sagt:

„Die Teilung der Vereinigten Staaten in Föderationen von gleicher Stärke wurde schon lange vor dem Bürgerkrieg durch die hohen Finanzmächte in Europa entschieden. Diese Bankiers hatten Angst davor, dass die Vereinigten Staaten wirtschaftliche und finanzielle Unabhängigkeit erreichen könnten, wenn sie ein Block und eine Nation bleiben würden, was zu einer Gefährdung der finanziellen Dominanz der Finanzmächte führen würde.

Die Stimme der Rothschilds überwog. Sie sahen eine große Beute für sich selbst voraus, wenn es ihnen gelänge, anstatt einer selbstversorgenden, souveränen lebenstüchtigen Republik zwei schwache Demokratien zu bilden, welche an die Bankiers verschuldet waren. Deshalb schickten sie ihre Abgesandten, um die Frage der Sklaverei dahingehend auszunutzen, einen Graben zwischen den zwei Hälften der Republik zu bilden."

In der Tat liehen die Rothschilds, nur Monate nach den ersten Schüssen in South Carolina, Napoleon III von Frankreich (dem Neffen des Napoleons im Waterloo Kamp) 210 Millionen Francs, um Mexiko einzunehmen und dann Truppen entlang der Südlichen Grenze der Vereinigten Staaten aufzustellen, indem sie ihren Vorteil aus dem Amerikanischen Bürgerkrieg zogen und damit Mexiko zurück unter die kolonialistische Herrschaft stellten.

Dieses geschah in Verletzung der „Monroe Doktrin", welche von Präsident James Monroe in seiner siebten *State of the Union Address* an den Kongress in 1823 verkündet wurde. Diese Doktrin gab öffentlich bekannt, dass die europäischen Mächte Amerika nicht mehr kolonisieren und sich nicht in die Angelegenheiten der souveränen Nationen, welche in Amerika lagen, wie die Vereinigten Staaten, Mexiko und andere, einmischen sollten.

Im Gegenzug planten die Vereinigten Staaten, sich in Kriegen zwischen europäischen Mächten und in Kriegen zwischen einer europäischen Macht und ihren Kolonien neutral zu verhalten. Falls jedoch diese genannte Art von Kriegen in Amerika stattfinden sollten, würden die Vereinigten Staaten dies als feindliche Handlung an sich selbst gerichtet betrachten.

Während die Franzosen diese Monroe Doktrin in Mexiko verletzten, taten die Briten es ihnen nach, indem sie 11.000 Soldaten nach Kanada brachten und sie entlang der nördlichen Grenze stationierten. Präsident Lincoln wusste, dass er sich in Schwierigkeiten befand, und ging zu seinem Schatzsekretär Salomon P. Chase nach New York, um für Darlehen zu bitten, welche notwendig waren, um die Verteidigung Amerikas zu finanzieren.

Rothschilds bestehen auf 24 – 36 % Zinsen

Die Rothschilds hatten diesen Krieg inszeniert, um die Union scheitern zu lassen und würden sie jetzt nicht retten. Deshalb instruierten sie ihre amerikanischen Banken, Darlehen mit 24 % und 36 % Zinsen anzubieten. Präsident Lincoln lehnte ab, wie sie es vorausgeplant hatten, und ging nach Washington zurück, um den Colonel Dick Taylor von Chicago zu bestellen, welchen er mit der Lösung des Problems betraute, wie er diesen Krieg finanzieren sollte.

Während einem dieser Meetings fragte Präsident Lincoln den Kolonel Taylor, welche Vorschläge er ausgearbeitet hätte, um den Krieg zu finanzieren. Kolonel Taylor sagte:

> *„Wieso Lincoln, das ist einfach, veranlasse den Kongress, ein Gesetz zu erlassen, dass das Drucken von voll gesetzlichem Geld erlaubt...*
> *...und zahle deine Soldaten damit und mache weiter und gewinne den Krieg damit."*

Präsident Lincoln fragte Kolonel Taylor, ob die Bürger der Vereinigten Staaten dieses Geld akzeptieren würden, worauf Kolonel Taylor antwortete:

> *„Die Bürger und jeder andere werden keine Wahl in dieser Sache haben, falls Sie jene Banknoten legal machen. Sie werden die volle Deckung der Regierung haben und genau so gut wie Geld sein, da dem Kongress durch die Konstitution dieses Express-Recht gegeben wird."*

Isabella Rothschild stirbt.

Lincoln lässt Greenbacks drucken

1862: Präsident Lincoln fängt an, den Gegenwert von $ 450,000,000 an amerikanischer Währung zu drucken. Diese Banknoten sind auf der Rückseite in grüner Farbe gedruckt, um sie von den anderen Banknoten in Umlauf zu unterscheiden, und so werden sie deshalb „Greenbacks" (Grünrücken) genannt.

Diese werden ohne Zins an die föderale Regierung gedruckt und werden benutzt, um die Truppen und ihren Bedarf zu bezahlen.

Präsident Lincoln: „Geld wird aufhören der Meister zu sein und zum Diener der Menschheit werden"

Präsident Lincoln wird der letzte Präsident sein, der schuldenfreie Banknoten der Vereinigten Staaten druckte, und über dieses Thema sagte er:

„Die Regierung sollte die gesamte Währung schaffen, ausgeben und in Umlauf bringen, um den Geldbedarf der Regierung und die Kaufkraft der Konsumenten zu decken. Das Privileg, Geld zu schaffen und auszugeben ist nicht nur das oberste Vorrecht der Regierung, sondern auch die größte kreative Chance. Durch die Anwendung dieser Prinzipien... werden dem Steuerzahler immense Summen an Zins erspart. Geld wird aufhören der Meister zu sein, und zum Diener der Menschheit werden."

Er sagte ebenfalls:

> *„Wir gaben den Leuten dieser Republik den größten Segen, den sie je hatten, ihr eigenes Papiergeld, um ihre eigenen Schulden zu bezahlen."*

„Diese Regierung muss zerstört werden, oder sie wird jede Monarchie auf dem Planeten zerstören"

 Im selben Jahr illustriert *„The Times of London"*, wer die Fäden zieht, als es eine Story veröffentlicht, die folgende Aussage enthält:

> *„Wenn diese bösartige Finanzpolitik, welche ihren Ursprung in der nordamerikanischen Republik hat, sich zu einem festen Bestandteil verhärten sollte, dann wird sich diese Regierung ihr eigenes Geld ohne Kosten schaffen. Sie wird ihre Schulden abbezahlen und ohne Schulden sein. Sie wird über alles Geld verfügen, das sie brauchen wird, um ihren Handel auszuführen.*
> *Sie wird wohlhabender werden als jede Regierung zuvor in der Geschichte der Zivilisierten Regierungen in der Welt. Die Intelligenz und der Reichtum aller Länder werden nach Nordamerika gehen. Diese Regierung muss zerstört werden, oder sie wird jede Monarchie auf dem Planeten zerstören."*

Ein Gefahren-Rundschreiben von der unter Rothschild-Kontrolle stehenden *Bank of England* kommt Jahre später ans Licht, das weitere Informationen dazu gibt, wieso Lincolns schuldenfreiem Geld, dem Greenback, ein Ende gemacht werden musste:

> *„Die Sklaverei wird wahrscheinlich durch die Kriegsmacht abgeschafft und die Besitztums-Sklaverei zerstört werden. Über dieses bin ich und meine europäischen* (jüdischen) *Freunde froh, denn Sklaverei ist nichts anderes als der Besitz von Arbeitskraft und bringt die Versorgung der Arbeitskräfte mit sich, während der von England angeführte europäische Plan*

bedeutet, dass das Kapital die Arbeit kontrollieren soll, indem der Lohn kontrolliert wird.
Dies kann durch die Kontrolle des Geldes ausgeführt werden.
Die Kapitalisten werden sicherstellen, dass dieser Krieg zu grossen Schulden führt, und dass diese Schulden zur Kontrolle der Geldmenge verwendet werden. Um dies zu erreichen, müssen die Banken die Schuldverschreibungen als Basis verwenden. Wir warten nun darauf, dass der Schatzsekretär seine Empfehlungen an den Kongress gibt. Es wird nicht erlaubt, dass der Greenback, wie er genannt wird, als Geld für eine weitere Zeit in Umlauf gesetzt wird, da wir dies nicht kontrollieren können."

1863: Präsident Abraham Lincoln erfährt, dass auch der Zar von Russland Alexander II (1855-1881) ebensolche Probleme mit den Rothschilds hat, da er sich ihren permanenten Versuchen, eine Zentralbank in Russland zu eröffnen, entgegenstellt. Der Zar gibt daraufhin unerwartete Hilfe an Präsident Lincoln.

Der Zar erlässt Befehle: Falls entweder England oder Frankreich sich aktiv am amerikanischen Bürgerkrieg beteiligen und dem Süden helfen würden, würde Russland dies als eine Kriegserklärung sehen und die Seite Präsident Lincolns einnehmen.

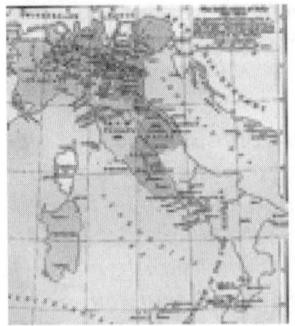

Um zu zeigen, dass er es ernst meint, schickt er einen Teil seiner pazifischen Flotte in den Hafen von San Francisco und den anderen Teil der Flotte in den Hafen von New York.

Das etablierte Rothschild-Bankhaus in Neapel, C. M. de Rothschild e figli, schließt notgedrungen nach der Einigung mit Italien.

Die Rothschilds benützen John D. Rockefeller um Standard Oil zu gründen

Die Rothschilds benützen einen der ihren, John D. Rockefeller, um ein Ölgeschäft genannt *Standard Oil* zu gründen, das schließlich seine gesamte Konkurrenz übernehmen wird.

1864: Präsident Lincoln wird am 8. November wiedergewählt und schon am 21. November schreibt er Folgendes:

> *„Die Geldmacht macht Jagd auf die Nationen in Friedenszeiten und verschwört sich gegen sie in Zeiten der Feindschaft. Die Geldmacht ist despotischer als Monarchie, unverschämter als Selbstherrschaft und eigennütziger als Bürokratie."*

August Belmont Rothschild, der inzwischen der Nationale Vorsitzende der Demokratischen Partei wurde, unterstützt General George McClellan als den demokratischen Nominee, um gegen Präsident Abraham Lincoln in den Wahlen dieses Jahres aufzutreten. Sehr zum Ärgernis von Belmont gewinnt Präsident Lincoln die Wahlen.

1865: In einer Bekanntmachung an den Kongress sagt Präsident Lincoln Folgendes:

> *„Ich habe zwei große Feinde, die Armee des Südens vor mir und die finanziellen Institutionen in meinem Rücken. Von den beiden ist die in meinem Rücken mein größtes Hindernis."*

Präsident Lincoln wird angeschossen und stirbt zwei Monate später an den Verletzungen

Am 14. April, 41 Tage nach seiner zweiten Einsetzung, und gerade fünf Tage nachdem General Lee sich vor General Grant bei Appomattox ergibt, wird Präsident Lincoln von John Wilkes Booth im Ford Theater erschossen. Er wird später, weniger als 2 Monate vor dem Ende des amerikanischen Bürgerkrieges, durch seine Verletzungen sterben.

Mehr als 70 Jahre später enthüllt Booths Enkeltochter Izola Forrester in ihrem Buch *„This One Mad Act"* („Diese eine verrückte Handlung"), dass er von machtvollen Interessen in Europa zu diesem Attentat angestiftet wurde, und dass Booth, im Gegensatz zu den Berichten, dass er später von amerikanischen Autoritäten getötet wurde, tatsächlich nach Europa floh und mit 39 Jahren in Calais starb.
Anschuldigungen, dass internationale Bankiers für

das Attentat an Präsident Lincoln verantwortlich waren, würden im kanadischen *House of Commons* in 1934, fast 70 Jahre später, vorgebracht werden. Der kanadische Anwalt Gerald G. McGeer brachte es ans Licht der Öffentlichkeit. Er hatte Beweise, welche von den Öffentlichen Aufzeichnungen gelöscht worden waren, durch Agenten des Geheimdienstes bei der Verhandlung von John Wilkes Booth, nach Booths angeblichem Tod, erhalten. McGeer sagt aus, dass John Wilkes Booth ein bezahlter Söldner für die internationalen Bankiers war. Von seiner Rede wird in einem Artikel in der Vancouver Sun, datiert 2. Mai 1934, berichtet, wo es heißt:

> *„Das Attentat an Abraham Lincoln, dem ermordeten Befreier der Sklaven, wurde durch die Machenschaften einer Gruppe organisiert, welche die internationalen Bankiers repräsentiert, und sich vor den nationalen Kreditambitionen der Vereinigten Staaten fürchtet. Es gab nur eine Gruppe in der Welt zu jener Zeit, die Gründe hatte, sich den Tod von Lincoln zu wünschen. Dies waren die Männer, die sich seinem nationalen Währungsprogramm entgegenstellten und ihn während des gesamten Bürgerkriegs aufgrund seiner Politik des Greenback bekämpften.“*

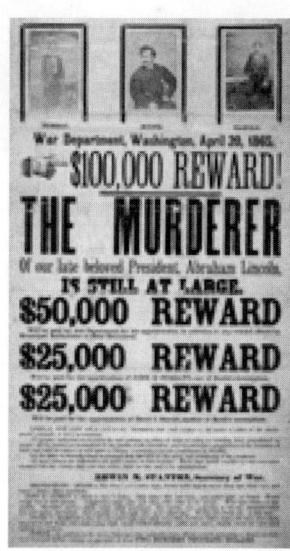

Gerald G. McGeer sagt ebenso, dass Lincolns Ermordung nicht nur deswegen stattfand, weil die Internationalen Bankiers ihre Zentralbank in Amerika wieder etablieren wollten, sondern auch, weil sie die amerikanische Währung auf Gold basieren wollten, welches sie natürlich kontrollierten. Sie wollten Amerika auf einen Goldstandard stellen. Dies stand jedoch im direkten Gegensatz zu der Politik von Präsident Lincolns und seiner Emission von Greenbacks, welche nur auf dem guten Glauben und Kredit der Vereinigten Staaten basierten.

Die Vancouver Sun zitiert Gerald G. McGeer auch mit folgender Aussage:

> *„Das waren die Männer, deren Interesse in der Etablierung des Goldstandards und dem Recht der Bankiers, die Währung sowie jeden Kredit jeder Nation dieser Welt zu kontrollieren, lag. Nun, da Lincoln aus dem Weg geräumt war, konnten sie mit ihrem Plan für die Vereinigten Staaten weitermachen, und das taten sie. Innerhalb von acht Jahren nach Lincolns Ermordung wurde der Silberstandard abgesetzt und der Goldstandard etabliert."*

Interessanterweise gab es viele Spekulationen darüber, ob Abraham Lincoln ein illegitimer Sohn von A. A. Springs gewesen sei (ein Prä-Krypto-Jude namens Springstein), einem Rothschild.

Nach einer kurzen Trainingsperiode in der Londoner Bank der Rothschilds kommt Jacob Schiff, der in ihrem Haus in Frankfurt geboren wurde, im Alter von 18 Jahren in Amerika an - mit Anweisungen sowie der notwendigen Finanz, sich dort in eine Bank einzukaufen.

Der Zweck dessen ist, folgende Aufgaben zu erfüllen:

1. Erreiche die Kontrolle des Amerikanischen Währungssystems durch die Etablierung einer Zentralbank

2. Finde geeignete Männer, die bereit sind, für Geld als Strohmänner für die Illuminaten zu dienen, und fördere sie in hohe Positionen in die Föderale Regierung hinein, in den Kongress, in den Obersten Gerichtshof sowie in alle Regierungsstellen.

3. Bilde einen Kampf zwischen Minderheitsgruppierungen, insbesondere zwischen den Weißen und den Schwarzen.

4. Schaffe eine Bewegung, die Religion in den Vereinigten Staaten zu zerstören, und nehme das Christentum als das Hauptziel dieser Zerstörung.

Nathaniel de Rothschild wird Mitglied des Parlaments von Aylesbury in Buckinghamshire.

1866: Henriette („Jette") Rothschild stirbt.

1868: Am 15. November stirbt Jacob (James) Mayer Rothschild, kurz nachdem er Château Lafite erwirbt, einen der vier großen Premier Grand Cru Besitze in Frankreich. Er ist der letzte von Mayer Amschel Rothschilds Söhnen, der stirbt.

Rabbi Reichorn „Über 100 Millionen Christen wurden durch Kriege vom Planeten genommen, und das Ende ist noch nicht in Sicht"

1869: An der Beerdigung des Grand Rabbi Simeon Ben-Iudah, macht Rabbi Reichorn folgende aufschlussreiche Bemerkung:

„Dank der furchtbaren Macht der internationalen Bankiers haben wir die Christen in Kriege ohne Zahl gestürzt. Kriege haben einen speziellen Wert für die Juden, da die Christen einander umbringen und damit Platz für die Juden machen. Kriege sind die Ernte der Juden, die jüdischen Banken verdienen sich fett an den Kriegen der Christen. Über 100 Millionen von ihnen wurden durch Kriege vom Planeten genommen, und das Ende ist noch nicht in Sicht".

Am 16. März stirbt Babette Rothschild.

1870: Nathaniel de Rothschild stirbt.

Albert Pike, amerikanischer General sowie General der Scottish Rite of Freemasonry, verfasst den militärischen Meisterplan für drei Weltkriege

1871: Ein amerikanischer General namens Albert Pike, welcher durch Giussepe Mazzini in die Illuminaten gelockt wurde, vervollständigt seinen militärischen Meisterplan für drei Weltkriege und für verschiedene über die ganze Welt verteilten Revolutionen, welche die Konspiration in ihre letzte Phase bringen wird. Die Details sind wie folgend:

Der erste Weltkrieg soll geführt werden, um den russischen Zar zu zerstören, wie es Nathan Mayer Rothschild in 1815 versprach. Der Zar soll durch Kommunismus ersetzt werden, welcher die Religionen angreifen soll, insbesondere das Christentum. Die Unterschiede zwischen dem britischen und dem deutschen Imperium sollen dazu benutzt werden, diesen Krieg anzuschüren.

Der zweite Weltkrieg soll dazu benutzt werden, die Kontroverse zwischen Faschismus und politischem Zionismus durch die Unterdrückung der Juden anzufachen, sowie in einem Wendepunkt Hass gegen die Deutschen zu schüren. Dies soll den Faschismus zerstören (den die Rothschilds ja aufgebaut

hatten) sowie die Macht des politischen Zionismus erhöhen. Dieser Krieg

wurde auch mit dem Ziel entworfen, die Macht des Kommunismus soweit anwachsen zu lassen, bis es der Macht eines vereinten Christentums gleichkommt.

Der dritte Weltkrieg soll so ausgetragen werden, dass Hass gegen die muslimische Welt geschürt wird, damit die Islamische Welt und die politischen Zionisten gegeneinander kämpfen. Während dies geschieht, sollen die anderen Nationen so sehr gegen sich selbst kämpfen, dass sie letztendlich in einen mentalen, physikalischen, spirituellen und wirtschaftlichen Status der Erschöpfung hineingeraten.

Am 15. August jenes Jahres schrieb Albert Pike einen Brief (jetzt im Britischen Museum katalogisiert) an Giuseppe Mazzini, in dem er Folgendes schreibt:

> *„Wir werden die Nihilisten und die Atheisten loslassen und wir werden eine große soziale Katastrophen provozieren, welche in all ihrem Horror klar der ganzen Welt zeigen werden, was absoluter Atheismus verursacht: der Ursprung reiner Grausamkeit und blutigsten Aufruhrs.*
>
> *Dann werden überall die Leute gezwungen werden, sich gegen die Weltminderheit der Weltrevolutionäre zu wehren, und werden diese Zerstörer der Zivilisationen zerstören. Und die Mehrheit der Menschen, welche mit dem Christentum enttäuscht sind und deren Seele von diesem Moment an ohne Richtung und Führerschaft ist, werden, ängstlich um eine Führung besorgt, aber ohne Wissen, wem sie ihre Bewunderung zukommen lassen sollen, das wahre Licht durch die universelle Manifestation der reinen Lehre von Luzifer empfangen, welche endlich in den öffentlichen Blickpunkt rückt.*
>
> *Eine Manifestation, welche aus der allgemeinen reaktionären Bewegung resultieren wird, die der Zerstörung des Christentums und des Atheismus folgen wird; beide zeitgleich besiegt und ausgelöscht."*

Pike, der zum Sovereign Grand Commandeur der Southern Jurisdiction (Südlichen Gesetzgebung) der *Scottish Rite of Freemasonry* in 1859 gewählt wurde, war der einflussreichste Freimaurer in Amerika. Er wird diese Position 32 Jahre lang bis zu seinem Tod in 1891 innehaben. Er veröffentlichte außerdem ein Buch über das Thema mit dem Titel „Moral und Dogma der historischen und akzeptierten Schottischen

Ritus der Freimaurerei), in dem er offen das folgende behauptet:

„Der wahre Namen Satans, so sagen die Kabbalisten, ist der von Yahweh umgedreht; denn Satan ist nicht ein schwarzer Gott sondern die Umkehrung von Gott... Für die Eingeweihten ist es keine Person, sondern eine Kraft, welche für das Gute geschaffen wurde, aber auch dem Bösen dienen kann. Sie ist das Instrument der Freiheit und des freien Willens.
LUZIFER, der Licht-Träger! Ein seltsamer und mysteriöser Name für einen Geist der Dunkelheit! Luzifer, der Sohn des Morgenrotes! Ist es er, der das Licht trägt, und mit seiner Pracht schwache, genusssüchtige und eigennützige Seelen blind macht? Habt daran keine Zweifel!"

Interessanterweise betont Pike in demselben Buch, dass die Freimaurerei eine Religion ist, welche auf der in der Kabbalah gefundenen okkulten jüdischen Philosophie basiert.

Die Nachfolger von Albert Pike: Lemmy, Lenin, Trotzki

1872: Bevor Giuseppe Mazzini in diesem Jahr stirbt, macht er einen anderen revolutionären Führer namens Adrian Lemmy zu seinem Nachfolger. Lemmy wird daraufhin von Lenin und Trotzki nachgefolgt, dann kommt Stalin. Die revolutionären Aktivitäten all dieser Männer wurden von den Rothschilds finanziert.

1873: Die Verlust generierende *Rio Tinto*-Kupfermine in Spanien wird von einer Gruppe ausländischer Banker einschließlich der Rothschilds, aufgekauft. Diese Minen stellen Europas größtes Kupfervorkommen dar.

Rothschild-Familien Bankenkartell

1875: Am 1. Januar diesen Jahres übernimmt Jacob Schiff, inzwischen der Schwiegersohn von Solomon Loeb, nachdem er dessen Tochter Teresa heiratete, die Kontrolle über das Bankhaus *Kuhn, Loeb & Co.* Außerdem finanziert er *John D. Rockefellers Standard Oil Company, Edward R. Harrimans Railroad Empire,* und *Andrew Carnegies Steel Empire.* All dies geschieht mit Rothschild-Geld.

Er identifiziert daraufhin die anderen zu jener Zeit größten Bankiers in Amerika. Dies sind *J.P. Morgan,* der die Wall Street kontrolliert, und die *Drexels* und die *Biddles* von Philadelphia. Alle anderen Bankiers, groß und klein, tanzen zu der Musik dieser drei Häuser.

Schiff erreicht, dass die europäischen *Rothschilds* europäische Zweigstellen dieser drei großen Banken aufbauen, unter Absprachen dass Schiff, und dadurch Rothschild, der Boss in New York und damit Amerika sein wird.

Die Bank *N.M. Rothschild & Söhne* unternimmt Aktienausgaben, um Kapital für ein Tunnelprojekt aufzubringen, das Frankreich und England verbinden soll, wobei die Hälfte des Kapitals von der *Compagnie du Chemin de Fer du Nord* kommt, die sich im Besitz der Rothschilds befindet.

Rothschild verleiht Geld an Briten für Kauf des Suezkanals, dadurch können sie die Britische Armee zur Sicherung der Wirtschaftsinteressen nutzen

Die Rothschilds mussten auch Kontrolle über den Suez Kanal erreichen, um ihre massiven Wirtschaftsinteressen in der Region zu schützen, und somit beauftragt Lionel de Rothschild den jüdischen britischen Premierminister Benjamin Disraeli, die Aktien im Suez Kanal von Khedive Said von Ägypten aufzukaufen. Die Rothschilds verleihen das Geld an die britische Regierung, um den Kauf zu vereinfachen, sie wollten es nicht selbst besitzen, da sie ja eine Regierung brauchten, die es besaßen, welche sie kontrollierten, sodass sie dann das Militär jener Regierung nutzen konnten, um es zu beschützen.

1878: Archibald Philip Primrose, der 5. Earl von Roseberry, welcher später in 1894 Britischer Premierminister werden sollte, heiratet Hannah de Rothschild, die Tochter des Baron Mayer de Rothschild. Aus der Heirat stammen 4 Kinder: Harry Primrose, Lord Dalmeny (später 6. Earl von Roseberry); der ehrenwerte Neil Primrose; Lady Sybil Primrose; und Lady Margaret Primrose.

1879: Lionel de Rothschild stirbt.

1880: Rothschild Agenten fangen jetzt an, eine Serie von Pogromen anzufachen, zumeist in Russland, aber auch in Polen, Bulgarien und Rumänien. Diese Pogrome resultieren in dem Mord an Tausenden un-

schuldiger Juden, und verursachen die Flucht von
ungefähr zwei Millionen
Juden, insbesondere nach
New York, aber auch nach
Chicago, Philadelphia, Boston
und Los Angeles. Jedoch
wird manchen mit Roth-
schild Geld geholfen, sich
in Palästina anzusiedeln.

Der Grund, diese Pogrome
anzufachen, bestand darin,
eine große jüdische Basis in Amerika aufzubauen, welche, nachdem sie
ankamen, dazu erzogen wurden, sich als demokratischer Wähler einzu-
tragen. Ungefähr zwanzig Jahre später würde dies in einer massiven demokratischen Wählerschaft in den Vereinigten Staaten resultieren, und
dazu verwendet werden, um Rothschild-Frontmänner wie Woodrow
Wilson zu Präsidenten wählen zu lassen, welche die Wünsche der Rothschilds in die Tat umsetzten.

In Amerika war der damals überragende New Yorker Journalist John
Swinton Ehrengast bei einem Bankett welches ihm durch die Führer
jener Kunst gegeben wurde. Jemand, der weder die Presse noch Swinton
kannte, offerierte einen Toast an die unabhängige Presse. Swinton
empörte seine Kollegen, da er erwiderte:

> *„Es gibt keine solche Sache, zu diesem*
> *Zeitpunkt der Weltgeschichte, in Ame-*
> *rika, wie eine unabhängige Presse.*
> *Sie wissen es und ich weiß es.*
> *Es gibt nicht Einen von Ihnen, der*
> *es wagt, aus seiner ehrlichen Über-*
> *zeugung zu schreiben, und wenn sie*
> *es täten, würden sie im Vorhinein*
> *wissen, dass es nie in Druck erschei-*
> *nen würde. Ich werde wöchentlich*
> *bezahlt, damit ich meine ehrliche*
> *Meinung aus der Zeitung, mit der ich*
> *verbunden bin, herauslasse.*

Anderen von Euch werden ähnliche Gehälter gezahlt werden für ähnliche Dinge, und jeder von Euch, der so unklug wäre, seine ehrliche Meinung zu schreiben, würde wieder auf der Strasse sein, sich um einen anderen Job umsehend. Falls ich meiner eigenen ehrlichen Meinung erlauben würde, in einer Ausgabe meiner Zeitung zu erscheinen, wäre meine Beschäftigung innerhalb von 24 Stunden weg.

Das Geschäft des Journalismus ist es, die Wahrheit zu zerstören, regelrecht zu lügen, zu pervertieren, zu verteufeln, vor den Füssen des Geldes zu hofieren, und sein Land und seine Rasse für sein tägliches Brot zu verkaufen. Sie wissen es, und ich weiß es, was für eine Törichtheit ist es, einen Trinkspruch auf die unabhängige Presse zu erheben?

Wir sind die Werkzeuge und die Vasallen reicher Männer hinter den Szenen. Wir sind die Hampelmänner, sie ziehen unsere Fäden und wir tanzen. Unsere Talente, unsere Möglichkeiten, und unsere Leben sind alle der Besitz anderer Männer. Wir sind intellektuelle Prostituierte."

Präsident Garfield:
„Wenn man realisiert, dass das gesamte System von ein paar mächtigen Männern an der Spitze kontrolliert wird, muss einem nicht mehr erklärt werden, wie die Perioden von Inflation und Depression entstehen."

1881: Präsident James A. Garfield (der 20. Präsident der Vereinigten Staaten, der nur 100 Tage bestand) sagt zwei Wochen bevor er ermordet wurde:

> *„Wer auch immer das Volumen des Geldes in unserem Land kontrolliert, ist ein absoluter Meister aller Industrie und allen Kommerzes..."*

Am 13. März wird der Zar von Russland, Alexander II, in St. Petersburg ermordet, mehreren Mordversuchen folgend welche 1866 begannen, weniger als ein Jahr nach dem Sieg von Präsident Lincoln im amerikanischen Bürgerkrieg.

Edmond James de Rothschild hat einen Sohn Maurice de Rothschild.

1883: Nachdem 6000 Fuß (ca. 2 km) Tunnel im Tunnelprojekt ausgegraben sind, wird das Projekt von der britischen Regierung gestoppt mit der Begründung, es gefährde die Sicherheit Englands.

1885: Nathaniel Rothschild, Sohn von Lionel De Rothschild, wird das erste jüdische Mitglied des Hochadels und nimmt den Titel Lord Rothschild an.

1886: Die Französische Rothschild Bank, die *de Rothschild Frères*, erwirbt substantielle Mengen von russischen Ölfeldern und gründet die *Caspian and Black Sea Petroleum Company,* welches schnell zum zweitgrößten Ölproduzenten anwächst.

1887: Edward Albert Sassoon, der Opium Händler in China, heiratet Aline Caroline de Rothschild, das Enkelkind von Jacob (James) Mayer Rothschild. Der Vater Gustave von Aline Caroline übernimmt zusammen mit seinem Bruder Alphonse den französischen Arm der Rothschilds nach dem Tod seines Vaters Jacob.

Die Rothschilds finanzieren die Amalgamierung der Kimberley Diamant Minen in Südafrika. Sie entwickeln sich daraufhin zum größten Aktionär dieser Firma, *De Beers,* und fördern bis heute wertvolle Edelsteine in Afrika und Indien.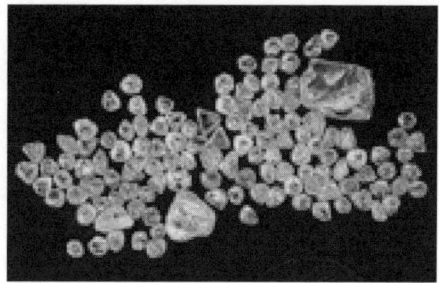

1888: Noémie Halphen, die zukünftige Frau von Maurice de Rothschild, kommt auf die Welt.

1891: Der britische Labour-Führer macht die folgende Aussage über das Thema Rothschild:

„Diese blutsaugende Crew ist die Ursache von ungehörtem Verderben und Jammer in Europa in dem jetzigen Jahrhundert, und hat ihren ungeheuren Reichtum vor allem durch das Anschüren von Kriegen zwischen Staaten, die nie miteinander hätten kämpfen sollen, erreicht.
Wann immer es Probleme gibt in Europa, wo immer Gerüchte von Krieg zirkulieren und die Gedanken der Männer mit Ängsten vor Veränderungen und Unheil zermürbt sind, können Sie sicher sein, dass ein hakennasiger Rothschild seine Spiele in der Nähe der Region der Störung treibt."

Kommentare wie dieser machten den Rothschilds Sorgen, und deswegen kauften sie am Ende der 1800 die Reuters Nachrichtenagentur, sodass sie damit etwas Kontrolle über die Medien ausüben können.

1895: Edmond James de Rothschild, der jüngste Sohn von Jacob (James) Mayer Rothschild, besucht Palästina, um sich die Kolonien anzusehen, welche er durch die von den Rothschilds erzeugten

Pogrome in Russland, Polen, Bulgarien und Rumänien finanzierte. Er ist beeindruckt, und verspricht, diese Kolonien weiterhin zu finanzieren, in dem Langziel der Rothschilds, einen jüdischen Staat zu gründen, der sich im Besitz der Rothschilds befindet.

Die Rothschilds gründen 1897 den Zionistischen Kongress, um Zionismus zu fördern

1897: Die Rothschilds gründen den Zionistischen Kongress, um Zionismus zu fördern. Zionismus wird als politische Bewegung portraitiert, welche danach sucht, ein Heimatland für die Juden zu sichern, aber tatsächlich ist es eine Konspiration, um die ganze Welt unter eine Weltregierung zu bringen, welche durch Juden, insbesondere den Rothschilds, verwaltet und kontrolliert wird. Es wird arrangiert, dass der erste Weltkongress der Zionisten in München stattfinden soll. Jedoch wehren sich die lokalen Juden gegen eine solche Versammlung, und der Versammlungsort wird nach Basel in die Schweiz verlegt, und der Kongress findet dort am 29. August statt.

Präsident der zionistischen Organisation, Theodor Herzl: „Ich werde Anti-Semiten einführen, um jüdischen Reichtum zu beschlagnahmen"

Der Vorsitz dieses Meetings wird vom Ashkenazim-Juden Theodor Herzl geführt, der in seinem Tagebuch behaupten wird:

> *„Es ist essentiell, dass die Leiden der Juden ... schlimmer werden ... dies wird der Realisierung unserer Pläne behilflich sein...*

*Ich habe eine exzellente Idee...
Ich werde Anti-Semiten einfüh-
ren, um jüdischen Reichtum zu beschlagnahmen... Die Antisemiten
werden uns somit helfen, indem
sie die Verfolgung und Unterdrückung der Juden stärken werden.
Die Antisemiten sollen zu unseren besten Freunden werden.*"

Herzl wird daraufhin zum Präsidenten der
zionistischen Organisation ernannt, welche das „rote Rothschild-Hexagramm" als
zionistische Flagge wählt, die sich 51 Jahre
später auf der Flagge Israels wieder finden wird.

Bei dieser Konferenz deklariert Chaim Weizmann, welcher später ihrer
Führer werden sollte:

*„Es gibt keine englischen, französischen, deutschen oder ameri-
kanische Juden, sondern nur Juden, welche in England, Frankreich, Deutschland oder Amerika leben.*"

Edward Henry Harriman wird zum Direktor der
Union Pacific Railroad und übernimmt ab dann
die Kontrolle der *Southern Pacific Railroad*.
Dies wird alles von den Rothschilds finanziert.

1898: Beim zionistischen Weltkongress im Juli
macht Max Mandelstam die folgende Aussage:

*„Die Juden weisen die Idee einer Fusion mit
anderen Nationalisten energisch zurück, und
halten sich an ihrer historischen Hoffnung
auf ein Weltimperium fest.*"

Der Papst Leo XIII stellt das Folgende fest in Bezug auf die Wucherei (der
Erhebung von Zinsen auf Geld):

„Auf der einen Seite gibt es eine Gruppe, welche die Macht in Händen hält, da sie Reichtum besitzt, welche in ihre Hand auf alle Arbeitskräfte und Handel hat, und alle Versorgungsquellen zu ihrem eigenen Vorteil und Zweck manipuliert, und selbst in den Räten des Staates machtvoll repräsentiert ist. Auf der anderen Seite gibt es die bedürftige und machtlose Mehrheit, verwundet und leidend.

Raubgierige Wucherei, obwohl sie mehr als nur einmal von der Kirche verachtet wurde, wird nichtsdestotrotz in einer anderen Form, aber mit derselben Schuld, weiterhin durch eine Gruppe gieriger und habsüchtiger Männer praktiziert... sodass es für eine sehr kleine Anzahl reicher Männer möglich wurde, ein Joch auf die Masse aufzuerlegen, das nicht viel besser ist als die Sklaverei selbst."

Ferdinand de Rothschild stirbt.

1899: Dank der Entdeckung einer sich mächtig ausbreitenden Menge an Reichtums in Gold und Diamanten in Südafrika, schicken die Rothschilds, durch ihre Agenten Lord Alfred Milner und Cecil Rhodes, 400.000 britische Soldaten dorthin, um die Schätze zu bergen und gegen den „Feind" zu kämpfen, welcher aus 30.000 Buren-Bauern mit einfachen Gewehren besteht, welche lieber nicht ihr eigenes Land verlassen würden.

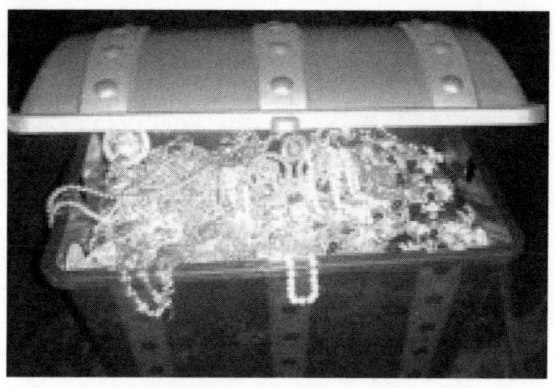

Es ist in diesem so genannten Krieg, dass die ersten Konzentrationslager erfunden werden, als die Briten jeden umbringen, der mit den Buren sympathisiert, was Frauen und Kinder mit einbezieht, und sie in unhygienische und mit Fieber übersäte Camps stecken. Die Rothschild-britische Armee geht weiterhin daran, den Krieg zu gewinnen, und somit geht der große Reichtum an Gold und Diamanten an die Rothschilds.

Tatsächlich hat Rear Admiral Henry Hamilton Beamish in einer Rede am 30. Oktober 1937 in Bezug auf den Burenkrieg das Folgende zu sagen:

> *„Der Burenkrieg trug sich vor 37 Jahren zu. Bure bedeutet Bauer. Viele kritisierten eine so große Macht wie Britannien dafür, dass versucht wurde, die Buren auszulöschen. Auf meine Ermittlungen hin fand ich heraus dass sich die gesamten Gold- und Diamantenminen von Südafrika im jüdischen Besitz befanden; Rothschild kontrollierte das Gold, Samuels das Silber, Baum kontrollierte andere Minen, und Moses kontrollierte Basismetalle. Alles was diese Leute berühren wird von ihnen unweigerlich vergiftet."*

Stephanus Johnannes Paul Kruger, zu jener Zeit Präsident der Transvaal Republik in Südafrika, sagt in jenem Jahr das Folgende in Bezug darauf, wie Frieden in Südafrika herzustellen sei:

> *„Falls es vorstellbar sein sollte, die jüdischen Monopolisten vom Hals dieses Landes zu bringen, und zu ernten, ohne einen Krieg mit Großbritannien, dann wäre das Problem eines immer währenden Friedens gelöst."*

Edmond de Rothschild richtet sich nicht nach den Bedürfnissen der Bevölkerung seiner palästinensischen Kolonien

1901: Die Juden der Kolonien, welche Edmond James de Rothschild in Palästina gründete, schickten eine Delegation zu ihm, die ihm mitteilt:

> *„Wenn Sie die Yishuv* (die jüdische Besiedlung) *retten wollen, sollten sie ihre Hände davon lassen, und... einmal den Kolonien die Möglichkeit geben, selber zu korrigieren, was korrigiert werden muss."*

Edmond James de Rothschild ist überhaupt nicht begeistert, diese Delegation zu empfangen, und sagt zu ihnen:

> *„Ich habe die Yishuv geschaffen, ich allein. Deshalb sollen keine Männer, noch Kolonialisten noch Organisationen das Recht haben, in meine Pläne einzugreifen."*

Das Rothschild Bankhaus in Frankfurt, Deutschland, *M. A. von Rothschild und Söhne,* schließt, da es keinen männlichen Rothschild Erben gibt, es weiterzuführen.

1902: Philippe de Rothschild kommt auf die Welt.

1903: Im August beim 6. Weltzionistischen Kongress in Basel, Schweiz, findet eine Diskussion statt in Bezug auf die Offerte von Britannien, Uganda als Basis eines zukünftigen jüdischen zionistischen Staates zur Verfügung zu stellen.

Die Juden beschweren sich, dass sie Palästina möchten, und dann macht Max Nordau auf einmal die folgende schockierende Bemerkung, dass die Juden Palästina durch einen Prozess der Stufen bekommen werden, welcher sich 15 Jahre später buchstabengetreu ausspielen würde. Er sagte das Folgende:

> *„Lasst mich euch die folgenden Worte mitteilen, indem ich euch die Stufen der Leiter, welche nach unten und nach oben führt, zeige: Herzl; der weltzionistische Kongress; der englische Uganda-Vorschlag; der zukünftige Weltkrieg; die Friedenskonferenz bei der mit der Hilfe Englands ein freies und jüdisches Palästina gegründet wird."*

1905: Eine Gruppe von zionistischen Juden, unterstützt von Rothschild und geführt von Georgi Apollonich Gapon, versucht, den Zaren-Thron in Russland umzustürzen und einen kommunistischen Coup auszuführen. Es gelingt Ihnen nicht, und sie sind dazu gezwungen, zu fliehen, woraufhin sie Zuflucht in Deutschland finden.

Im Buch *„The Jewish Encyclopaedia (Vol. 2, p.497)"* steht:

> *„Es ist ein irgendwie kurioses Nachspiel zu dem Versuch, eine katholische Konkurrenz zu den Rothschilds aufzubauen, dass zur jetzigen Zeit die Letzteren die Wächter des päpstlichen Schatzes sind."*

Rothschild Monopoly mit wechselnden Namen: Standard Oil, Royal Dutch, Shell

1906: Die Rothschilds behaupten, dass sie ihre *Caspian and Black Sea Petroleum Company* aufgrund von wachsender Instabilität in der Region und wachsender Konkurrenz von Rockefellers Standard Oil (die Rockefeller Familie sind Rothschild-Abkömmlinge durch eine weibliche Blutsverwandtschaft) an *Royal Dutch* und *Shell* verkaufen. Dies ist ein weiteres Beispiel dafür, wie die Rothschilds versuchen, ihren wahren Reichtum zu verbergen, den sie tatsächlich in Händen halten.

1907: Rothschild Jacob Schiff, der Chef von *Kuhn, Loeb und Co.*, warnt in einer Rede vor der New York Chamber of Commerce, dass:

> *„...wenn wir nicht eine Zentralbank mit adäquater Kontrolle der Kreditressourcen haben, wird dieses Land die schwerste und weit greifendste Geldpanik in der Geschichte erfahren."*

Auf einmal findet Amerika sich in der Mitte einer weiteren finanziellen Krise, die als „Panic of 1907" bekannt ist, wieder, welche die Leben von Millionen von unschuldigen Leuten ruinieren wird.

Jacob Schiff gründet die NAACP

1909: Jacob Schiff gründet die *National Advancement for the Association of the Coloured People* (Nationaler Fortschritt für Farbige Menschen NAACP). Dies wurde getan, um die Schwarzen anzustiften, Krawalle, Plünderungen und andere Arten des Aufstandes auszuführen, um einen Keil zwischen die schwarzen und die weißen Gemeinschaften zu treiben.

Der jüdische Historiker Howard Sachar schreibt das folgende in seinem Buch „*A History of the Jews in America* (Eine Geschichte der Juden in Amerika)":

> „*In 1914 wurde Professor Emeritus Joel Spingarn von der Columbia University zum Vorsitzenden der NAACP und rekrutierte für das Gremium solche jüdischen Führer wie Jacob Schiff, Jacob Billikopf, und Rabbi Stephen Wise.*"

Andere Ashkenazim-jüdische Mitbegründer schließen Julius Rosenthal, Lillian Wald und Rabbi Emil G. Hirsch mit ein.

Es würde noch 60 Jahre dauern bis in die 1970er, bis die *NAACP* ihren ersten schwarzen Präsidenten, Benjamin Hooks, benennen würde.

Babylonischer Talmud

Interessanterweise ist der Talmud ein Befürworter des rassistischen hamitischen Mythos, ein Thema über das der frühere Angestellte des „Simon Wiesenthal Center", Harold Brackman, in seiner Doktor Dissertation mit dem Titel „*The Ebb and Flow of Conflict: The History of Black-Jewish Relations Through 1900* (Die Ebbe und Flut in Konflikten: Die Geschichte der schwarz-jüdischen Beziehung bis 1900)", folgendes niederschrieb:

> „*Es ist nicht zu verleugnen, dass der Talmud von Babylon die erste Quelle war, welche einen negrophoben Inhalt in die Episode hineininterpretierte, indem sie die brüderliche Verbindung von Canaan zu Cush hervorhob... Die wichtigere Version des Mythos' vereint ausgeklügelt die Wurzeln der Schwarzheit - und anderer, realer oder der Phantasie entspringender negroider Züge - mit Noahs Fluch selbst.*"

Laut dieser Geschichte, wird Ham von seinem erzürnten Vater verflucht:

> „...weil er ihn in der Dunkelheit der Nacht missbraucht hätte, seine Kinder schwarz und hässlich geboren sein sollen, weil Du

Deinen Kopf gedreht hast, um mich mit Schande zu füllen, sollen sie krauses Haar und rote Augen haben; weil Deine Lippen sich schürzten als ich mich zeigte, sollen ihre anschwellen; und weil Du meine Nacktheit vernachlässigt hast, sollen sie nackt mit ihren schamvoll verlängerten männlichen Gliedern für alle sichtbar gehen..."

Maurice de Rothschild heiratet Ashkenazim-Jüdin Noémie Halphen.

1911: Werner Sombart schreibt in seinem Buch, *„The Jews and Modern Capitalism* (Die Juden und moderner Kapitalismus)"*, dass von 1820 an es das „Zeitalter der Rothschilds" ist und kommt zu dem Schluss dass es "nur eine Macht in Europa gibt, und das sind die Rothschilds." Er schreibt ebenso:

„Jüdischer Einfluss machte die Vereinigten Staaten zu dem was sie sind – das ist, amerikanisch. Denn das, was wir Amerikanisch nennen, ist nichts anderes, als der jüdische Geist destilliert... moderner Kapitalismus ist nicht mehr oder weniger als ein Ausdruck des jüdischen Geistes..."

„Kapitalismus wurde aus dem Gelddarlehen geboren. Geld verleihen ist die Idee an der Wurzel des Kapitalismus. Konsultieren Sie den Talmud und Sie werden finden, dass die Juden eine Kunst aus dem Geldverleihen gemacht haben. Es wurde Ihnen früh beigebracht, das größte Glück in dem Besitz von Geld zu sehen. Sie ergründeten alle Geheimnisse die im Geld verborgen waren. Sie wurden zu Lords des Geldes und zu Herren der Welt..."

Konglomerat Rothschild: Schiff, Kuhn, Loeb & Co., Standard Oil, Harrimans, Goulds and Rockefeller

1912: In der Dezember-Ausgabe des *"Truth"*-Magazin sagt George R. Conroy über den Bankier Jacob Schiff:

> *„Mr. Schiff ist Boss des großen priva-ten Bankhauses „Kuhn, Loeb, and Co", welches die Interessen der Roth-schilds auf dieser Seite des Atlan-tiks vertritt.*
> *Er wurde als finanzieller Stratege beschrieben und für Jahre als Fi-nanzminister von großer unper-sönlicher Macht gesehen, die als „Standard Oil" bekannt ist.*
> *Er war Hand im Handschuh mit den Harrimans, den Goulds, und den Rockefellers in all ihren Eisenbahnunternehmungen und ent-wickelte sich zur dominierenden Macht im Eisenbahngeschäft und zur Finanzmacht von Amerika."*

Samuel Untermyer erpresst den amerikanischen Präsidenten Woodrow Wilson

1913: Am 4. März wird Woodrow Wilson zum 28. Präsident der Ver-einigten Staaten gewählt. Kurz nach-dem er eingeschworen ist, wird er im Weißen Haus vom Ashkena-zim-Juden Samuel Untermyer, von der Anwaltsfirma *Guggenheim, Untermyer, und Marshall*, besucht,

der versucht, ihn um die Summe von $ 40,000 mit dem Verhältnis zu er-
pressen, das Wilson mit der Frau eines Kollegenprofessors unterhalten
hatte, als er als Professor an der Princeton Universität dozierte.

Präsident Wilson hat das Geld jedoch nicht, woraufhin Untermyer ihm
anbietet, die $ 40,000 aus eigener Tasche an die Frau zu zahlen, mit der
Wilson die Affäre gehabt hatte, unter der Bedingung dass Wilson verspricht,
auf die erste leere Stelle im *United States Supreme Court* einen Nominee
zu setzen, der von Untermyer an Präsident Wilson empfohlen wird. Wilson
stimmt diesem zu.

Am 31. März stirbt J. P. Morgan, der angebliche Eigentümer des *J. P. Morgan
Imperiums*. Es wurde vermutet, dass er der reichste Mann in Amerika ist,
aber es stellt sich heraus, dass er nur 19 % der J. P. Morgan Firmen be-
saß. Die anderen 81 %? Die gehörten den *Rothschilds*.

Jacob Schiff gründet die *Anti-Defamation League (ADL)* als einen Zweig
der *B'nai B'rith* in den Vereinigten
Staaten. Diese Organisation wird mit
dem Ziel gegründet, jeden, der die
unrechtmäßigen Aktionen der elitär

agierenden Juden oder der globalen Rothschild-Konspiration hinterfragt
oder anfechtet, als antisemitisch oder als gegen die ganze jüdische
Rasse gerichtet zu diffamieren.

Seltsamerweise genug gründen sie aus-
serdem im selben Jahr ihre neueste
und die Gegenwart betreffende Zentralbank in Amerika, die *Federal Reserve*. Damit sie die Unterstützung der
Öffentlichkeit erlangen, behaupten sie
kühn, dass nur eine Zentralbank die
Probleme von Inflation und Deflation lösen könnte, wo doch in der Tat
der eigentliche Grund für die Zentralbank darin besteht, den Geldfluss so
manipulieren zu können, um dadurch
Inflation und Deflation zu erzeugen.

Zur Erlassung des *Federal Reserve Acts* am 23. Dezember folgend, sagt Kongressabgeordneter Charles Lindbergh:

> *„Dieses Gesetz etabliert die Bildung eines gigantischen Trusts auf der Erde. Wenn der Präsident diese Bill (Anm. des Übers.: bill, wörtlich Rechnung; Amerikaner nennen ihre Gesetzgebung bill) unterschreibt, wird die unsichtbare Regierung der Geldmacht legalisiert sein... Das größte Verbrechen aller Zeiten wird von dieser Banken- und Währungsgesetzgebung ausgeübt."*

Wem gehört die Federal Reserve?

Es ist wichtig zu bemerken, dass die *Federal Reserve* eine private Firma ist, die weder föderal (staatlich) ist noch Reserven hat. Es wird konservativ geschätzt, dass die Profite $ 150 Billionen im Jahr übersteigen, jedoch hat die *Federal Reserve* noch nie in ihrer Geschichte ihre Bücher veröffentlichen müssen.

Einige neue Beweise sind zu Tage getreten, wem die Federal Reserve Bank wirklich gehört, und das sind alles Rothschild-Banken:

Rothschild Bank of London
Warburg Bank of Hamburg
Rothschild Bank of Berlin
Lehman Brothers of New York
Lazard Brothers of Paris
Kuhn Loeb Bank of New York
Israel Moses Seif Banks of Italy
Goldman, Sachs of New York
Warburg Bank of Amsterdam
Chase Manhatten of New York

1914: Der Beginn des 1. Weltkrieges. In diesem Krieg leihen die Rothschilds an alle:

Die deutschen Rothschilds verleihen Geld an die Deutschen, die britischen Rothschilds leihen Geld an die Briten, und die französischen Rothschilds leihen Geld an die Franzosen

Darüber hinaus haben die Rothschilds Kontrolle über die drei europäischen Nachrichtenagenturen, *Wolff* (gegr. 1849) in Deutschland, *Reuters* (gegr. 1851) in England, und *Havas* (gegr. 1835) in Frankreich.

Die Rothschilds benutzten *Wolff*, um das Deutsche Volk in eine Kriegshetze zu manipulieren. Um diese Zeit wird in den Medien selten über die Rothschilds berichtet, denn die Medien gehören den Rothschilds.

1915: Die islamische ottomanische Regierung der Türkei wird von freimaurerischen jüdischen Sozialisten gestürzt, die sich in täuschender Weise die „Young Turks" (Die jungen Türken) nennen.

Dies führt zu einem von Juden angeführten Massenmord von zwei Millionen christlichen Armeniern, von denen viele gefoltert und ihre Hände abgehackt wurden. Tatsächlich gab es, laut dem britischen Konsul, so viele abgehackte Hände, daß wenn man sie Seite an Seite gelegt hätte, man eine Autobahn daraus hätte machen können.

Als Resultat dieser Revolution würde der Mann, der als Mustafa Kemal Ataturk bekannt werden würde, ein alkoholsüchtiger Krypto-Jude, zur diktatorischen Macht in der Türkei anwachsen.

1916: Am 4. Juni wird Louis Dembitz Brandeis zum *Supreme Court* (Obersten Gerichtshof) der Vereinigten Staaten durch Woodrow Wilson bestellt, wie es zur Bezahlung seiner Erpressung mit Samuel Untermyer ungefähr drei Jahre davor ausgehandelt wurde. Richter Brandeis ist ebenso der gewählte Führer des Exekutiven Komitees für zionistische Angelegenheiten, eine Position die er seit 1914 innehält.

Rothschilds bringen Amerika in den Krieg für das Versprechen der Briten, Palästina an die Rothschilds zu geben

Wir schreiben die Mitte des 1. Weltkrieges. Deutschland gewinnt den Krieg, da sie in einem größeren Maß von den Rothschilds finanziert werden als Frankreich, Italien und England, da die Rothschilds den Zar in Russland nicht unterstützen wollen, und Russland sich natürlich auf derselben Seite wie Frankreich, Italien und England befindet.

Dann geschieht etwas Signifikantes: Am 12. Dezember bietet Deutschland, obwohl es den Krieg gewinnt und nicht ein fremder Soldat den Fuß auf sein Land gesetzt hat, Waffenstillstand an England an, ohne eine Forderung von Rückzahlungen. Die Rothschilds bekommen Angst, dass die Briten dies akzeptieren werden, denn sie haben noch ein paar Tricks auf Lager bezüglich dessen, wieso sie diesen Krieg angestiftet hatten.

Somit sendet Rothschild, während die Briten die Annahme des Angebots von Deutschland in Betracht ziehen, eine zionistische Delegation von Amerika nach England, welche verspricht, Amerika in den Krieg auf der

Seite der Engländer zu schicken, vorausgesetzt dass die Briten versprechen, das palästinische Land den Rothschilds zu geben.

Die Rothschilds wollen Palästina, um damit ihre großen Geschäftsinteressen, die sie im Osten haben, schützen zu können. Sie wünschen sich auch ihren eigenen Staat in diesem Gebiet inklusive einer eigenen Armee, die sie als Aggressor benutzen können, falls ein Staat diese Interessen bedrohen würde.

Die Briten stimmen daraufhin dem Deal mit Palästina zu und die Zionisten in London kontaktieren ihre Kollegen in Amerika und informieren sie mit diesen Fakten. Auf einmal wenden sich alle großen Zeitungen in Amerika, die bis zu diesem Zeitpunkt Pro-Deutsch waren, gegen Deutschland und lassen Propagandastücke laufen wie: Deutsche Soldaten ermorden Krankenschwestern des Roten Kreuzes; Deutsche Soldaten hacken die Hände von Babies ab, und so weiter, um damit die amerikanische Öffentlichkeit gegen die Deutschen zu manipulieren.

Interessanterweise wird Woodrow Wilson als Präsident erneut gewählt, und der Slogan seiner Kampagne heißt „Wähle den Mann wieder, der Ihre Söhne von den Kriegen fern hält."

1917: Als Resultat der Deutschen Friedenserklärung geht die Rothschild Kriegsmaschine in Amerika in die höchsten Gänge und verbreitet antideutsche Propaganda, die dazu führt, dass Präsident Wilson, unter der Anleitung vom jüdischem amerikanischen Supreme Court Justice, Louis Dembitz Brandeis, sein Versprechen an die Wähler nicht einhält und Amerika am 6. April in den 1. Weltkrieg führt.

Die Balfour-Erklärung: Ein Brief für ein Königreich

Im Gegenzug für das zionistische Versprechen der Rothschilds an die Engländer, Amerika in den Krieg zu führen, entscheiden die Rothschilds, dass sie etwas Schriftliches von den Engländern brauchen, eine Bestätigung dass sie ihre Seite des Handels einhalten werden. Der britische Sekretär des Äußeren (Außenminster) Arthur James Balfour setzt darum einen Brief auf, der allgemein als *„Balfour Declaration"* bekannt wurde und hier abgedruckt ist:

Foreign Office (Außenministerium)
November 2nd, 1917 (2.11.1917)

Verehrter Lord Rothschild,

ich bin sehr erfreut, Ihnen im Namen der Regierung Seiner Majestät die folgende Erklärung der Sympathie mit den jüdisch-zionistischen Bestrebungen übermitteln zu können, die dem Kabinett vorgelegt und gebilligt worden ist:

Die Regierung Seiner Majestät betrachtet mit Wohlwollen die Errichtung einer nationalen Heimstätte für das jüdische Volk in Palästina und wird ihr Bestes tun, die Erreichung dieses Zieles zu erleichtern, wobei, wohlverstanden, nichts geschehen soll, was die bürgerlichen und religiösen Rechte der bestehenden nichtjüdischen Gemeinschaften in Palästina oder die Rechte und den politischen Status der Juden in anderen Ländern in Frage stellen könnte. Ich wäre Ihnen dankbar, wenn Sie diese Erklärung zur Kenntnis der zionistischen Weltorganisation bringen würden.

Ihr ergebener Arthur Balfour

Die Rothschilds fordern die Exekution des Zaren Nicholas II und seiner gesamten Familie in Russland durch die jüdischen Bolschewiken, welche sie kontrollieren, obwohl der Zar schon am 2. März abgedankt hatte. Dies geschieht, um Kontrolle über das Land zu gewinnen, sowie um einen Akt der Rache an Zar Alexander I auszuüben, der ihre Weltregierungspläne in 1815 auf dem Wiener Kongress blockiert hatte, und weil Zar Alexander II sich 1864 an die Seite von Präsident Abraham Lincoln geschlagen hatte.

Es ist ihnen extrem wichtig, die ganze Familie inklusive den Frauen und Kindern zu ermorden, um das Versprechen voll einzulösen, das Nathan Mayer Rothschild in 1815 gegeben hatte. Diese Hinrichtung ist eine Darstellung der eigenen Macht, die Welt soll sehen was passiert, wenn man versucht sich mit den Rothschilds anzulegen.

J. P. Morgan ist eine Rothschild-Fassade

Der U.S. Kongressmann Oscar Callaway informiert den Kongress, dass *J. P. Morgan* eine Rothschild-Fassade ist und Kontrolle über die amerikanische Medienindustrie erlangt hat. Er schreibt:

„Im März 1915 brachten die Stahl-, Schiffs-bau und Energieinteressen von „J. P. Morgan" und ihre darunter stehenden Organisationen 12 Männer hoch in die Zeitungswelt hinein und beschäftigten sie damit, die einflussreichsten Zeitungen in den Vereinigten

Staaten auszuwählen und eine ausreichende Zahl von Zeitungen auszusuchen, um damit die Politik der täglichen Presse zu kontrollieren...

Sie fanden heraus, dass es nur notwendig war, die Kontrolle über die 25 größten Zeitungen zu erwerben... Eine Vereinbarung wurde getroffen. Die Richtlinie der Zeitungen wurde aufgekauft, es sollte dafür monatlich bezahlt werden, und jede Zeitung wurde mit einem Redakteur ausstaffiert, um Information richtig kontrollieren und editieren zu können. Dies sollte insbesondere alle Themen betreffen, die für den Käufer lebenswichtig sind, also Fragen der Vorbereitung auf Krieg, Militarismus, Finanzielle Politik, und andere Dinge von Nationaler und Internationaler Natur."

1918: Das eigentliche Ziel des Kommunismus tritt nun weniger als ein Jahr nach der Revolution der Bolschewiken in Russland in Erscheinung: das Stehlen des Reichtums der Leute (insbesondere des Rothschild-Favorits Gold!) für den Benefiz des Staates, eines Staates, der inzwischen natürlich im Besitz der Rothschild Familie ist, und von Juden verwaltet wird.

Dies wird in der folgenden Depesche von Petrograd hervorgehoben, wie in der New York Times am 30. Januar berichtet wird:

„Die Kommissionäre der Leute haben ein Staatsmonopol für Gold entschieden. Kirchen, Museen und andere öffentliche Institutionen müssen ihre Goldsachen zur Verfügung des Staates übergeben. Goldartikel, die privaten Personen gehören, müssen dem Staat ausgehändigt werden. Informanten bekommen ein Drittel des Wertes ihrer Artikel."

Im März jenen Jahres macht Lenin als Teil der massiven Kampagne, die anwachsende Konterrevolution gegen die Juden zu unterdrücken, eine Ansage gegen den Antisemitismus, welche auf Phonograph aufgenommen und im Land zirkuliert wird.

Im April zeigt der Londoner Times Korrespondent Robert Wilton eine Aufstellung vor, welche die ethnische Struktur der 384 Kommissare in der neuen Russischen Regierung aufzeigt. Diese Kommissare beinhalten: 2 Afrikaner; 13 Russen; 15 Chinesen; 22 Armenier; und mehr als 300 Juden. Von diesen Juden kamen 264 von den Vereinigten Staaten nach Russland, als das imperiale Regime gestürzt wurde.

Der Präsident der Universität von Wisconsin, Charles R. Van Hise, hält eine Rede mit dem Titel *„The Foundation of a New World Order"* (Die Basis einer Neuen Weltordnung) an der „Wisconsin State Convention of the League to Enforce Peace (Wisconsin Staatskonvention der Liga zur Durchsetzung des Friedens). In dieser Rede sagt er:

> *„Die Welt wurde zu einem Körper, und kein größeres Mitglied kann unabhängig von den anderen Mitgliedern handeln. Sie müssen zusammen handeln, und dies ist nur durch den Abschluss von formalen Handelsabkommen möglich."*

1919: Im Januar werden die Ashkenazim-Juden Karl Liebknecht und Rosa Luxemburg getötet, als sie versuchen, einen anderen von Rothschilds finanzierten kommunistischen Coup durchzuführen, diesmal in Berlin.

Versailler Friedenskonferenz

Am 18. Januar beginnt die Versailler Friedenskonferenz, um über die Reparationszahlungen zu entscheiden, welche die Deutschen an ihre Sieger nach dem Ende des 1. Weltkrieges zu zahlen haben.

Eine Delegation von 117 Juden, geführt vom Ashkenazim-Juden Bernard Baruch (der daraufhin behaupten würde: *„Ich hatte wahrscheinlich mehr Macht als vielleicht jeder andere Mann hatte in diesem Krieg, das ist zweifellos wahr"*), schneidet daraufhin das Thema des versprochenen Landes Palästina an. Ab diesem Punkt begreifen die Deutschen, wieso Amerika sich gegen sie gewendet hatte, und unter wessen Einfluss, nämlich dem Einfluss der Rothschilds.

Die Deutschen fühlten sich, natürlicherweise, von ihrer jüdischen Bevölkerung betrogen. Dies ist, weil die Rothschilds zu jener Zeit ihren Deal mit England für Palästina gemacht hatten, um im Tausch dafür Amerika in den Krieg hinein zu bringen. Deutschland war das freundlichste Land der Welt zu den Juden gewesen, in der Tat garantierte das Deutsche Emanzipations-Edikt von 1822 den Juden in Deutschland alle zivilen Rechte wie sie von Deutschen genossen wurden.

Auch war Deutschland das einzige Land in Europa, das den Juden keine Beschränkungen auferlegt hatte und ihnen sogar Zuflucht bot, als sie von Russland zu fliehen hatten, als ihr erster Versuch eines kommunistischen Coups dort 1905 scheiterte.

Nichtsdestotrotz wird Palästina als das jüdische Heimatland bestätigt, und während die Übergabe an die Rothschilds abgewickelt wird, soll es unter die Kontrolle von Britannien gestellt werden, da die Rothschilds Britannien kontrollieren. Zu jener Zeit ist weniger als ein Prozent der Bevölkerung Palästinas jüdisch. Interessanterweise ist der Gastgeber der Versailler Friedenskonferenz ihr jüdischer Boss Baron Edmond de Rothschild.

In der Tat sagt Emile Joseph Dillon in seinem Buch „The Inside Story of the Peace Conference" (Die Insidergeschichte der Friedenskonferenz) das Folgende zur Versailler Friedenskonferenz:

„Es mag manchen Lesern unglaublich erscheinen, aber es ist nicht weniger als eine Tatsache, dass eine bemerkenswerte Zahl von Delegierten (der Friedenskonferenz in Versailles) *glaubten, dass die Juden der wirkliche Einfluss hinter den Angelsachsen sind..."*

Die Formel, in welche diese Politik von den Mitgliedern der Konferenz zusammengefasst wurde, deren Länder es betraf, und die es als tödlich für den Frieden im östlichen Europa betrachteten, endete darin: Fortan wird die Welt von den Angelsachsen geleitet werden, welche wiederum von ihren jüdischen Elementen beeinflusst werden."

Darüber hinaus benutzen die Rothschild diese Konferenz, um die sich im deutschen Besitz stehenden Eisenbahnrechte in Palästina sowie die Kontrolle über die Infrastruktur der Nation übertragen zu lassen.

Am 30. März wird ein Ableger dieser so genannten Friedenskonferenz im Hotel *Majestic* in Paris unter dem Vorsitz von Edmond de Rothschild gehalten. Es wird entschieden, dass eine Organisation gegründet werden soll, die beraten (kontrollieren) soll, was die Regierungen machen.

Dieser Körper wird *„Institute of International Affairs"* benannt und entwickelt sich später in zwei Arme. In das britische *„Royal Institute Of International Affairs (RIIA)"* in 1920 und den amerikanischen Gegenspieler, das *„Council on Foreign Relations (CFR)"* in 1921. Beide Organisationen werden von den Rothschilds kontrolliert.

Schlussendlich nutzen die Rothschilds die Versailler Friedenskonferenz auch dazu, ihren zweiten offenen Versuch der Weltregierung zu beginnen, den sie unter dem Vorwand fördern, alle Kriege zu beenden (welche Sie stets anfangen). Sie nennen es die *„League of Nations"*, mit Sitz in Genf.

Glücklicherweise wurde das nicht von genügend Ländern akzeptiert, und löste sich später deshalb langsam auf, aber bevor das stattfand, sagte der zukünftige Präsident des World Zionist Congress, Nahum Sokolow, das Folgende:

„Die ›League of Nations‹ ist eine jüdische Idee. Wir schufen sie nach einem Kampf von 25 Jahren."

Am 29. März berichtet *„The Time of London"* das Folgende über die Bolschewiken in Russland:

„Eine der merkwürdigsten Merkmale der bolschewistischen Bewegung ist der hohe prozentuale Anteil von nichtrussischen Elementen unter ihren Führern. Von den 20 oder 30 Hohen Kommissionären oder Führern, welche die zentrale Maschinerie der bolschewistischen Bewegung zur Verfügung stellten, waren nicht weniger als 75 % Juden."

Es wurde berichtet, dass die Rothschilds sehr verärgert mit den Russen sind, da sie nicht bereit dazu gewesen waren, ihnen die Eröffnung einer Zentralbank innerhalb ihrer Nation zu erlauben. Deshalb versammelten sie Gruppen von jüdischen Spionen und entsandten sie nach Russland, um eine Revolution anzuschüren, die dem gemeinen Mann zugute kommen sollte, was nichts weniger war als eine Übernahme Russlands durch eine von Rothschild kontrollierte Elite. In der Tat spielte einer der führenden jüdischen Spione, Leon Trotzki, sogar Schach mit Baron Rothschild, als er in Wien weilte. (Anmerkung des Übers.: Neuer Forschung zufolge soll Trotzki sogar mit den Bankerfamilien verwandt gewesen sein)

Diesen jüdischen Spionen wurde, in alter Ashkenazim-Krypto-Juden-Tradition, russische Namen gegeben, zum Beispiel war Trotzki ein Mitglied der ersten Gruppe und sein ursprünglicher Name war Bronstein. Diese Gruppen wurden zu Regionen in ganz Russland geschickt, um Krawalle und Rebellion anzustiften.

Von Rothschild finanzierte jüdische Bolschewiken töten 60 Millionen Christen und Nichtjuden

Die *„Jewish Post International Edition"* aus der Woche endend am 24. Januar 1991, bestätigt, dass Vladimir Lenin ein Jude war. Er war ein Krypto-Jude und sein Geburtsname war Vladimir Ilyich Ulyanov. Es bestehen Aufzeichnungen davon, wie Lenin sagt:

> *„Die Gründung einer Zentralbank ist gleichzustellen mit der Kommunisierung von 90 % einer Nation."*

Diese jüdischen, von Rothschild finanzierten Bolschewiken, werden im Lauf der Geschichte 60 Millionen Christen und Nichtjuden in sowjetisch kontrolliertem Gebiet abschlachten. In der Tat bestätigt Alexander Solschenizyn in seinem Werk *„Gulag Archipelago, Vol 2"*, dass die Juden die sowjetischen Konzentrationscamps schufen und verwalteten, in denen Christen und Nichtjuden zehnmillionenweise starben.

Auf Seite 79 in diesem Buch nennt er sogar die Verwalter jener, der größten Mordmaschine in der Geschichte der Welt. Es sind Aron Solts, Yakov Rappoport, Lazar Kogan, Matvei Berman, Genrikh Yagoda, und Naftaly Frenkel. Alle sechs sind Juden. In 1970 wird Solschenizyn der Nobel Friedenspreis für Literatur verliehen.

Tatsächlich schrieb George Pitter-Wilson vom *London Globe* einen Artikel, der jene Definition des Bolschewismus enthielt:

> *„Bolschewismus ist die Enteignung der christlichen Nationen dieser Welt, und das zu solch einem Ausmaß, dass kein Kapital in den Händen der Christen bleiben wird, sodass alle Juden die*

Welt gemeinsam in ihren Händen halten können und, wo immer sie möchten, regieren können."

Am 23. Juli berichtet Scotland Yard das Folgende an den amerikanischen Staatssekretär:

"Es gibt jetzt definitive Beweise dafür, dass Bolschewismus eine internationale Bewegung ist, die von den Juden kontrolliert wird; Mitteilungen kursieren zwischen den Führern von Amerika, Frankreich, Russland und England mit der Blickrichtung in eine gemeinsame Aktion."

Ganz Australien muss Tribut an die Montefiores zahlen

Am 19. Juni wird der australische Premierminister Billy Hughes mit folgen-dem Statement in der *Saturday Evening Post* zitiert:

„Die Montefiores haben Australien als das ihre übernommen, und es gibt nicht ein Goldfeld oder einen Schafstall, von Tasmanien bis nach New South Wales, der ihnen nicht heftige Tribute zahlen muss. Sie sind die echten Besitzer des antipodeischen Kontinents.

Was nützt es uns, wenn wir eine reiche Nation sind, und sich all dieser Reichtum weiter in den Händen von deutschen Juden befindet?"

N. M. Rothschild & Sons wird die permanente Position vergeben, den täglichen Goldpreis zu bestimmen. Dies findet jeweils um 11.00 Uhr in den *City of London* Büros statt, und zwar bis 2004 in denselben Räumlichkeiten.

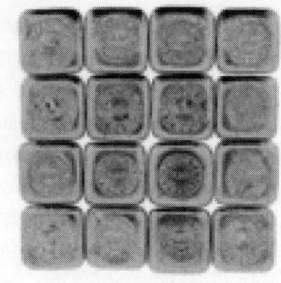

1920: Winston Churchill, (dessen Mutter, Jenny (Jacobson) Jerome, eine Jüdin war – was bedeutet, dass er selbst als Jude laut dem israelischen Immigrationsrecht gilt, da er als Sohn einer jüdischen Mutter geboren wurde), schreibt das Folgende in einem Artikel auf Seite 5 des *Illustrated Sunday Herald*, datiert vom 8. Februar:

„Manche Leute mögen Juden und manche nicht, aber kein denkender Mann kann den Fakt bezweifeln, dass sie ohne Frage die formidabelste und die bemerkenswerte Rasse sind, die je in dieser Welt aufgetreten ist. Und es mag wohl sein, dass diese erstaunliche Rasse in letzter Zeit sich im aktuellen Prozess befindet, ein anderes System an Moral und Philosophie aufzubauen, so bösartig wie Christentum gutartig war, welches, falls es nicht aufgehalten wird, alles unwiederbringlich zerstören wird, was das Christentum ermöglicht hat...

Von den Tagen von Spartakus-Weishaupt zu jenen von Karl Marx, und runter zu Trotzki (Russland)*, Bela Kun* (Ungarn – vor Krypto-Name Cohen)*, und Emma Goldmann* (Vereinigte Staaten)*, ist diese weltweite Konspiration für den Umsturz der Zivilisation und für den Wiederaufbau der Gesellschaft auf der Grundlage von aufgehaltenen Entwicklungen, neidischer Missgunst und nicht zu erreichender Gleichheit stetig am Wachsen.*

Sie spielte... definitiv eine ersichtliche Rolle in der Tragödie der Französischen Revolution. Sie war die Antriebsfeder jeder subversiven Bewegung im 19. Jahrhundert; und nun hat diese Gruppe ausserordentlicher Persönlichkeiten aus der Unterwelt der großen Städte von Europa und Amerika die Situation der

russischen Leute beim Schöpf gefasst und sind zu praktisch unbe-
strittenen Meistern diesen enormen Imperiums geworden.
Es ist nicht nötig, den Anteil zu übertreiben, den diese internatio-
nalen und im allgemeinen atheistischen Juden an der Kreation
des Bolschewismus und der tatsächlichen Ausführung der Russi-
schen Revolution hatten. Es ist sicherlich ein sehr Großer. Mit
der beachtenswerten Ausnahme Lenins (später als jüdisch ent-
tarnt), waren die Mehrheit der führenden Figuren Juden."

In der Ausgabe vom 10. September schreibt *"The American Hebrew"*:

"Die bolschewistische Revolution in Russland war die Arbeit von
jüdischen Gehirnen, von jüdischer Unzufriedenheit, von jüdischer
Planung, deren Ziel es ist, eine Neue Weltordnung zu schaffen.
Was in solch einer exzellenten Art dank jüdischer Gedanken-
arbeit und aufgrund jüdischer Unzufriedenheit und durch jüdi-
sche Planung in Russland ausgeführt wurde, sollte also, durch
dieselben jüdischen mentalen und physikalischen Kräfte, eine
Realität auf der ganzen Welt werden."

In, *"The Cause of World Unrest"* (Die Ursachen für die Weltunruhen),
veröffentlicht in diesem Jahr, gibt H. A. Gwynne eine Einleitung, in welcher
er das Folgende sagt:

"In früherer Geschichte... standen Könige, Prinzen und Gouver-
neure zwischen den Massen und ihren Ausbeutern... grob gesagt,
die Leute wurden durch etablierte Autoritäten davor geschützt,
zu Opfern zu werden. Heute ist das alles anders und wir leben
jetzt in einem Zeitalter, das vielleicht als das Zeitalter der Aus-
beutung der Leute bekannt werden wird...
Die Seiten dieses Buches werden jenen Fäden einer Konspiration
nachfolgen, die von Leuten eingefädelt wurden, deren höchstes
Ziel die Zerstörung von praktisch allem ist – Königen, Regie-
rungen, oder Institutionen – welche zwischen Ihnen und den
Leuten, die sie ausbeuten möchten, stehen mögen.
In grober Zusammenfassung des Inhalts dieses Buches lässt sich
sagen, dass es für Jahrhunderte eine verborgene, vorherrschend
jüdische, Konspiration gegeben hat, deren Ziel es war und ist,
Revolutionen wie Kommunismus und Anarchie anzustiften,

durch welche sie hoffen, eine Hegemonie der Welt durch die Etablierung einer Art despotischen Herrschaft zu erreichen."

In diesem Jahr werden auch die *„Protocols Of The Learned Elders Of Zion"* (kurz: Die Protokolle der Weisen von Zion) in England veröffentlicht, die zuerst seit 1905 im Britischen Museum in England aufbewahrt wurden.

Dieses Dokument stellt die Blaupause für die Dominierung der Welt durch Juden dar, und es wird gesagt, dass es die Basis für den ersten *World Zionist Congress* bildete, der 1897 in Basel abgehalten wird.

Es wird sofort von den Juden als antisemitisch abgekanzelt, die behaupten, es sei eine Nachahmung, aber interessanterweise doch nicht so weit gehen, zu sagen, dass es sich um eine Fälschung handeln würde.

Der einzige Weg, zu bestimmen, ob der Plan für eine Weltherrschaft dieser jüdischen Familien real ist, besteht darin, sich die Beweislage anzuschauen, und daraus schlusszufolgern, ob diese Juden die Welt dominiert haben oder klare Anstrengungen dazu unternommen haben.

Es gibt mehr als genügend Beweise für das Erstere und in der Tat sagte Henry Ford über die Protokolle in 1921, jetzt ist es 85 Jahre her:

„Die einzige Aussage, die ich über die Protokolle zu machen wage, ist, dass sie mit dem, was stattfindet, übereinstimmen. Sie sind sechzehn Jahre alt, und sie stimmen mit der Weltsituation bis zu dieser Zeit überein. Sie passen jetzt zur Weltsituation."

1921: In ihrem Buch, *"World Revolution or the Plot Against Civilization"* (Weltrevolution oder der Anschlag gegen die Zivilisation) veröffentlicht in diesem Jahr, schreibt die anerkannte Geschichtsschreiberin Nesta Webster das Folgende über die Juden:

„Seit der frühesten Zeit ist es, dass man den Juden unter seinen Mitmenschen von allen Rassen und Glaubensbekenntnissen als Ausbeuter kennt. Noch mehr als das hat er sich konsequenterweise immer als undankbar erwiesen... Die Juden haben immer ein rebellisches Element in jedem Staat gebildet."

Gründung des CFR unter der Anordnung von Jacob Schiff

Unter der Anordnung von Jacob Schiff wird das *Council on Foreign Relations (CFR)* (Ratsversammlung für äußere Beziehungen) durch den Ashkenazim-Juden Bernard Baruch und Colonel Edward Mandell House gegründet. Schiff gab seine Anordnungen vor seinem Tod in 1920, da er wusste, dass man in Amerika eine Organisation schaffen musste, um die Rothschild Konspiration weiterzuführen. In der Tat wurde die Gründung

des *CFR* während einer Zusammenkunft am 30. Mai 1919 im Hotel *"Majestic"* in Paris diskutiert und beschlossen.
Die Mitgliedschaft des CFR

umfasste am Anfang ungefähr 1000 Leute in den Vereinigten Staaten. Diese Mitgliedschaft bezog die Führer von praktisch jedem industriellen Imperium in Amerika mit ein, alle in Amerika basierten internationalen Bankiers, und die Köpfe aller Ihrer steuerfreien Stiftungen. Kurz gesagt sind es all jene Leute, die für Kapital sorgen können, falls jemand wünschen sollte, sich für den Kongress, den Senat oder die Präsidentschaft zu bewerben.

CFR-Aufkauf der Presse: John D. Rockefeller, Samuel Newhouse, Eugene Meyer

Die erste Arbeit des CFR bestand darin, Kontrolle über die Presse zu gewinnen. Diese Aufgabe sollte an John D. Rockefeller vergeben werden, der eine Anzahl an nationalen Nachrichtenmagazinen wie *Life* und *Time* gründete. Er finanzierte Samuel Newhouse, Nachrichtenblätter aufzukaufen und eine Kette von Nachrichtenblättern über das ganze Land zu schaffen, und Eugene Meyer, der daraufhin viele Publikationen wie die *Washington Post, Newsweek* und *The Weekly Magazine* aufkaufte.

Die Idee der Kontrolle der Presse ist nicht nur einfach, die Nachrichten zu zensieren, deren Veröffentlichung die Rothschilds verhindern wollen. Sie soll vor allem als Lehrmittel benutzt werden, um die Öffentlichkeit durch

Hervorhebung dessen, welche Nachrichten wichtig sind und welche nicht, zu konditionieren.

Ein perfektes Beispiel dessen ist eine Zeitung, welche Titelstories über die Taten und Untaten einer berühmten Persönlichkeit, gleichwegs welcher Geschmacksrichtung, laufen hat, jedoch innen drin ein paar Seiten mit kurzen Berichten der weiter stattfindenden Kriege enthält, die offen oder verdeckter weise einen Effekt auf jeden und jeden von uns haben werden. Ein weiteres Beispiel dessen ist, mehr und mehr Bedeutung auf den Sport zu legen im Gegensatz zu den Nachrichten zum Beispiel.

CFR-Kontrolle über Radio, Fernsehen und Filmindustrie wird zwischen Kuhn Loeb, Goldman Sachs, Warburgs und Lehmanns aufgeteilt.
CFR-Kontrolle des Unterrichts durch die Carnegies

Das CFR musste auch die Kontrolle über das Radio, Fernsehen und die Filmindustrie erlangen. Diese Aufgabe wurde zwischen den internationalen Bankiers, *Kuhn Loeb, Goldman Sachs,* den *Warburgs,* und den *Lehmanns* aufgeteilt. Interesanterweise hat die *Jewish Encyclopedia Judaica* das Folgende zu diesem Thema zu sagen:

> *„All die großen Hollywood-Firmen, mit Ausnahme von ›United Artists‹, wurden von Juden gegründet und kontrolliert."*

Schlussendlich musste das *CFR* kontrollieren, was an den Schulen unterrichtet wurde, und diese Aufgabe wurde an die Carnegies vergeben.

Jacob Klatzkin, ein jüdisch-politisch-zionistischer Ideologe in Deutschland, wo die Juden tatsächlich volle politische und bürgerliche Rechte hatten, macht die folgende provokative Aussage zu jener Zeit, hoffend, dass sie die jüdische Gemeinschaft in Deutschland unterminieren wird und sie nach Palästina fliehen werden:

> *„Wir Juden sind Fremde… ein ausländisches Volk in Eurer Mitte und wir… wollen dass das so bleibt. Ein Jude kann nie den Deutschen treu sein, wer immer das fremde Land sein Vaterland nennt ist ein Verräter an den jüdischen Leuten."*

1922: Präsident Theodor Roosevelt, der in 1919 starb, wird mit der folgenden Aussage in der *New York Times*, Ausgabe des 27. März, zitiert:

> *„Diese internationalen Bankiers und ›Rockefeller-Standard Oil‹ Interessen kontrollieren die Mehrheit der Zeitungen und die Kolumnen der Zeitungen. Dies nutzen sie, um diejenigen, die sich weigern, die Geschäfte dieser machtvollen korrupten Clique auszuführen, welche die geheime Regierung bildet, in Submission zu knüppeln oder Offizielle aus Ämtern hinauszutreiben."*

Der Grund, dass die *New York Times* diesen Artikel veröffentlichte, war dem Bürgermeister von New York, John Hylan, zu verdanken, von dem am vorigen Tag, dem 26. März, in derselben Zeitung berichtet wurde:

> *„Die Warnung von Theodor Roosevelt ist sehr zeitgemäß heutzutage, denn die echte Gefahr für unsere Republik ist diese unsichtbare Regierung, die wie ein gigantischer Oktopus ihre schleimige Länge über Stadt, Staat und Nation legt… Sie umarmt mit ihren langen und kraftvollen Tentakeln unsere ausführenden Beamten, unsere legislativen Behörden, unsere Schulen, unsere Zeitungen, und*

jede Agentur, die eigentlich zum Schutz der Bevölkerung geschaffen wurde...

Um von bloßen Verallgemeinerungen abzusehen, lasst mich sagen, dass die Interessen der ›Rockefeller-Standard Oil‹ den Kopf dieses Kraken darstellen sowie eine kleine Gruppe von machtvollen Bankhäusern, welche im Allgemeinen als internationale Bankiers bekannt sind. Diese kleine Koterie dieser machtvollen internationalen Bankiers betreibt sozusagen die Regierung in den Vereinigten Staaten für ihre eigenen egoistischen Zwecke.

Sie kontrollieren praktisch beide Parteien, schreiben auf politischen Plattformen, machen die Parteiführer zu Katzentatzen, gebrauchen die führenden Männer der privaten Organisationen, und benutzen jegliche Möglichkeit, für die Nomination der hohen Ämter nur solche Kandidaten zu platzieren, die dem Diktat des korrupten großen Geschäftes folgen werden... diese internationalen Bankiers und ‹Rockefeller-Standard Oil› Interessen kontrollieren die Zeitungen und Magazine dieses Landes.“

In seinem Buch „*The Jews*"(Die Juden), das in diesem Jahr veröffentlicht wird, stellt der anerkannte Historiker Hilaire Belloc das Folgende in Bezug auf das zunehmende Phänomen der Krypto-Juden fest:

„Nehmen Sie den sonderlichen Trick mit den falschen Namen. Er scheint besonders hinterhältig zu sein. Wir denken, dass wir ihnen nichts weniger geben als sie verdienen, wenn wir unsere Missbilligung zeigen für jene, die diesen Deckmantel benutzen. Es ist eine Gemeinheit, mit der wir Kriminelle und Vagabunden verbinden; ein Stück von Rumkriecherei und Schleicherei... Männer, deren Rasse weitaus bekannt ist, nehmen ungeniert einen falschen Namen als eine Maske an, und betrachten es als eine Beleidigung an, wenn ein oder zwei Jahre später ihr ursprünglicher und wahrer Name stattdessen benutzt wird.“

Einheirat in Königshäuser

Belloc schreitet damit fort, offen zu legen, wie manche Juden ihren Namen nicht zu ändern brauchten, da sie einfach in die Aristokratie von England einheirateten, als er sagt:

„Der Jude könnte fast ein britischer Agent genannt werden auf dem Kontinent Europa und sogar noch mehr im Nahen und Fernen Osten... Er wurde an jede staatliche Institution zugelassen, ein prominentes Mitglied seiner Nation wurde zum Chief Officer der englischen Exekutive, und, ein Einfluss, der subtiler und noch penetranter ist, es fanden Heiraten in großem Masse zwischen den einstmals aristokratischen territorialen Familien dieses Landes und den jüdischen kommerziellen Reichtümern statt.

Nach zwei Generationen dessen, mit dem Beginn des 20. Jahrhunderts, stellen diejenigen Familien, in denen noch kein jüdisches Blut ist, die Ausnahme unter den territorialen englischen Familien dar. In fast allen war der Flecken mehr oder weniger markiert, und in manchen so stark, dass, obwohl der Name immer noch ein englischer Name ist und sie über eine lange Tradition der rein englischen Herkunft verfügen, die körperliche Statur und der Charakter von den Juden übernommen wurde, wo immer sie in Ländern reisten, wo der Adel noch nicht diese Beimischung erlitten oder sich ihrer erfreut hat."

Stalin wird Präsident der Sowjetunion

1924: Des Georgier Joseph Stalins wirklicher Name ist Djugashvili, was sich in Georgisch als

„Sohn des Juden" übersetzt, „shivili" heißt Sohn und „Djuga" heißt Jude. Stalin hatte drei Frauen in seiner Lebenszeit. Ekaterina Svanidze, Kadya Allevijah, und Rosa Kaganovich, alle von Ihnen Jüdinnen. Interessanterweise erlässt Stalin ein Gesetz während seiner Präsidentschaft, dass jeden, der des Antisemitismus für schuldig befunden wird, zum Tode verurteilt.

Am 10. Mai wird J. Edgar Hoover zum Direktor des *Investigationsbüros (BOI)* ernannt, was sich zum *Federal Bureau of Investigation (FBI)* in 1935 entwickeln wird. Er würde ihr Direktor bis zu seinem Tod in 1972 bleiben. Hoover war homosexuell und zu einem Zeitpunkt in seiner Karriere wurde er in einem homosexuellen Akt mit seinem Kollegen, dem stellvertretenden FBI-Direktor, Clyde Tolson, seinem lebenslangen Gefährten über 40 Jahre, und Erbe seines Besitzes, fotografiert. Diese Bilder wurden durch die von dem Juden  Meyer Lansky geleitete Mafia für die *Anti-Defamation League (ADL)* beschafft, um Hoover damit erpressen zu können.

In seinem Buch, *„You Gentiles"* („Ihr Heiden"), behauptet Maurice Samuel das folgende über seine Leute, die Juden:

> *„Wir Juden, wir sind die Zerstörer und wir werden die Zerstörer bleiben. Nichts was ihr tun werdet wird unsere Forderungen und Nöte erfüllen. Wir werden für immer zerstören, denn wir möchten eine Welt für uns selbst."*

Seit 1922 arbeitet Maurice Samuel als Schriftführer für Chaim Weizmann, den Anführer der weltweiten zionistischen Bewegung und des späteren ersten Präsident Israels.

In ihrem Buch *„Secret Societies and Subversive Movements* (Geheimgesellschaften und Untergrundbewegungen)", veröffentlicht in diesem Jahr, schreibt Nesta Webster das Folgende über die jüdische Religion:

„Die jüdische Auffassung über die Juden als Ausgewähltes Volk, welche letztendlich die Welt regieren sollen, bildet in der Tat die Basis des rabbinischen Judaismus... Die jüdische Religion basiert jetzt auf dem Talmud anstatt auf der Bibel."

Edmond de Rothschild gründet die palästinensisch- jüdische Kolonisierungs-Gesellschaft

Edmond de Rothschild gründet die *Palestine Jewish Colonization Association* (PICA), welche mehr als 125,000 Morgen Land kauft. Er etabliert dort verschiedene Geschäftsunternehmen und legt dort die Grundlagen für die israelische Weinindustrie.

Am 1. Juli wird Dr. Yaakov Yisrael Dehan, als er das *Shaarei Zedek Hospital* in Jerusalem verlässt, durch den Zionisten Avraham Tahomi ermordet. Dies ist ein Resultat aus dem Treffen einer Delegation von orthodoxen Führern und einer Gruppe von arabischen Führen angeführt von King Abdullah. Dr. Dehan war ein Befürworter des Friedens mit den arabischen Veteranen des Heiligen Landes, das Gegenteil dessen was die Zionisten wollten.

1925: Die *Jewish Encyclopaedia* aus diesem Jahr bestätigt die Existenz von Ashkenazim-Juden (die ungefähr 90 % des so genannten weltweiten Judentums ausmachen), mit dem überraschenden Zugeständnis, dass die so genannten Feinde der Juden, die Esau (auch als Edom bekannt, siehe Genesis 36:1), inzwischen die jüdische Rasse repräsentieren, es heißt auf Seite 42 von Band 1:

„Edom is in modern Jewry (Edom ist im modernen Judentum)".

Am 19. März wird der britische Fabrikant Walter Crick in der *Northhampton Daily Echo* zitiert, folgende Bemerkung gemacht zu haben:

> *„Juden können durch Geld zerstören. Juden sind international. Die Kontrolle der Darlehen in diesem Land ist nicht in Händen der Engländer, sondern der Juden. Diese Tatsache hat sich zur größten Gefahr angewachsen, die das britische Imperium je erfahren hat."*

Am 1. April hält der Jude Lord Arthur Balfour, jener mit der berüchtigten Balfour-Erklärung, eine Rede als Ehrengast bei der Einweihung der Hebräischen Universität in Mount Scopus, Jerusalem. Er tourt daraufhin durch Palästina, wo er begeistert von der jüdischen Bevölkerung begrüßt wird, während die Araber ihn mit schwarzen Flaggen empfangen.

Am 3. Dezember hatte George Bernard Shaw, der zufällig in diesem Jahr den Friedensnobelpreis für Literatur verliehen bekommt, das Folgende in der „London Morning Post" über die Juden zu sagen:

> *„Dies ist der eigentliche Feind. Der Eindringling vom Osten, der Druse, der brutale Mensch, der orientalische Parasit, mit einem Wort der Jude."*

1926: N. M. Rothschild & Sons refinanzieren die *„Underground Electric Railways Company of London Ltd."*, welche über kontrollierende Interessen am gesamten Londoner Untergrund-Transport-System verfügt.

David Sarnoff, ein Jude, gründet die erste Radiokette auf dem Markt der Vereinigten Staaten als Service von RCA. Sarnoff involviert sich daraufhin tief in die Entwicklung des Farbfernsehens und baut NBC zu einem der drei großen TV Netzwerke auf.

Maurice de Rothschild hat einen Sohn, Edmond de Rothschild.

1927: Am 28. Oktober schreibt die *„Jewish Tribune of New York"* in einem Artikel:

„Freimaurerei ist auf Judaismus basiert. Eliminiere die Lehren des Judaismus von seinen masonischen Ritualen, und was bleibt übrig?"

Auch über dieses Thema sprechend, sagt der bekannte Rabbi Isaac Wise:

„Freimaurerei ist ein jüdisches Etablissement, dessen Geschichte, Stufen, offizielle Treffen, Passwörter und Erklärungen von Anfang bis Ende alle jüdisch sind."

1928: William S. Paley, ein Jude, gründet CBS Radio und baut es später zu einem Multi-Milliarden-Dollar TV-Imperium aus.

Am 1. Juni wird in der Rothschild gehörenden *„La Revue de Paris"* auf Seite 572 der Brief von Baruch Levy an Karl Marx abgedruckt, wovon ein Auszug sich wie folgt liest:

„Die jüdische Bevölkerung selber als Ganzes wird ihr eigener Messias sein. Sie wird die Weltdominanz durch die Auflösung anderer Rassen, durch die Abschaffung von Grenzen, die Aufhebung von Monarchie, und die Etablierung einer Weltrepublik erreichen, in denen die Juden überall das Privileg des Bürgerrechts ausüben werden. In dieser „Neuen Weltordnung" werden die Kinder von Israel alle Führer stellen, ohne Opposition zu erfahren.

Die Regierungen der verschiedenen Völker, welche die Weltrepublik darstellen, werden ohne Schwierigkeiten in die Hände der Juden fallen. Es wird dann für die jüdischen Führer möglich sein, den Privatbesitz abzuschaffen und überall Gebrauch von den Ressourcen eines Landes zu machen. Somit werden die Versprechungen des Talmud erfüllt werden, die besagen, dass wenn die Zeit des Messias gekommen ist, die Juden den Besitz der gesamten Welt in Händen halten werden."

Schwarzer Donnerstag

1929: Im April schickt Paul Warburg eine geheime Warnung an seine Freunde, dass ein Kollaps und eine nationale Depression für später in diesem Jahr geplant sei. Es ist sicherlich kein Zufall, dass die Wall Street Giganten dieser Ära wie John D. Rockefeller, J. P. Morgan Jr., Joseph Kennedy, Bernard Baruch und alle anderen in den Biographien für die Tatsache bewundert werden, dass sie kurz vor dem Crash völlig aus dem Aktienmarkt ausstiegen, und ihren Besitz in Bargeld oder Gold anlegten.

Somit, nachdem es den Bankern und ihren Freunden bekannt war, begann die Federal Reserve, die Geldmenge zu verringern. Dann riefen die New Yorker Banker am 24. Oktober ihre 24-Stunden Broker-Call-Loans zurück. Dies hieß, dass sowohl die Aktienhändler sowie ihre Kunden ihre Aktien auf den Aktienmarkt schütten mussten, um ihre Darlehen zu bezahlen, egal welchen Preis sie dafür erzielen konnten.

Als Resultat dessen brach der Aktienmarkt zusammen, ein Tag der in die Geschichte als „Black Thursday" (Schwarzer Donnerstag) eingehen sollte. In seinem Buch *„The Great Crash 1929"* (Der große Crash 1929), macht John Kenneth Gailbraith folgende Aussage:

„Bernard Baruch brachte Winston Churchill am Höhepunkt der Verkaufspanik in die Besuchergalerie des New York Stock Exchange, um Zeuge der Panik zu werden und ihn mit seiner Macht über die wilden Geschehnisse auf dem Parkett zu beeindrucken."

Der republikanische Kongressmann Louis T. McFadden, von 1920 bis 1931 Vorsitzender des *House Banking & Currency Committee*, der ein heftiger Kritiker der jüdischen Bankiers war, ist ziemlich geradeheraus, wer dafür verantwortlich war, als er über diesen Crash sagt:

> *„Es geschah nicht zufällig. Es war ein vorsichtig geplantes Ereignis... Die internationalen Bankiers wollten einen Zustand der Verzweiflung erzeugen, sodass sie als Herrscher über uns alle aufsteigen könnten."*

Trotz ihren Behauptungen, wie die Federal Reserve das Land gegen Depression und Inflation schützen würde, verringerten sie weiterhin die Geldmenge. Zwischen 1929 und 1933 würden sie die Geldmenge um weitere 33 % verringern. Sogar Milton Friedman, ein Ökonom mit Nobelpreis, sagt das Folgende in einem Radio Interview im Januar 1996:

> *„Die ›Federal Reserve‹ verursachte definitiv die Grosse Depression, indem sie die Menge der in Umlauf befindlichen Währung zwischen 1929 und 1933 um ein Drittel reduzierte."*

In nur wenigen Wochen nach dem Tag des Crashs verschwanden 3 Milliarden Dollar an Besitz. Innerhalb eines Jahres verschwanden 40 Milliarden Dollar an Besitz. Jedoch verschwand es nicht einfach, es endete einfach in weniger und weniger Händen vereinigt, wie geplant war. Ein Beispiel dessen ist Joseph P. Kennedy, der Vater von John F. Kennedy. 1929 war er 4 Millionen Dollar wert, und im Jahr 1935, der großen Depression in der amerikanischen Geschichte folgend, ist dieses Vermögen auf über 100 Millionen Dollar gewachsen.

Das ist es wieso Depressionen erzeugt werden. Es geht darum, das Geld aus den Händen der Vielen für den Profit einiger Weniger umzuschichten. Bei dieser Gelegenheit würde das Geld vor allem im Ausland ausgegeben werden, da während die Grosse Depression wütete, Millionen amerikanischer Dollar dafür bezahlt wurden, Deutschland von seinem im 1. Weltkrieg erlittenen Schaden wieder aufzubauen, in Vorbereitung auf den nächsten Krieg der Rothschilds, den 2. Weltkrieg.

Nach dem 1. Weltkrieg fiel Deutschland in die Hände der internationalen Bankiers

Republikaner Louis T. McFadden, Vorsitzender des *House Banking & Currency Committee* von 1920 bis 1930 wird später das Folgende in Bezug darauf sagen:

"Nach dem 1. Weltkrieg fiel Deutschland in die Hände der deutschen internationalen Bankiers. Diese Bankiers kauften Deutschland auf und besitzen es inzwischen in seiner Gesamtheit (lock, stock and barrel). Sie kauften die deutsche Industrie auf, sie haben Mietkaufverträge auf ihrem Boden, sie kontrollieren alle ihre öffentlichen Versorgungsbetriebe.

Die internationalen deutschen Bankiers haben die gegenwärtige Regierung von Deutschland subventioniert und sie haben Adolf Hitler mit jedem Dollar des Geldes, mit dem er seine aufwendige Kampagne finanzierte, versorgt, um eine Bedrohung gegen die Regierung Bruenings aufzubauen. Als Bruening sich weigerte, die Anordnungen der deutschen internationalen Bankiers auszuführen, wird Hitler nach vorne gebracht, um die Deutschen in die Knie zu zwingen...

Durch das Federal Reserve Board wurden mehr als 30 Milliarden Dollar amerikanischen Gelds in Deutschland hinein gepumpt... Ihr habt bestimmt von den Investitionen gehört, die in Deutschland ausgeführt wurden... moderne Wohnhäuser, die großartigen Planetarien, die Gymnasien, die Schwimmbäder, die feinen öffentlichen Autobahnen, die perfekten Fabriken.
All dies wurde mit unserem Geld finanziert. All dies wurde Deutschland gegeben durch das Federal Reserve Board. Das Federal Reserve Board... hat so viele Milliarden Dollar in Deutschland hineingesteckt, dass sie sich nicht wagen, die ganze Summe zu nennen."

Interessanterweise wurde das Geld, das in Vorbereitung auf den 2. Weltkrieg in Deutschland gesteckt wurde, in die Deutsche Thyssen Banken eingezahlt, welche mit den von Rothschild kontrollierten Harriman Wirtschaftsinteressen in New York verbunden sind.

Gründung der World Bank BIS, Bank for International Settlements

1930: In diesem Jahr, 33 Jahre nachdem der erste *World Zionist Congress* in Basel in der Schweiz abgehalten wurde, wird die erste Rothschild „World Bank", die *Bank for International Settlements (BIS)* in demselben Ort, nämlich Basel in der Schweiz, gegründet.

Konkret wird sie von Charles G. Dawes (Rothschild Agent und Vizepräsident unter Präsident Calvin Coolidge von 1925-1929), sowie Owen D. Young

(Rothschild Agent, Gründer der RCA und Vorsitzender der *General Electric* von 1922 bis 1939) und Hjalmar Schacht von Deutschland (Präsident der *Reichsbank*) gegründet.

Die BIS wird von Bankiers als die „Zentralbank für die Zentralbanken" bezeichnet. Um diese Bank heute in Perspektive zu setzen, wobei der *International Monetary Fund (IMF)* und die *World Bank* mit den Regierungen handeln, handelt die BIS nur mit anderen Zentralbanken. Alle ihre Treffen werden im Geheimen abgehalten und beziehen die Top Zentralbankiers der Welt mit ein. Der frühere Leiter der *Federal Reserve,* Alan Greenspan, wird beispielsweise ungefähr zehn Mal im Jahr nach Basel in die Schweiz gehen, um diesen Privaten Meetings beizuwohnen.

Die BIS hat auch den Status einer souveränen Macht und ist Regierungskontrolle gegenüber immun. Eine Summierung dieser Immunität ist hier aufgelistet:

1. Diplomatische Immunität für Personen und was sie mit sich tragen (z.B. diplomatische Koffer)

2. Keine Steuer auf sämtliche Transaktionen, inklusive der Gehaltszahlungen an Angestellte

3. Immunität wie eine Botschaft für alle Gebäude und/oder Büros, welche von der BIS weltweit inklusive China und Mexiko organisiert werden

4. Keine Beaufsichtigung oder Wissen um ihre Geschäfte durch jegliche Autoritäten, sie werden nicht beaufsichtigt

5. Freiheit von Immigrations-Beschränkungen

6. Freiheit, alle Kommunikation und Kommunikation jeglicher Art zu verschlüsseln.

7. Freiheit von aller legaler Jurisdiktion, sie haben sogar ihre eigene Polizei

Der Georgetown Professor und Historiker Carroll Quigley beschreibt die Gründung dieser Zentralbank in seinem Buch von 1975 „Tragedy and Hope" wie folgt:

„Die Mächte des finanziellen Kapitalismus haben einen weit reichenden Plan, der nichts weniger beinhaltet als die Schaffung eines weltweiten Systems finanzieller Kontrolle in privaten Händen, das im Stande ist, das politische System jeden Landes und die Wirtschaft der Welt als Ganzes zu dominieren. Dieses System sollte in feudalistischer Art durch die konzertierte Aktion der Zentralbanken der Welt kontrolliert werden, durch geheime Vereinbarungen, die in zahlreichen Meetings und Konferenzen getroffen wurden.

Der Gipfel dieses Systems sollte die ›Bank for International Settlements‹ in Basel in der Schweiz sein, eine Bank in Privatbesitz und durch die Zentralbanken der Welt kontrolliert, welche selbst private Korporationen sind.

Jede Zentralbank... suchte danach, ihre Regierung zu dominieren durch ihre Fähigkeit, Schatzdarlehen zu kontrollieren, den Kurs der Ausländischen Währungen zu manipulieren, den Level der wirtschaftlichen Aktivität in einem Land zu beeinflussen, und kooperative Politiker durch anschließende ökonomische Belohnungen in der Geschäftswelt zu beeinflussen."

Eine Handvoll von United States Senatoren, welche von Henry Cabot Lodge angeführt wurden, würden kämpfen, um die Vereinigten Staaten aus der *Bank for International Settlements* herauszuhalten. Obwohl die USA diese Weltbank ablehnten, schickt die Federal Reserve trotzdem Mitglieder in die Schweiz, um an ihren Meetings teilzunehmen, bis in 1994, als die Vereinten Staaten „offiziell" in die Sache hineingezerrt wurden.

1931: In diesem Jahr kommen Dokumente des *United States State Department* über das Folgende ans Licht: In 1917 während der Russischen Revolution informierte der Holländer M. Oudendyke, Minister von Russland zu jener Zeit, verschiedene Regierungen einschließlich England, Frankreich und die Vereinigten Staaten über die Gefahr des Kommunismus, den er als offensichtlich jüdisch bezeichnet, als er ihr ihnen ein Kommuniqué schickt, in welchem er sagt:

> *„Die Gefahr ist jetzt so groß, dass ich es für meine Pflicht halte, die Aufmerksamkeit der britischen und aller anderen Regierungen auf die Tatsache zu lenken, dass wenn dem Bolschewismus in Russland kein Ende bereitet wird, die Bevölkerung der ganzen Welt in Gefahr geraten wird. Dies ist keine Übertreibung...*
>
> *Ich nehme in Erwägung, dass die imminente Unterdrückung des Bolschewismus jetzt das größte Problem der Welt darstellt, und das schließt noch nicht einmal den Krieg aus, der immer noch tobt, und wenn der Bolschewismus wie oben beschrieben nicht im Ansatz ausgerissen wird, wird er sich augenblicklich in einer oder der anderen Form über Europa und die Ganze Welt ausbreiten, da sie von den Juden organisiert und bearbeitet wird, die über keine Nationalität verfügen und deren einziges Ziel es ist, für ihre eigenen Interessen die bestehende Ordnung der Dinge zu zerstören."*

Das Prominente Mitglied der Jewish Alliance Israelite Universelle, Jean Izoulet, sagt in diesem Jahr:

„Die Bedeutung der Geschichte des letzten Jahrhunderts ist, dass heue 300 jüdische Finanziers, alle Meister von Logen, die Welt regieren."

Adolf Hitler wird Kanzler

1933: Am 30. Januar wird Adolf Hitler Kanzler von Deutschland. Er wirft die Juden und die Kommunisten aus allen Regierungsstellen hinaus. Interessanterweise war zu jener Zeit die Zahl der Juden in ihrer Regierung über zwanzig Mal so groß als zur Zeit des Endes des 1. Weltkrieges. Als Resultat dieser Ausweisung halten die Juden im Juli eine Weltkonferenz in Amsterdam, in der sie verlangen, dass Hitler jeden Juden wieder in seine frühere Position einsetzt.

Hitler weigert sich, und als Resultat dessen kehrt Samuel Untermyer, der Ashkenazim-Jude, der schon Präsident Wilson erpresst hat, und jetzt der Leiter der amerikanischen Delegation und Präsident der ganzen Konferenz ist, in die Vereinigten Staaten zurück und hält eine Rede im Radio, deren Transkription in der New York Times am Montag, dem 7. August 1933 erscheint. In der Rede äußert er folgende Behauptungen:

> *„...die Juden sind die Aristokraten der Welt... Unsere Kampagne ist... der Boycott gegen alle deutschen Güter, Transport und Services... Was wir vorschlagen... ist, einen rein defensiven ökonomischen Boykott zu verfolgen, der Hitlers Regime untergraben wird und die Deutschen zurück zu ihren Sinnen bringt wird, indem ihre Exportwirtschaft zerstört wird, auf der sich ihre ganze Existenz gründet...*
> *...Jeder von Euch, Juden und Gentile ebenso... müssen sich weigern, Handel mit Händlern oder Ladenbesitzern zu führen, die Güter verkaufen, welche in Deutschland hergestellt wurden, oder welche deutsche Schiffe oder Transporte benutzt."*

Zwei Drittel der Nahrungsmittelversorgung der Deutschen würde importiert werden müssen, und könnten nur importiert werden mit den Erlösen, die aus den Exporten kommen, sodass, wenn Deutschland

nicht exportieren könnte, zwei Drittel der Bevölkerung Deutschlands hungern würden, weil es nicht genügend Essen für mehr als ein Drittel der Bevölkerung gäbe.

Nichtsdestotrotz nehmen die Juden über ganz Amerika an diesem Boykott teil, und protestieren vor den Läden und zerstören alle Läden, in denen sie irgendwelche Produkte mit der Aufschrift „Made in Germany" finden. Das zwingt die Läden, diese Produkte nicht mehr zu führen oder sich für Bankrott erklären zu müssen.

Als der Effekt dieses Boykotts sich in Deutschland spürbar machte, fingen die Deutschen an, jüdische Läden in derselben Art und Weise zu boykottieren wie die Juden es gemacht hatten mit den Läden, welche Deutsche Produkte in Amerika verkauften.

Zusammenarbeit der Nazis mit den Zionisten und Juden in Palästina

Die Nazis und die Juden in Palästina arbeiten zusammen, wie sie es auch für die nächsten sieben Jahre halten würden. Der banale Grund dafür ist, dass sie in der Essenz das Gleiche wollen. Die Juden in Palästina wollen, dass alle Juden in Palästina wohnen und die Nazis wollen die Juden aus Deutschland heraus haben. Beide Seiten unterschreiben deshalb ein Transfer Agreement bekannt als „Ha'avara", welches den Transfer von Juden samt all ihrem Geld von Deutschland nach Palästina erlaubt.[1]

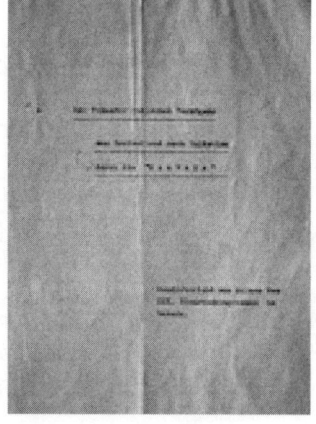

---

[1] Anmerkung des Übers.: Interessanterweise befindet sich die "Zentralstelle für jüdische Auswanderung" im Rothschild Palais in Wiens Prinz-Eugen-Str. 20-22

Als Resultat dieser Vereinbarung emigrieren 60.000, ungefähr 20 % der Juden Deutschlands, nach Palästina, und machen im Jahr 1939 einen Prozentualen Anteil von 15 % der jüdischen Population aus. Sie nehmen 40 Millionen Dollar an Vermögen mit (heute ungefähr 600 Millionen wert) unter dem Segen des Nazi Regime. Gemäß dem United States Holocaust Memorial Museum:

> *„...hatten bis zum September 1939 zirka 282.000 Juden Deutschland verlassen und 117.000 das annektierte Österreich. Von diesen emigrierten 95.000 in die Vereinigten Staaten, 60.000 nach Palästina, 40.000 nach Großbritannien, und ungefähr 75.000 nach Zentral- und Südamerika, wobei die größten Zahlen nach Argentinien, Brasilien, Chile und Bolivien gingen.*
> *Mehr als 18.000 Juden des Deutschen Reiches konnten Zuflucht in Shanghai im japanisch besetzten China finden. Am Ende von 1939 blieben etwa 202.000 Juden in Deutschland und 57.000 im annektierten Österreich, viele von ihnen Ältere."*

Interessanterweise werden all diese Juden, die Deutschland schon freiwillig verliesen, bevor der 2. Weltkrieg überhaupt anfing, als „Holocaust Survivors" (Überlebende des Holocaust) bekannt und erhalten die Berechtigung zur Zahlung von Entschädigungen nach dem Ende des 2. Weltkrieges.

Dies ist, da die Definition eines Holocaust Survivors wie folgt lautet:

„Jeder Jude, der in einem Land zu der Zeit gewohnt hat, als es

1. *sich unter Nazi Regime befand*

2. *sich unter Nazi Besetzung befand*

3. *sich unter dem Regime von Kollaborateuren der Nazis befand sowie jeder Jude, der aufgrund des obigen Regimes oder Beschäftigung floh."*

Präsident Franklin Delano Roosevelt, ein sephardischer Krypto-Jude, dessen wirklicher Name Rosenfelt lautet, ordnet die Platzierung des allsehenden Auges auf der neuen Dollar-Banknote zusammen mit dem Motto „Novus Ordo Seclorum" an. Dies ist Lateinisch und steht für „A New Order of the Ages" (Eine Neue Ordnung des Zeitalters), oder wie im Allgemeinen heute gesagt wird, „New World Order", eine „Neue Weltordnung".

Außerdem erkennt Präsident Roosevelt am 16. November das bolschewistische Regime Stalins in Russland an, ohne vorher Konsultierung des Kongresses einzuholen, während 8.000 Ukrainer im Protest in New York marschieren.

Roosevelt würde diese jüdische Herkunft nie zugeben, aber er würde darin weiter gehen als die Meisten. In der New York Times vom 14. März 1935 wird er mit folgender Aussage quotiert:

> „In der weiter entfernten Vergangenheit mögen meine Vorfahren Juden gewesen sein. Alles was ich über die Herkunft der Roosevelt Familie weiß, ist, dass sie anscheinend Nachfolger von Claes Martenzen van Roosevelt sind, der von Holland kam."

In seinem Buch „From Pharaoh to Hitler, What Is A Jew? (Von Pharaoh bis Hitler, Was ist ein Jude?)" gibt der jüdische Schriftsteller Bernard Joseph Brown zu, dass die Juden von heute keine Israeliten sind, und sie deshalb eigentlich auch gar kein Recht auf das palästinische Land haben.

Am 11. Mai sagt Haim Nachman Bialik, ein jüdischer Poet, der weithin als Israel's nationaler Poet bekannt ist, in einer Ansprache, die an Juden an der *Jewish University* in Jerusalem gerichtet ist:

„Nicht umsonst zog es die Juden zum Journalismus. In ihren Händen wurde er zur mächtigen Waffe, hoch entwickelt, ihre Bedürfnisse in ihrem Überlebenskrieg zu füllen."

1934: Im Januar gibt der überzeugte Zionist Vladimir Jabotinsky eine Aktualisierung über den Verlauf von Samuel Untermyers Boykott von Deutschland, als er folgendes sagt:

„Der Kampf gegen Deutschland wird nun seit Monaten von jeder jüdischen Gemeinde, auf jeder Konferenz, in allen Gewerkschaftsparteien und durch jeden Juden in der Welt ausgeführt. Es gibt Gründe für die Annahme, dass unser Anteil an dem Kampf von herausragender Bedeutung ist.
Wir werden einen spirituellen und materiellen Krieg der ganzen Welt gegen Deutschland führen. Deutschland bemüht sich, einmal wieder eine große Nation zu werden, und sowohl ihre verlorenen Gebiete sowie auch ihre Kolonien zurückzubekommen. Aber unsere jüdischen Interessen rufen nach einer kompletten Zerstörung von Deutschland. Im Kollektiv und individuell gesehen ist die Deutsche Nation eine Bedrohung für uns Juden."

Die schweizerischen Geheimhaltungsgesetze werden reformiert und ein Bruch mit den Geheimhaltungsgesetzen wird für jeden Bankangestellten als Straftat festgesetzt, die eine Gefängnisstrafe mit sich bringt. Dies geschieht alles in Vorbereitung zu dem von den Rothschilds angestifteten 2. Weltkrieg, in dem sie wie üblich beide Seiten finanzieren.

England ist der Sklave eines internationalen finanziellen Blocks

In der Ausgabe vom 20. Juni veröffentlicht das *New Britain Magazine of London* eine Aussage, die vom früheren britischen Premierminister David Lloyd George gemacht wurde:

> *„England ist der Sklave eines internationalen finanziellen Blocks.*

Dieser Artikel enthält auch die folgenden Worte, die von Lord Bryce geschrieben wurden

> *„Demokratie hat keinen beharrlicheren und heimtückischeren Feind als die Geldmacht... Fragen in Bezug auf die ›Bank of England‹, ihres Verhaltens und ihrer Ziele, werden dem Sprecher* (des House of Commons) *nicht erlaubt."*

In seinem Buch „Jews must Live (Juden müssen leben)", veröffentlicht in diesem Jahr, sagt Samuel Roth das Folgende über die Juden:

> *„Unser größtes Laster ist zum heutigen Tage, wie seit jeher, der Parasitismus. Wir sind Leute von Aasgeiern, die von der Arbeit und der Guten Natur des Rests der Welt leben. Wir hätten aber, trotz unseren Fehlern, nie der Welt soviel Schaden zufügen können, wenn wir nicht unser Genie für bösartige Herrschaft eingesetzt hätten. Dank dem Parasitismus!"*

Edmond de Rothschild stirbt.

1935: Zwischen 1930 und 1935 veröffentlicht Elizabeth Donnan ihr 4-bändiges Werk „Documents Illustrative of the History of the Slave Trade to America" (Dokumente, welche die Geschichte des Sklavenhandels nach Amerika zeigen). Dies zeigt, dass die Juden den Sklavenhandel von afrikanischen Sklaven nach Amerika völlig dominierten und mindestens 15 Schiffe, welche die Sklaven transportieren, sich im Besitz von Juden

befanden, von denen einige klare und enge Beziehungen zu den Roth-schilds hatten. Um die Autoritäten zu täuschen, dass keine Juden invol-viert wären, würden sie oft eine nichtjüdische Crew und Kapitän ver-wenden.

Mao Tse Tung: „Alle politische Macht kommt aus den Gewehrläufen"

Am 6. November sagt Mao Tse Tsung auch das Folgende:

> *„Die Kommunistische Partei muss über alle Waffen verfügen - somit können keine Waffen je dazu be-nutzt werden, die Partei zu kom-mandieren."*

Nach und nach werden von 1948 bis 1952 20 Millionen politische Dissidenten zusam-mengetrieben und umgebracht, da sie sich nicht wehren können vor den Kommunis-ten in China aufgrund der Reglementierun-gen des Waffenbesitzes.

In seinem 41-seitigen Pamphlet „Race, Nation or Religion: „Three Ques-tions Jews Must Answer (Rasse, Nation oder Religion: Drei Fragen wel-che Juden beantworten müssen)", sagt Dr. Solomon Freehof kollektiv über die Juden:

> *„Wir wollen eine Welt, in welcher Nationalismus definitiv schwin-den wird".*

1936: In Bezug auf den gewachsenen Antisemitismus in Deutschland sagt Samuel Landman (zu jener Zeit Sekretär der *World Zionist Organi-sation)*, in seinem Buch in 1936 "Great Britain, The Jews, and Palestine (Großbritannien, die Juden und Palästina)" das folgende über den Eintritt der Vereinigten Staaten in den 1. Weltkrieg:

„Die Tatsache, dass es jüdische Hilfe war, welche die USA in den Krieg auf der Seite der Alliierten schickte, hat die Deutschen seitdem geschmerzt, insbesondere die Köpfe der Nazis, und hat in nicht geringem Masse die Prominenz des Antisemitismus geschaffen, welcher die Nazi-Programme beherrscht."

Am 3. Oktober wird Louis T. McFadden, republikanischer Kongressmann, Vorsitzender des *House Banking & Currency Committee* von 1920 bis 1931, zum Tode vergiftet. Dies ist das dritte Attentat auf sein Leben, er hatte schon eine frühere Vergiftung erlitten und es wurde schon auf ihn geschossen. McFadden war einer der schärfsten Kritiker der *Federal Reserve* und der jüdischen Kabale, die hinter der Federal Reserve steht.

1937: In seinem Buch „Stalin, Trotsky, or Lenin" schreibt George Marlen:

„Wenn die Gezeiten der Geschichte sich nicht zum kommunistischen Internationalismus wenden, dann ist die jüdische Rasse verloren."

In anderen Worten sagt er, dass die Juden völlig für den kommunistischen Internationalismus verantwortlich waren, und wenn die Welt nicht zu einer Neuen Weltordnung des neuen jüdisch-kommunistischen Internationalismus überginge, wäre die jüdische Rasse dem Untergang geweiht. Interessanterweise ist der Internationalismus eine frühe Inkarnation der Globalisierung.

Ein anderer Autor, William Joyce, ein Engländer, ist so angeekelt von der Unterwürfigkeit Englands gegenüber den Juden, dass er sich kurz vor dem 2. Weltkrieg nach Deutschland absetzte, und von dort ein Radioprogramm ausstrahlte, mit dem er versuchte, die Engländer über dem Feind in ihrer Mitte aufzuwecken, er sagte in diesem Jahr:

„England und Deutschland, insbesondere mit der Unterstützung von Italien, kann gegen den Bolschewismus und die internationale Finanz, jüdische Zwillingsmanifestationen, ein Bollwerk bilden, das viel zu stark ist, um eine Attacke einzuladen... Internationale Finanz wird von großen jüdischen Geldleihern kontrolliert und Kommunismus wird von jüdischen Agitatoren verbreitet, die fundamental mit denselben  *machtvollen Kapitalisten ihrer Rasse eine internationale Weltordnung wünschen, welche, natürlich, universale Souveränität an die einzige internationale Rasse in Existenz gibt."*

In der Tat macht am 4. Februar der anerkannte Geschichtswissenschaftler Hilaire Belloc die folgende Bemerkung in G. K.'s Weekly:

„Die Organisation und Direktion der Propaganda des Kommunismus befindet sich weltweit in den Händen von jüdischen Agenten. Und über jeden, der nicht weiß, dass die bolschewistische Bewegung in Russland jüdisch ist, kann ich nur sagen, dass es jemand sein muss, der durch die Auslassung in unserer beklagenswerten Presse getäuscht wurde."

In diesem Jahr ruft Professor A. Kulisher nach einem Massenmord an allen Deutschen als Priorität dieses weltweiten Judentums auf, als er sagt:

„Deutschland ist der Feind des Judaismus und muss mit tödlichem Hass verfolgt werden. Das Ziel des Judaismus heute ist: eine gnadenlose Kampagne gegen alle Deutschen und die völlige Zerstörung der Nation. Wir fordern eine komplette Blockade ihres Handels, den Importstopp von Rohstoffen und Wiedervergeltung gegen jeden Deutschen, Frau und Kind."

In einem Artikel, der am 28. April im *Daily Express* veröffentlicht wird, demonstriert der 27-Jährige Lord Victor Rothschild wie hellsehend er ist, als er von dem Reporter W. Hickey gefragt wird, wo er plant zu leben, wenn die Miete seines Piccadilly Hauses auslaufen würde. Er antwortete:

> *„Nirgendwo wahrscheinlich, ich weiß es nicht. Nicht bis nach dem Krieg auf jeden Fall."*

Es würde zwei und ein halbes Jahr dauern, bis der 2. Weltkrieg ausbrechen würde, aber er wusste natürlich schon, dass der Krieg kommen würde.

1938: Am 1. Januar veröffentlicht Nesta Webster ihr Buch „Germany and England (Deutschland und England)", in welchem sie aussagt:

> *„England wird nicht mehr von Briten kontrolliert. Wir sind unter der unsichtbaren jüdischen Diktatur – einer Diktatur, die in allen Sphären des Lebens gefühlt werden kann."*

Herschel Grynszpan ermordet am 7. November Ernst vom Rath, einen unteren Beamten an der deutschen Botschaft in Paris.

Im Dezember macht Sir Oswald Mosley die folgende Bemerkung über die Beschuldigung, dass die Juden in Deutschland verfolgt werden würden:

> *„Nehmen wir mal an, dass alle Anschuldigungen wahr wären... nehmen wir an, dass es eine Tatsache wäre, dass eine Minorität in Deutschland so behandelt worden wären, wie die Dokumente anschuldigen, ist das irgendein Grund für Millionen von Briten, ihr Leben in einem Krieg mit Deutschland zu verlieren? Wie viele Minoritäten wurden schlecht behandelt in wie vielen Ländern seit dem Krieg ohne Protest seitens der Presse oder der*

Politiker?... Wieso war es erst, dass sobald die Juden beeinträchtigt werden, dass wir überhaupt einen Bedarf an Kriegen mit den betroffenen Ländern führen?

Es gab nur eine Antwort... dass heute die jüdische Finanz die Presse und die politischen Systeme von England kontrolliert. Wenn man einen Juden zuhause kritisiert, droht einem der Kerker. Wenn andere die Juden auswärts kritisieren – dann droht ihnen Krieg."

Rabbi Stephen Wise, der Präsident des American Jewish Congress sowie des World Jewish Congress, zeigt seine Erwartungen der Loyalität der Juden zu seinem Land des Aufenthalts auf, als er folgende Rede auf einer Kundgebung in New York hält:

„Ich bin kein amerikanischer Bürger mit jüdischem Glauben. Ich bin ein Jude. Ich bin ein Amerikaner. Ich bin ein Amerikaner nun für dreiundsechzig Vierundsechzigstel meines Lebens, aber ich bin ein Jude für viertausend Jahre gewesen. Hitler hatte in einer Sache Recht. Er nannte die jüdischen Leute eine Rasse und wir sind eine Rasse."

I.G. Farben wird von Rothschild kontrolliert. Später wird I.G. Farben vorgeworfen, Zyklon B gegen die Juden benutzt zu haben

1939: I. G. Farben, der führende Hersteller von Chemikalien in der Welt und der größte Deutsche Produzent von Stahl, erhöht seine Produktion dramatisch. Diese dramatische Intensivierung wird fast exklusiv dazu benutzt, Deutschland für den 2. Weltkrieg zu bewaffnen.

Diese Firma wird von den Rothschilds kontrolliert und wird nachfolgend Juden und bemitleidenswürdige Leute als Sklavenarbeiter in

Konzentrationslagern benutzen. Interessanterweise kreiert die I. G. Farben auch das tödliche Zyklon B Gas, das angegeben wird, dazu benutzt worden zu sein, Juden umgebracht zu haben.

In Deutschland hatte Hitler großen Erfolg gehabt, sein Land wirtschaftlich aufzubauen, seit er zur Macht gekommen war. Er tat dies, indem er mit den jüdischen internationalen Bankiers brach, und den Handel als Tauschgeschäft aufbaute, und somit den Überfluss, über den Deutschland verfügte, mit dem Überfluss den ein anderes Land hatte aber der in Deutschland fehlte, tauschte, ohne Schulden auf beiden Seiten zu schaffen.

Er, wie Abraham Lincoln vor ihm, emittierte einfach das Geld, das benötigt war, auf der Autorität der deutschen Regierung, welche durch die Produktivität der deutschen Arbeitskräfte gedeckt war, und nicht den leeren Versprechungen der jüdischen internationalen Bankiers, welche in einem Land ohne Schulden nicht funktionieren konnten.

Als Resultat dieser Strategie war Deutschland dazu fähig, das soziale und spirituelle Leben all ihrer Bürger zu regenerieren. Einfach gesagt, wenn es einem möglich ist, den Leuten zu helfen, werden die Leute einem helfen, da sie glücklich sind, weil sie respektiert werden, und es ihnen ermöglicht, sich selbst zu respektieren. Als Resultat dessen, dass Deutschland zum Nutzen des Volkes geführt wurde, anstatt zu Gunsten der jüdischen Bankiers, waren die Bürger Deutschlands dazu fähig, Deutschland zum mächtigsten und wohlhabenden Staat Europas in nur sieben Jahren zu machen.

Ein Beispiel, wie Hitler dieses erreichte, ist in William Gayley Simsons Buch von 1978 „Which Way Western Man? (Welchen Weg westlicher Mann?)" aufgenommen, in welchem er schreibt:

> *„Der deutsche Bauer, der nahe am Rande des völligen Ruins stand, wurde ein angesehener Status als der Quelle des Nahrungsvorrates gegeben, sein Land wurde dem Griff der jüdischen Zins-*

wucherer entzogen und Maßnahmen wurden getroffen, um sicherzustellen dass es ›immer im Besitz einer Familie bleiben sollte und vom Vater dem Sohn weitergereicht werden sollte‹".

Die Juden konnten dies nicht fortbestehen lassen, da sie wussten, dass es den Tod ihres schuldengetriebenen Geldsystems bedeutete, und somit beginnt der 2. Weltkrieg in diesem Jahr wirklich. In diesem Krieg geht darum, welches Geldsystem überleben sollte. Dies ist kein Krieg zwischen Deutschland und den Alliierten, es ist ein Krieg zwischen Deutschland und der jüdischen Geldmacht, welche die Kontrolle der alliierten Führung innehat und diese und ihre Medien benutzen, um Propaganda zu senden, welche den Hass gegen die Deutschen in der Bevölkerung der Alliierten weckt.

Am 22. Mai macht Anthony Crossley, konservatives Parlamentsmitglied für Oldham, England, folgendes Statement in dem *House of Commons* in Bezug auf das Elend der Araber als Resultat der jüdischen Verfolgung der Araber in Palästina:

> *„Ich glaube nicht, dass es je eine Debatte in diesem Haus gegeben hat, in welcher dieses Haus mehr Berechtigung dafür gehabt hätte, einen arabischen Sprecher aufzurufen, um den arabischen Standpunkt von der Sichtweise seiner eigenen Bürger und seines eigenen Landes zu erklären...*
> *Es gibt keine arabischen Mitglieder des Parlamentes. Es gibt keine arabischen Wahlbezirke, um Einfluss auf die Mitglieder des Parlaments auszuüben. Es gibt keine arabische Kontrolle der Zeitungen in diesem Land. Es ist fast unmöglich, einen pro-arabischen Brief in der Times zu veröffentlichen.*
> *Es gibt in der City keine arabischen Finanzhäuser, welche große Mengen an Finanzen kontrollieren. Es gibt keine arabische Kontrolle der Werbung in Zeitungen in diesem Land. Es gibt*

keine arabischen exkolonialen Sekretäre, welche einer nach dem anderen aufstehen und die Regierung in der Debatte wegen der Fehler, die sie in der Vergangenheit gemacht haben, so verdonnern, wie sie wollen.

Letztlich, und ich möchte, dass der koloniale Sekretär besondere Aufmerksamkeit auf diesen Punkt legt, wird es morgen Nacht eine Sendung geben. Er wird es selbst sein, der die Sichtweise der Regierung bekannt gibt. Es wird dem ehrenwerten Mitglied des Don Valley die Möglichkeit gegeben werden, die zionistische Sichtweise zu fördern. Es wird dem ehrenwerten Mitglied der Carnarvon Boroughs die Möglichkeit gegeben werden, die zionistische Sichtweise zu unterstützen. Es wird keinen Befürworter der Araber geben, der ihre Sichtweise fördern kann."

Am 15. August, weniger als 3 Monate später, wird Anthony Crossley in einer Aktion nahe der Küste von Dänemark umgebracht werden, nachdem er dem britischen Militär kurz nach dem Ausbruch des 2. Weltkrieges beitrat.

War Baron Rothschild Adolf Hitlers Großvater?

1940: Hansjürgen Koehler schreibt in seinem Buch „Inside the Gestapo (Innerhalb der Gestapo)" das Folgende über Maria Anna Schicklgruber, Adolf Hitlers Großmutter:

„Ein kleines Dienstmädchen... kam nach Wien und wurde zum häuslichen Dienstmädchen... in der Rothschild Mansion... und Hitlers unbekannter Großvater muss wahrscheinlich in diesem magnifizenten Haus gesucht werden."

Dies wird wieder erzählt in dem Buch „The Mind of Hitler (Das Adolf-Hitler-Psychogramm)" von Walter C. Langer, in welchem er schreibt:

„Adolfs Vater, Alois Hitler, war der illegitime Sohn von Maria Anna Schicklgruber... Maria Anna

Schicklgruber wohnte in Wien zu der Zeit als sie das Kind gebar. Zu jener Zeit war sie als Dienstmädchen im Heim des Baron Rothschild angestellt. Sobald die Familie ihre Schwangerschaft entdeckte, wurde sie nach Hause gesandt... wo Alois geboren wurde."

Die Idee, dass Hitler ein illegitimer Abkömmling von Rothschild gewesen sei, scheint erst einmal lächerlich, jedoch kann es nicht verneint werden, dass einer von Hitlers großen Erfolgen die Emigration der Juden nach Palästina war, etwas, das auch ein Hauptziel der Rothschilds darstellte. Die Rothschilds wussten, dass ein Land ohne Bevölkerung bedeutungslos sei. Darüber hinaus förderte die Propaganda, welche die Juden aus dem 2. Weltkrieg heraus bekamen, das Programm der Rothschilds der jüdischen Überlegenheit mehr als jedes andere Geschehen in der Geschichte.

In diesem Jahr veröffentlicht William Joyce, welcher im selbst gewählten Exil in Deutschland lebt, das Buch „Twilight Over England (Zwielicht über England)", in welchem er den jüdischen Charakter wie folgt beschreibt:

„Steinharter Materialismus, einen Flair dafür, nach außen Mystizismus darzustellen, eine äußerste Geringschätzung anderer Rassen, eine komplette Nichtbeachtung der Rechte anderer Leute, Cleverness in Imitierung und Improvisation, Verachtung aller Arbeit, die sich nicht mit hohen Profiten verbindet, große Energie, sobald es darum geht, Geld zu verdienen, einen Hass gegen allen Nationalismus, der nicht ihrer ist, einen hohen Grad an Loyalität zu ihrer eigenen Familie und ihrer eigenen Gemeinschaft, einen stillschweigenden Glauben in die Macht, die Gentile zu korrumpieren, eine brillante Kapazität, Intrigen zu spinnen, und eine pathetische Unfähigkeit, mit irgendwelchen tieferen Gedanken oder höherem Idealismus mitzuhalten, das sind die Hauptcharaktere der jüdischen Rasse. Über all diese Attribute könnten

Bände geschrieben werden; aber es sollte ausreichen, das Resultat dieser Kräfte in den folgenden Tendenzen auszudrücken:

1. *Eine Unfähigkeit, zu verhindern, einen Staat in einem Staat zu bilden.*
2. *Komplette Unfähigkeit, ihre Gentilen Wirtsgeber als gleichberechtigt zu halten, dieselben Rechte wie sie zu besitzen*
3. *Vorgeplante Spezialisierung in all die Prozesse, welche Hohen Profit bringen. Damit herrscht im Kapitalismus fast exklusive Beschäftigung mit Finanzierung, Distribution und Austausch, im Gegensatz zu produktiver Industrie. Professionelle Arbeit wird entweder für Profit oder für sozialen Fortschritt ausgeführt.*
4. *Eine natürliche Tendenz, sozialen und ökonomischen Fortschritt dazu zu nutzen, politische Macht zu erlangen.*
5. *Eine unheilige Drohung des Nationalismus als einen Faktor, der Aufmerksamkeit auf ihre rassistische Natur lenkt und ihre Operationen entblößen kann.*
6. *Die gewollte Qualitätsminderung der Kulturstandards in dem Land ihres Aufenthalts.*
7. *Die Eliminierung des Ariers (engl.: Aryan) durch Konkurrenz, der Arier, welcher nur genug für sich selbst haben möchte und für sich selbst nicht mehr möchte als für alle anderen.*

Diese Resultate scheinen sich in jedem Land zu manifestieren, das die Juden bewohnen."

1941: Präsident Roosevelt nimmt Amerika in den 2. Weltkrieg hinein, indem er sich weigert, mehr Alteisen und Öl nach Japan zu verkaufen. Japan war in der Mitte eines Krieges gegen China, und ohne Alteisen und Öl würde Japan den Krieg nicht mehr weiterführen können. Roosevelt weiß, dass dieser ökonomische Boykott Japan provozieren wird, Amerika zu attackieren, was sie daraufhin taten in Pearl Harbor.

Interessanterweise versucht Präsident Roosevelt intensivst die Vereinigten Staaten in den Krieg mit Europa einzubringen, um die Juden in den Vereinigten Staaten und in der Welt zufrieden zu stellen, aber als dies fehlschlägt, würde er eine verschiedene Taktik benützen müssen. Dies war natürlich, was in Pearl Harbor passierte.

Das moderne Bankensystem stellt Geld aus Nichts her

Sir Josiah Stamp, Direktor der Bank of England während den Jahren 1928-1941, macht die folgende Aussage in Bezug auf das Bankwesen:

„Das moderne Bankensystem stellt Geld aus Nichts her. Dieser Prozess ist vielleicht der erstaunlichste Taschenspielertrick, der je erfunden wurde. Das Bankwesen wurde in Frevel gezeugt und in Sünde geboren. Die Welt gehört inzwischen den Bankiers. Nimm es weg von Ihnen, aber lass Ihnen die Macht, Geld zu kreieren, und im Handumdrehen werden sie genügend Geld drucken, um sie wieder zurückzukaufen...
Nimm diese große Macht weg von Ihnen, und all ihre großen Reichtümer wie meiner werden verschwinden, und sie sollten verschwinden, denn dann wäre es eine bessere und glücklichere Welt, in der wir leben. Aber wenn ihr weitermachen wollt, Sklaven der Banken zu bleiben und die Kosten Eurer eigenen Sklaverei tragen wollt, dann läßt die Bankiers weiter das Geld drucken und den Kredit kontrollieren."

1942: Die Firma von Prescott Bush, Vater und Großvater des zukünftigen Präsidenten George Herbert Walker Bush und George W. im Besonderen, wird unter dem „Trading With The Enemy (Geschäfte mit dem Feind)" Akt konfisziert. Er finanzierte Hitler von Amerika aus, während amerikanische Soldaten von deutschen Soldaten getötet wurden. Interessanterweise kritisiert die *Anti-Defamation League (ADL)* die Bush Familie nie dafür.

Am 8. Mai veröffentlich der *Jewish Chronicle* ein Editorial, in welchem stolz behauptet wird:

> *„Wir waren im Krieg gegen Hitler vom ersten Tag an seit er zur Macht kam."*

In der Tat macht Chaim Weizmann, Präsident des World Jewish Congress, die folgende Behauptung in New York:

> *„Wir verneinen es nicht und wir haben keine Angst, zuzugeben, dass dieser Krieg unser Krieg ist und dass er für die Befreiung der Juden geführt wird... stärker als alle Fronten ist unsere Front, die der Juden.*
> *Wir geben diesem Krieg nicht nur unsere finanzielle Unterstützung, auf welchem die ganze Kriegsführung basiert.*
> *Wir liefern nicht nur die volle Macht der Propaganda, welche die moralische Energie liefert, die den Krieg am Laufen halt.*
> *Die Garantie eines Sieges ist vor allem auf einer Schwächung des Feindes basiert, auf die Zerstörung dessen im eigenen Land, inmitten des Widerstandes.*
> *Und wir sind die Trojanischen Pferde innerhalb des Bollwerkes des Feindes. Tausende von Juden, welche in Europa leben, bilden den wichtigsten Faktor an der Zerstörung des Feindes. Dort ist unsere Front eine Tatsache und die wertvollste Hilfe für den Sieg."*

Leonard Goldenson gründet das ABC Fernsehnetzwerk und überwacht als Präsident den Erfolg von ABC.

1943: Am 18. Februar sagt der Zionist Izaak Greenbaum, Kopf des *Jewish Agency Rescue Committee*, in einer Rede an das Zionist Executive Council:

„Wenn ich gefragt werde, könntest du Geld vom ›UJA (dem United Jewish Appeal)‹ geben, um Juden zu retten, würde ich nein sagen und wieder nein!"

Er würde weitergehen, zu sagen:

„Eine Kuh in Palästina ist mehr wert als alle Juden in Polen!"

Dies ist keine Überraschung, da die Zionisten und Nazis ein ähnliches Problem hatten. Sie beiden wollten die Juden aus Deutschland heraus haben. Jedoch waren die Zionisten nicht interessiert an Juden, welche nicht nach Palästina gehen wollten, und dachten, es wäre vorteilhafter, sicherzugehen, dass diese Juden in Konzentrationslager gesteckt würden, um die Juden weltweit zu verängstigen, damit diese nach Palästina fliehen, welches sie als den einzigen Staat verkündeten, der sicher wäre. Wie sonst, denken Sie, konnten die Zionisten sichergehen, dass die Juden die schönen europäischen Städte, in denen sie lebten, verlassen würden, um in eine Wüste zu ziehen!

Stern Gang ermordet Lord Moyne, britischer Minister

1944: Am 6. November wird Lord Moyne, der britische Minister, der im Mittleren Osten lebt, in Kairo von zwei Mitgliedern der jüdischen Terroristengruppe, der Stern Gang, ermordet. Die *Stern Gang* wird angeführt von dem zukünftigen Premierminister von Israel, Yitzhak Shamir. Er ist auch verantwortlich für einen Mordversuch an Harold MacMichael im selben Jahr, dem Hohen Kommissär des britischen Mandats für Palästina.

Interessanterweise ist er auch der federführende Planer einer weiteren erfolgreichen Ermordung in diesem Jahr, dem Mord an Graf Folke Bernadotte, Repräsentant der United Nations im Mittleren Osten, welcher, obwohl er die Freigabe von 21.000 Gefangenen von deutschen Camps im 2. Weltkrieg organisierte, von Yitzak Shamir und seinen terroristischen Kollaborateuren als Antizionist gesehen wird.

Bretton Woods

In Bretton Woods, New Hampshire, werden der *International Monetary Fund* (IMF) und die *World Bank* bei voller Teilnahme von den Vereinigten Staaten genehmigt. (Die *World Bank* hieß anfänglich *IBRD, die International Bank for Reconstruction and Development*, der Name *„World Bank"* wurde erst in 1975 angenommen).

Die Hauptarchitekten des Bretton Woods Systems, und damit der IMF, sind Harry Dexter White und John Maynard Keynes. Interessanterweise würden Harry Dexter White, welcher in 1946 stirbt, am 16. Oktober als sowjetischer Spion entlarvt werden, dessen Codename in einem FBI Memo „Jurist" war. Und was John Maynard Keynes betrifft: er ist britisch.

Was die *IMF* und die *World Bank* in Essenz taten, war auf einer weltweiten Skala das zu wiederholen, was der Federal Reserve Act 1913 in den Vereinigten Staaten etabliert hatte. Sie schafften ein Bankkartell, welches die sich im Privatbesitz befindenden Zentralbanken der Welt zusammenschloss, und sie erreichten langsam die Macht, die Kreditpolitik aller Banken dieser Welt zu diktieren.

In derselben Art, wie der *Federal Reserve Act* die Schaffung einer neuen nationalen FIAT Währung autorisierte, die Federal Reserve Banknoten, wurde dem *IMF* die Autorität gegeben, eine weltweite Fiat-Währung auszugeben, die „Special Drawing Rights" (Spezielle Zeichnungsrechte), oder SDRs heißt. Mitgliedsnationen würden gezwungen werden, ihre eigene Währung voll austauschbar mit SDR's zu machen.

Das IMF wird durch ihren Vorstand von Gouverneuren kontrolliert, welche entweder Leiter von verschiedenen Zentralbanken sind, oder die Leiter der verschiedenen Schatzabteilungen der Länder, welche von ihren Zentralbanken dominiert werden. Auch gibt die Wahlmacht über den IMF praktisch den Vereinigten Staaten sowie dem Vereinigten Königreich (der *Federal Reserve und der Bank of England)* die totale Kontrolle.

Hiroshima und Nagasaki

1945: Am 16. Juli erfolgt der erste erfolgreichen Test einer Atombombe an der Trinity Site, 200 Meilen südlich von Los Alamos. Der Erbauer, J. Robert Oppenheimer, ein Rothschild, sagt begeistert:

„I am become Death,
the Destroyer of worlds.
(Ich bin zum Tod geworden,
dem Zerstörer der Welten)."

Er hat Recht, innerhalb von Monaten erfolgen weitere Detonationen über Hiroshima und Nagasaki in Japan, welche im Tod von 140.000 Menschen in Hiroshima und 80.000 in Nagasaki münden.

Das Ende des 2. Weltkrieges. Es wird berichtet, dass die I.G. Farben-Fabriken in Deutschland speziell von Bombenanschlägen ausgenommen wurden. Interessanterweise hatten sie am Ende des Krieges, während Teile Deutschlands in Ruinen liegen, nur 15 % Schaden erlitten.

Die Tribunale, welche am Ende des 2. Weltkrieges gehalten werden, um die Kriegsverbrechen der Nazis zu untersuchen, zensieren jegliches Material, das die westliche Hilfe an Hitler erwähnt, wie solches über Prescott Bush.

Die Rothschilds machen einen gigantischen Schritt nach vorne, ihrem Ziel der Weltregierung entgegen, in ihrem dritten offenen Versuch der Weltregierung, der zweiten *„League of Nations* (Bündnis der Nationen)", welche die *„United Nations* (Vereinte Nationen)" genannt werden und in diesem Jahr bewilligt werden.

1946: Am 3. Januar wird William Joyce exekutiert. Als er seine Exekution erwartet, macht er sein letztes Statement:

> *„Im Tode wie in diesem Leben, werde ich den Juden die Stirn bieten, welche diesen letzten Krieg verursacht haben: und ich biete der Macht der Dunkelheit die Stirn, welche sie repräsentieren. Ich warne die Briten gegen diesen aggressiven Imperialismus der Sowjetunion.*
>
> *Möge Britannien einstmals wieder groß sein; und, in der Stunde der größten Gefahr an den Westen, möge die Standarte des Hakenkreuzes* (Swastika) *vom Staub erhoben werden und mit den historischen Worten gekrönt werden ›Ihr habt doch gesiegt‹* (Anm. des Übersetzers: „Ihr habt doch gesiegt" ist deutsch zitiert im englischen Text). *Ich bin stolz darauf, für meine Überzeugungen zu sterben; und es tut mir leid für jene Söhne Britanniens, welche starben ohne zu wissen wieso."*

Am 12. Februar bekommt der britische Sicherheitsdienst ein Telegramm von einer verlässlichen Quelle in Palästina, welche behauptet, dass die *Stern Gang*

> *„...Trainings-Mitglieder* (wären), *welche nach England gingen, um Mitglieder der Regierung Ihrer Majestät zu ermorden, insbesondere Mr. Bevin* (britischer Außenminister Ernest Bevin)."

Terroristenattacke im King David Hotel in Palästina

Der zukünftige israelische Premierminister, Ashkenazim-Jude David Ben-Gurion beordert am 22. Juli einen anderen zukünftigen Premierminister von Israel, den Ashkenazim-Juden Menachim Begin, eine Terroristenattacke im King David Hotel in Palästina auszuführen, um zu versuchen, die Briten zu vertreiben. Als Resultat dessen werden 91 Menschen getötet, die meisten davon Zivilisten. 41 Araber, 28 Briten, 17 Juden, und 5 Andere. Ungefähr 45 Menschen werden verletzt.

Zu der Frage des prominenten Journalisten Russell Warren Howe, ob er sich selbst als den Vater des Terrorismus im Mittleren Osten sieht, sagt Menachem Begin stolz:

„Nein, in der ganzen Welt."

60 Jahre später, am 22. Juli 2006, wird ein weiterer zukünftiger Premierminister von Israel, Benjamin Netanyahu, zusammen mit anderen israelischen Regierungsrepräsentanten, eine Plakette an dem Ort dieser Terroristischen Grausamkeit widmen, welche die Bomber als Freiheitskämpfer feiert, die von Israel bewundert werden sollen.

Um die Schwere der Attacke am King David Hotel in Perspektive zu setzen: es war zu jener Zeit die größte Zahl der Todesopfer als Resultat einer einzigen terroristischen Aktion als je zuvor und wurde erst fast vierzig Jahre später in 1982 bei der Bombardierung der Baracken der Vereinigten Staaten in Beirut überboten.

Die Bank of England wird nationalisiert

Die Bank of England wird nationalisiert, was bedeutet, dass der Staat alle Aktien in der Bank of England erworben hat, welche nun dem Schatz gehören und vom Schatzkanzler in Verwahrung gehalten werden.

Jedoch werden, da die Regierung über kein Geld verfügt, diese Aktien zu bezahlen, den derzeitigen geheimen Aktienhaltern der Bank of England Regierungsaktien gegeben anstatt von Geld für die Aktien. Dies bedeutet, dass obwohl der Staat nun den operativen Gewinn der Bank bekommt, dieser Gewinn im Grossen durch die Tatsache ausgelöscht wird, dass die Regierung nun für die neuen Aktien Zinsen zahlen muss, welche sie auszugeben hatte, um für die Aktien zu zahlen.

Somit ist es, obwohl die *Bank of England* nun dem Staat gehört, eine Tatsache, dass der britische Geldmarkt fast vollständig in privaten Händen liegt, wovon 97 % in der Form von zinstragenden Darlehen von der einen oder der anderen Art existieren, welche durch private kommerzielle Banken geschaffen werden.

Als Resultat dessen wird die Bank im Grossen und Ganzen von jenen kontrolliert und organisiert, welche aus der Welt des kommerziellen Bankwesens und der konventionellen Wirtschaft kommen. Die Mitglieder des *Court of Directors*, welche die Politik bestimmen und ihre Funktion steuern, werden fast

exklusiv aus der Welt der Banken, Versicherungen, Ökonomen und des Big Business entnommen, und natürlich sitzt weiterhin ein Rothschild mit am Tisch.

Obwohl die Bank of England eine Zentralbank genannt wird, ist es nun ein regulierender Körper, welcher das existierende System unterstützt und übersieht. Es wird manchmal als „The lender of last resort (Der Darlehensgeber der letzten Möglichkeit)" bezeichnet. Dies hat seinen Grund darin, dass eine ihrer Funktion darin besteht, eine Bank für die Bankiers zu sein, und jegliche Bank oder finanzielle Institution, welche in Schwierigkeiten gerät und oder einen Run auf ihre liquiden Güter erleidet, zu unterstützen.

Interessanterweise ist es unter diesen Umständen nicht verpflichtet, Details solcher Maßnahmen mitzuteilen, um Vertrauenskrisen zu vermeiden.

Die Vereinten Nationen erhalten die Kontrolle über Palästina

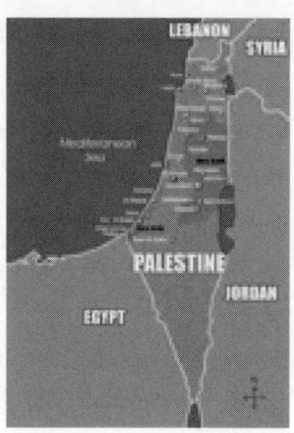

1947: Die Briten, welche vor dem 2. Weltkrieg erklärten, dass es keine Immigration von Juden nach Palästina mehr gäbe, um die Palästinenser von ihren Terrorhandlungen gegen sie sowohl gegen die britischen Soldaten zu schützen, übertragen ihre Kontrolle über Palästina an die *United Nations*.

Die *United Nations* beschließen Palästina aufzuteilen und zwei Staaten, einen jüdischen und einen arabischen anzulegen, mit Jerusalem als einer internationalen Zone, welche von allen religiösen Gläubigen genutzt werden soll.

Es ist geplant, diesen Transfer am 15. Mai 1948 vorzunehmen. Um jedoch in Perspektive zu setzen, wer die *United Nations* (UN) kontrolliert, seien Sie sich bitte dessen bewusst, dass die Juden in der Tat nur 6 % des Landes von Palästina zu jener Zeit besitzen, die Resolution 181 bewilligt den Juden 57 % des Landes, was den Arabern, welche zu jener Zeit 95 % hatten, nur noch 43 % belässt.

Terrorattacken gegen die Briten in Palästina schreiten fort. In der Tat werden im Sommer drei jüdische Terroristen, Jacob Weiss, Meir Nakar, und Avshalom Habib für eine Attacke auf das Acre Gaol (ein Gefängnis) am 4. Mai schuldig befunden und werden gehängt.

Zur selben Zeit hält die *Irgun* Terror-Gang, welche vom zukünftigen Premierminister, Menachem Begin, angeführt wird, zwei britische Sergeants,

Mervyn Paice und Clifford Martin, als Geiseln für drei jüdische Terroristen. In der Tat sagt Begin:

> *„Wir werden die britischen Sergeants zu genau derselben Zeit hängen, in der unsere Männer sterben."*

Die Exekution der jüdischen Terroristen findet statt, und die britischen Sergeants werden ebenfalls exekutiert und an zwei Eukalyptus-Bäumen erhängt. Captain D. H. Gallati von dem *23. Field Squadron, Royal Engineers*, nahm einen der Körper herunter, und wird dabei von einer Explosion schwer verwundet. Nicht zufrieden mit der Exekution dieser britischen Soldaten hatten die Juden die Leichen zusätzlich mit einer Sprengfalle versehen.

Interessanterweise veröffentlichte der *„Daily Express"* als Titelstory ein großes Bild der Soldaten, wie sie in den Bäumen aufgehängt waren, aber diese Titelseite wurde nun von den Archiven des Daily Express entfernt. Der Besitzer des Daily Express? Richard Desmond, ein jüdischer Pornograph.

Informationen, welche die ADL in ihrer Spionageoperationen über Bürger der Vereinigten Staaten sammelte, wird vom *House Select Committee* benutzt, um unamerikanische Aktivitäten aufzuzeigen. Die Vorsitzende Chair Clare Hoffmann des Unterkomitees weist die Berichte des *ADL* über verdächtige Kommunisten als „Hörensagen" bzw. als Gerüchte ab.

Im Oktober schreibt der Ashkenazim-Jude Albert Einstein einen offenen Brief an de *United Nations*, in welchem er ermutigt, alle nationalen Regierungen zu zerstören, um den Weg freizumachen für eine Weltregierung, die von der *UN* geleitet werden soll. Präsident Harry S. Truman macht am 21. Juli in seinem Tagebuch folgenden Eintrag:

> *„Die Juden haben keinen Sinn für Proportionen, noch haben sie irgendwelche Urteilsfähigkeit über Weltpolitik. Die Juden, finde ich, sind sehr, sehr egoistisch. Es bekümmert sie nicht im Geringsten, wie viele Estländer, Litauer, Finnen, Polen, Jugoslawen, oder Griechen ermordet oder als deplatzierte Menschen als Folgen*

des Krieges misshandelt werden, solange eine Extrawurst für die Juden gebraten wird. Jedoch sobald sie – physische, finanzielle oder politische – Macht haben, hat weder Hitler noch Stalin ihnen etwas voraus in Bezug auf Grausamkeit oder Misshandlung des Verlierers."

Rothschilds bestechen amerikanischen Präsidenten Harry Truman, Israel als souveränen Staat anzuerkennen

1948: Im Frühjahr diesen Jahres bestechen die Rothschilds Harry S. Truman, den 33. Präsidenten der Vereinigten Staaten von 1945-1953, mit einer Geldzahlung von $ 2.000.000, Israel als souveränen Staat anzuerkennen, welche sie ihm für seinen Kampagnenzug geben.

Mitternachts am 14. Mai wird der Staat Israel offiziell in Tel Aviv ausgerufen. 11 Minuten später erklärt Präsident Truman die Vereinigten Staaten als ersten Staat, welcher den Staat Israel anerkennt.

Truman vertraut sich Freunden später an, dass er den jüdischen Staat in seiner "first hour of its birth (ersten Geburtsstunde)" anerkennen wollte, als er jedoch von Journalisten gedrängt wird, mehr über dieses Thema verlauten zu lassen, weigert er sich, diese projüdische Haltung weiter zu diskutieren.

Die Flagge von Israel wird zur Schau gestellt. Das Emblem auf der Flagge ist eine blau gefärbte Version des Roten Hexagramms der Rothschilds. Es hat eine blaue Einfassung oben und unten, welche den Nil und den Euphrat Fluss repräsentieren. Dies wird dort platziert, um die israelischen territorialen Ansprüche klarzustellen, ein Israel in Übereinstimmung mit seinen biblischen Grenzen. Das würde natürlich heißen, dass Israel den Einbezug folgender Nationen wünscht: Irak; Syrien; Jordanien; Libanon; und Teile von Saudi Arabien.

Dieser Gebrauch des Rothschild Hexagramms wird verschleiert, da es in der Rothschild-Presse als „Star of David (Der Stern von David)" bezeichnet wird. Jedoch ist es für jeden, der esoterische Symbole kennt, offensicht-

lich, dass dieses Hexagramm in den antiken Mysterienkulten als das Symbol für „Molech" (beschrieben als ein Dämon unfreiwilliger Opferdarbringungen und interessanterweise auch der Name der Steineule im Elite-Verehrungsplatz Bohemian Grove) und „Astaroth" (beschrieben als der Lord Schatzhalter der Hölle) steht. Aufgrund dieser Tatsache ist es aus sechs Linien konstruiert, hat sechs trianguläre Sektoren und sechs Punkte, und wird im Allgemeinen als Symbol Satans gesehen.

Interessanterweise wird das Hexagramm auch benützt, Saturn zu repräsentieren, welcher als der esoterische Namen für „Satan" identifiziert wurde. Würde dies nicht indizieren, dass jeder, der im Namen Israels getötet wird, tatsächlich eine Opfergabe an ihren Gott, Satan, darstellt? Umso mehr, als der jüdische Sabbat am Samstag stattfindet, was ursprünglich als Saturns Tag bezeichnet wurde.

Um zu rekapitulieren, das Hexagramm auf der israelischen Flagge repräsentiert die Nummer 666 des Monsters, es ist eine alte Repräsentation Satans, auch als Saturn bekannt, und der jüdische wöchentliche religiöse Tag ist Saturday (Samstag), welches ursprünglich als Saturns Tag gekannt wurde.

Massaker in Yassin

In den frühen Stunden des 19. April massakrieren 132 jüdische Terroristen von der *Irgun Gang*, angeführt vom israelischen Premierminister Menachem Begin, sowie die *Stern Gang*, angeführt vom zukünftigen Premierminister Yitzhak Shamir, brutal 200 Männer, Frauen und Kinder, als sie friedvoll in dem arabischen Dorf Deir Yassin schlafen.

In einem Versuch, außenstehende Beobachter davon abzuhalten, die Brutalität ihrer Kriegsverbrechen zu entdecken, versuchen sie, einige der Toten zu verbrennen, aber als sich dies als unzufriedenstellend erweist, verstecken sie einige Körper in einem Brunnen, um sie vor den Repräsentanten des Roten Kreuzes zu verstecken, welche am nächsten Tag auf der Szene erscheinen und welche daraufhin der Welt diese Geschichte erzählen.

In der Tat können Berichte von Überlebenden in dem „Report of the Criminal Investigation Division (Bericht der Division für kriminelle Investigation)" gefunden werden, ein Dokument der palästinischen Regierung mit der Kennzeichnung No. 179/110/17/GS, datiert 13., 15. und 16. April 1948, in welchem der britische untersuchende Offizier, Assistant Inspector General Richard Catling aussagt:

„Die Aufzeichnung von Aussagen wird auch durch die hysterischen Stadien der Frauen behindert, welche oft zusammenbrechen, während die Aussage aufgenommen wird. Es bestehen jedoch keine Zweifel, dass viele sexuelle Gräueltaten durch die attackierenden Juden ausgeführt wurden. Viele junge Schulmädchen wurden

153

vergewaltigt, und später abgeschlachtet. Auch alte Frauen wurden sexuell missbraucht.

Eine Geschichte betrifft einen Fall, in dem ein junges Mädchen wörtlich im Schlepptau gezogen wurde. Viele Kinder wurden abgeschlachtet und ermordet.

Ich sah eine alte Frau, welche ihr Alter als 104 angab, welche ernsthaft an den Kopf mit Gewehrkolben geschlagen wurde. Es wurden Frauen die Schmuckanhänge von ihren Armen, und Ringe von ihren Fingern abgerissen, und Teile von den Ohren von Frauen wurden beschädigt, als Ohrringe abgerissen wurden."

Als Resultat dessen verabscheuen die Juden das Rote Kreuz, was den Grund dafür gibt, dass sie ihren Zugang zu jeglichem Gebiet, in welchem sie sich im Konflikt befinden, von da an für so lange wie möglich blockieren, um ihnen Zeit zu geben, die Beweise ihrer kriminellen Aktivitäten wegzuschaffen.

Transfer Palästinas in einen unabhängigen jüdischen Staat und einen unabhängigen arabischen Staat durch die United Nations am 15. Mai 1948

Dem Transfer Palästinas zu einem unabhängigen jüdischen Staat und einen unabhängigen arabischen Staat durch die United Nations am 15. Mai folgend, lancieren die Israeliten einen weiteren militärischen Anschlag auf die Araber (heute als Palästinenser bekannt) mit dröhnenden Lautsprechern auf Lastwagen, welche die Araber darüber informieren, dass sie abgeschlachtet werden würden, falls sie nicht sofort fliehen sollten.

800.000 Araber, welche die Erinnerung an das gerade geschehene Massaker von Deir Yassin in sich tragen, fliehen in Panik. Sie bitten ihre nachbarlichen arabisch-en Staaten um Hilfe, aber diese Staaten wollen sich nicht einmischen, da sie nicht über die militärische Macht der Israelis verfügen, wel-

che sich die neueste militärische Hardware vom jüdischen Regime in Russland haben liefern lassen.

Dieser Serie von jüdischen Kriegsverbrechen des Völkermordes folgend kontrollieren die Juden nun 78 % des früheren Palästinas im Gegensatz zu den 57 %, welche ihnen schon illegal durch die jüdisch kontrollierten United Nations gegeben wurden.

Die Araber, viele von ihnen Christen, werden nie Kompensation für ihr Zuhause, Besitz und Geschäfte erhalten. die ihnen in diesem Völkermord gestohlen wurden und als Resultat enden diese Menschen in den Slums der Flüchtlingslager mit Städten von Zelten.

Darüber hinaus lassen mindestens die Hälfte der Araber, in einem desperaten Versuch, zu fliehen, ihre Geburtszertifikate zurück. Der Staat Israel erlässt daraufhin ein Gesetz, welches bestimmt, dass nur jenen Araber, welche ihre Bürgerschaft beweisen können, erlaubt wird, auf ihr Land zurückzukehren, nun als Israel bezeichnet, was bedeutete dass 400.000 Araber nicht zurückkommen konnten und all den Besitz verloren, den sie dort gehabt hatten.

Ashkenazim-Jude David Ben-Gurion, einer der Gründungsväter des Staates Israel und ihr erster Premierminister, beschreibt eifrig die zionistischen Ziele in seinem

Tagebucheintrag vom 21. Mai wie folgt:

> *„Die Achillesferse der arabischen Koalition ist der Libanon. Muslimische Überlegenheit in diesem Land ist künstlich und kann leicht umgestürzt werden. Ein christlicher Staat sollte dort aufgebaut werden, mit dem Fluss Litani als der südlichen Grenze.*
> *Wir würden einen Pakt als Alliierte mit diesem Staat unterzeichnen. Dadurch, wenn wir die Stärke der arabischen Legion gebrochen haben und Amman bombardiert haben, könnten wir Trans-Jordan auslöschen, nachdem Syrien fällt. Und falls Ägypten sich getrauen würde, gegen uns Krieg zu führen, würden wir Port Said, Alexandria und Kairo bombardieren.*
> *Wir sollten damit diesen Krieg beenden können, und hätten es damit Ägypten, Assyrien und Chaldea im Auftrage unserer Vorfahren heimgezahlt."*

Memo von Commander Anton Müller und zweitem Befehlshaber Emil Lachout: Keine Menschen durch Giftgas umgebracht

1949: Am 3. Februar berichtet *Cholly Knickerbocker* in der News-Kolumne der Hearst Press, welche in dem N.Y. Journal-American veröffentlicht wird, über den Rothschild Jacob Schiff:

> *„Es wird heute geschätzt, dass Jacobs Enkel, John Schiff, prominentes Mitglied der New Yorker Society, als alter Mann $ 20.000.000 für den Endsieg des Bolschewismus in Russland versenkte."*

Rothschilds finanzieren Mao Tse Tung, Gründung der Volksrepublik China

Am 1. Oktober ruft Mao Tse Tsung die Gründung der Volksrepublik China im Tiananmen Square in Beijing aus. Er wird von Rothschild finanziert und kreierte den Kommunismus in Russland und ließ ihn durch folgende Rothschild-Agenten ausführen: Solomon Adler, ein früherer Schatzbeauftragter der United States, welcher ein russischer Spion war; Israel Epstein, der Sohn eines jüdischen Bolschewiken, welcher vom Zar in Russland eingesperrt wurde für den Versuch, dort eine Revolution anzuzetteln; und Frank Coe, ein führender Beamter des *IMF*, welcher sich im Rothschild-Besitz befindet.

Am 16. Dezember wird der israelische Premierminister David Ben-Gurion im Jewish Chronicle mit folgender Aussage zitiert:

„Jerusalem ist nicht die Hauptstadt von Israel und weltweitem Judentum; es hat Aspirationen, zum spirituellen Zentrum der Welt zu werden."

1950: Zahlenwerke machen deutlich, dass jede Nation, die am 2. Weltkrieg beteiligt war, wie es von den Rothschilds geplant war, ihre Schulden vervielfachte, was sie weiter und weiter unter jüdische Kontrolle brachte.

Zwischen 1940 und 1950 entwickelten sich die Schulden der United States Federal Debt von 43 Milliarden Dollar auf 257 Milliarden Dollar, eine Zunahme von 598 %. Während derselben Zeit steigern sich die Schulden der Japaner um 1348 %, die von Frankreich um 583 %, und die kanadischen Schulden steigen um 417%.

James Paul Warburg erschien vor dem Senat am 7. Februar und behauptete arrogant:

Banker J. P. Warburg:

„Wir werden die Weltregierung innehaben, ob wir das mögen oder nicht. Die einzige Frage ist, ob die Weltregierung freiwillig oder durch Eroberung zu erreichen ist."

Somit beginnen die Rothschilds ihre Arbeit an einem Plan für eine globale Regierung, welche mit einem Plan der drei Schritte beginnt, das ökonomische System der gesamten Welt zu zentralisieren. Diese Schritte sind:

1. Dominierung der nationalen Wirtschaft durch Zentralbanken weltweit.
2. Zentralisierte regionale Ökonomien durch Superstaaten wie die Europäische Union und regionale Handelsunionen wie die NAFTA.
3. Zentralisierung der Weltwirtschaft durch eine Weltbank, eine Weltwährung und die Beendung der nationalen Unabhängigkeit durch die Abschaffung aller Handelsvereinbarungen durch solche Vereinbarungen wie das General Agreement on Tariffs and Trade (GATT).

Israel erlässt ihr Gesetz der Rückkehr, welches jeder Person zu einer jüdischen Mutter geboren, das Recht gibt, in Israel zu wohnen, jedoch den Palästinensern, welche dort für 1300 Jahre gelebt haben, wird dieses Recht entzogen.

John Davitt, der frühere Leiter der internen Sicherheitsabteilung innerhalb des Justizministeriums bemerkt, dass die israelischen Geheimdienstagenturen die zweitaktivsten nach den sowjetischen Geheimdiensten in den Vereinigten Staaten sind. Sie werden natürlich beide von den Juden kontrolliert.

Gründung der Geheimdienstorganisation Mossad, Motto: „Durch Täuschung sollt ihr Kriege führen"

1951: Am 1. April wird die israelische Geheimdienstagentur Mossad, welche noch die ganze Welt terrorisieren wird, gegründet. Der Mossad übernimmt bald die Kontrolle über ihren amerikanischen Zweig, die Anti-Defamation League (ADL). Das Täuscher-Motto des Mossad ist wahrscheinlich das beunruhigendste Geheimdienst-Motto der ganzen Welt.

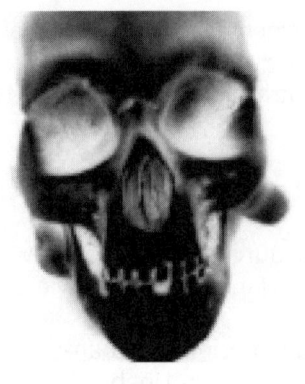

Ringwurm-Kinder

1952: Der Israelische Premierminister David Ben-Gurion beaufsichtigt ein Projekt, in welchem eine Generation von sephardischen Juden in Israel von ihren Ashkenzi-Gegenspielern in der Schule ausgerottet werden, und deswegen werden dieses sephardischen Kinder, um bei den Eltern keinen Verdacht zu wecken, auf „Schulausflüge" genommen. Auf diesen angeblichen „Schülerreisen" werden sie einer radioaktiven Behandlung ausgesetzt, die vorgeblich für eine Ringwurm-Pilzinfektion sein soll.

Zu jener Zeit war die zugelassene Röntgenbestrahlung 0.5 rad, diese Kinder wurden jedoch 350 rad direkt an ihren Köpfen ausgesetzt. Als Resultat dessen sterben kurz danach 6000 Kinder, und jene, die übrigbleiben, erleiden schwere Krankheiten wie Krebs, Epilepsie und Psychosen. Jene sind heute immer noch am Leben, und viele ihrer Kinder und Enkel sind mit genetischen Krankheiten und bösartigen Tumoren geplagt.

Dies ist ein Versuch, einen Massenmord an den sephardischen Juden, welche die Unterklasse in Israel darstellen und von manchen Ashkenazim-Juden sogar als „Nigger" bezeichnet werden, auszuüben.

Am 23. April macht der Kongressabgeordnete John Rankin während einer Debatte über Immigrationsgesetze das folgendes Statement vor dem Haus über das Thema Juden, welches im Congressional Report aufgezeichnet wird:

> *„Sie jammern über Diskriminierung. Wissen Sie, gegen wen hier diskriminiert wird? Gegen die weißen christlichen Bürger von Amerika, jene, welche diese Nation gegründet haben... Dieser*

Kommunismus ist rassistisch. Eine Minderheitsrasse hat Kontrolle über Russland und ihre Satellitenländer, wie Polen, die Tschechoslowakei, und viele andere Länder, die ich nennen könnte, erreicht.

Sie wurden praktisch aus jedem Land in Europa in den vergangenen Jahren vertrieben, und wenn sie weiterhin rassistischen Ärger machen, und ihr kommunistisches Programm auch auf die Christen in Amerika aufzwingen werden, wird man nicht sagen können, was mit ihnen hier geschehen wird.“

1953: Dwight Eisenhower, welcher in dem Jahrbuch der graduierenden Klasse von 1915 von der *West Point Military Academy* als „furchtbarer schwedischer Jude“ bezeichnet wird, wird zum Präsidenten der Vereinigten Staaten gewählt.

Am 19. Juni werden Julius und Ethel Rosenberg in Amerika für Spionagetätigkeit exekutiert. Sie wurden geschnappt, wie sie Geheimnisse betreffend der Herstellung von Atombomben an die Sowjetunion weitergeben, ein Land mit welchem sie viel gemeinsam haben, da sie an einem Treffen der „Young Communist League“ in Amerika teilnehmen, welches natürlich ebenfalls jüdisch ist.

N. M. Rothschild & Sons gründen die British Newfoundland Corporation Limited, um 60.000 Quadratmeilen an Land in Neufundland, Kanada, zu entwickeln, welches ein Kraftwerk beherbergt, das die Energie des Hamilton-(später Churchill umbenannten)-Flusses nützt. Zu jener Zeit war dies das größte Bauprojekt, das je von einer privaten Firma unternommen wurde.

Die Lavon-Affäre

1954: Der Lavon-Skandal: Israelische Agenten rekrutieren ägyptische Bürger mit jüdischer Herkunft, um westliche Ziele in Ägypten zu bombardieren, und Beweise zu pflanzen, in einem offensichtlichen Versuch, amerikanisch-ägyptische Beziehungen zu erschüttern. Der israelische Verteidigungsminister Pinhas Lavon, ein Ashkenazim-Jude, wird letztendlich von seinem Amt entlassen, obwohl viele denken, dass die wahre Verantwortung bei David Ben-Gurion liegt.

Dies ist der erste bekannte Versuch, in dem Juden, welche wie Araber aussehen, von Juden benutzt werden, um terroristische Attacken auszuführen, um dann die Attacken auf die Araber zu schieben. Es ist ein Beispiel, wie ihr Service-Motto „Durch Täuschung sollt ihr Kriege führen" in der Praxis aussieht.

Ein verborgenes Mikrophon, eingeschleust durch die Israeliten, wird im Büro des Botschafters der Vereinigten Staaten in Tel Aviv gefunden.

Bilderberg Gruppe

In Holland trifft sich die Bilderberg Gruppe das erste Mal im Bilderberg Hotel in Arnheim. Die Bilderberg-Gruppe ist eine von Rothschild gegründete internationale Organisation von ungefähr 100-200 einflussreichen Leuten, zumeist Politikern und Geschäftsleuten, welche sich jährlich treffen, um im Geheimen das Geheiß der jüdischen Weltmacht hinter den Szenen abzuholen. Reguläre Mitglieder dieser Meetings

verkünden die zukünftigen globalen Richtlinien, welche die Delegierten zurück an ihre Regierung berichten, welche diese Richtlinien ausführen wird.

Die Bilderberg-Meetings werden auch dazu gehalten, die potentiellen Führer zu begutachten, was durch Rothschild, David Rockefeller und jüdische Frontmänner wie Henry Kissinger, geschieht, um zu entscheiden, ob sie jene als Führer des betreffenden Landes belassen sollen oder nicht.

Zum Beispiel: Bill Clinton war dort in 1991; Tony Blair nahm in 1993 teil; und Angela Merkel war dort in 2005. Auch Nieten, welche die Bilderberger-Audition nicht meistern, sind dort zu finden, wie der ehemalige Schatzkanzler und derzeitige Premier Gordon Brown, und der frühere Führer der konservativen Partei, William Hague, sie waren 1991 und 1998 dort.

1955: Die israelische Regierung trägt klammheimlich terroristische Bombennanschläge an einer Anzahl von amerikanischen Fakultäten in Kairo aus, mit dem Ziel, die Amerikaner glauben zu lassen, dass die Ägypter dafür verantwortlich seien, und dem Ziel, die Beziehungen zwischen den Vereinigten Staaten und Ägypten zu zerstören.

Edmond de Rothschild gründet die Compagnie Financiere in Paris.

1956: Am 28. Oktober sagt Menachem Begin, der die berüchtigten Deir Yassin Massakern ausführen ließ, und später zum Premierminister von Israel wird, an einer Konferenz in Tel Aviv:

„Ihr Israelis, ihr hättet nie nachsichtig werden dürfen, wenn ihr euren Feind umbringt. Ihr sollt kein Mitleid mit ihnen haben, bis wir ihre so genannte arabische Kultur zerstört haben, auf deren Ruinen wir unsere eigene Zivilisation bilden werden."

Abhörwanzen werden in zwei Telefonen im Wohnbereich des US-Militarattachés in Tel Aviv gefunden.

1957: Während einer gemeinsamen britischen, israelischen und französischen Invasion des Suezkanals kommandiert Ariel Sharon Einheiten, welche ägyptische Kriegsgefangene sowie zivile sudanesische Arbeiter umbringen lässt, welche die Juden gefangen hatten. Eine Gesamtzahl von 273 unbewaffneten Gefangenen werden exekutiert und in Massengräber gekippt. Diese Geschichte wird fast 40 Jahre lang unterdrückt, bis sie in der Ausgabe vom 16. August 1995 im *London Daily Telegraph* auftaucht.

James de Rothschild stirbt, und es wird (in den Rothschild kontrollierten Medien) berichtet, daß er dem Staat Israel eine grosse Geldsumme hinterlässt, um den Bau des Parlamentsgebäudes, der Knesset, zu bezahlen. Er bestimmt, dass die Knesset

„...in den Augen aller Männer ein Symbol der Permanenz des Staates Israel zeigen soll."

Auf Seite 219 seines Buches *„Tales of the British Aristocracy"* beschreibt L. G. Pine, der Editor des „Burke's Peerage (Burkes Adelsgeschichte)", dass die Juden

> *„...sich so mit dem britischen Adel verbunden haben, dass es unwahrscheinlich ist, dass Verluste nicht beide Seiten treffen werden. So eng verbunden sind die Juden und die Lords, dass ein Hieb gegen die Juden in diesem Land nicht möglich sein wird, ohne die Aristokratie ebenfalls zu verletzen."*

Maurice de Rothschild stirbt in Paris.

1959: Im Februar erklärt sich Fidel Castro, ein Krypto-Jude, zum Premierminister von Kuba, nachdem er dort eine kommunistische Revolution anführte.

1960: In seinem Buch „Impact - Essays on Ignorance and the Decline of American Civilization (Anschlag – Essays über die Unwissenheit und den

Niedergang der amerikanischen Zivilisation)" veröffentlicht in diesem Jahr, schreibt Ezra Pound

"Ein Land, das sich nicht selbst verschulden wird, treibt die Zinswucherer zur Tollwut."

Das Gebet wird an amerikanischen öffentlichen Schulen verboten

1962: Am 25. Juni wird das Gebet einer Entscheidung des Supreme Court folgend an den amerikanischen öffentlichen Schulen verboten. Diese Gerichtsentscheidung basierte auf dem von dem New Yorker Juden Engel vorgebrachten Fall Engel vs. Vitale. Der Senator Robert Byrd, ein Demokrat von West Virginia, erklärt seine Entscheidung:

> *"Kann es sein, dass auch wir bereit sind, das faule Konzept des Atheismus zu umarmen? Jemand sabotiert die amerikanische Seele, ich überlasse es euch, zu sagen, wer derjenige ist."*

Die Bank *de Rothschild Frères* etabliert Imétal als Dachorganisation für alle ihre Mineralbergbau-Interessen.

Frederic Morton: Rothschilds veröffentlichen keinerlei Berichte über ihre finanzielle Kondition

Frederic Morton veröffentlicht sein Buch, „The Rothschilds," in welchem er schreibt,

> *"Obwohl ihnen eine große Anzahl von industriellen, kommerziellen, Bergbau- und touristischen Organisationen gehören, trägt keine einzige den Namen Rothschild. Da sie private Teilhaber sind, muss das Familienhaus nie eine auch nur eine ein-*

zige Bilanz oder jeglichen anderen Bericht über ihre finanzielle Kondition veröffentlichen und sie tun dies auch nie."

1963: Am 4. Juni unterzeichnet Präsident John F. Kennedy (der 35. Präsident der Vereinigten Staaten von 1961 – 1963) die Executive Order 11110, welche der Regierung der Vereinigten Staaten das Recht zurückgibt, Währung zu emittieren, ohne dass es durch die von Rothschild kontrollierte Federal Reserve gehen muss.

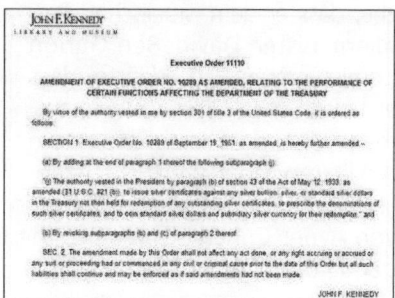

Ermordung von John F. Kennedy

Weniger als 6 Monate später am 22. November wird Präsident Kennedy von den Rothschilds ermordet. Die Gründe sind dieselben wie für die Ermordung von Präsident Abraham Lincoln in 1865, als jener amerikanisches Geld für Amerikaner anstatt für den Profit einer geldraffenden, kriegstreibenden ausländischen Elite drucken wollte.

Diese Exekutive Order 11110 wird tatsächlich von Präsident Lyndon Baines Johnson, einem angeblichen Krypto-Juden (der 36. Präsident der Vereinigten Staaten 1963 bis 1969), in einer der ersten Handlungen, welche er als Präsident der Vereinigten Staaten ausführt, annulliert.

Ein weiterer und wahrscheinlich der primäre Grund, für Kennedys Ermordung ist jedoch die Tatsache, dass er dem israelischen Premierminister David Ben-Gurion unmissverständlich erklärte, dass er unter keinen Umständen zustimmen wird, dass Israel zu einem nuklearen Staat wird. Die israelische Zeitung Ha'aretz schreibt in einer Buchbesprechung über das Buch von Avner Cohen „Israel and the Bomb (Israel und die Bombe)" das Folgende über dieses Thema:

> *„Die Ermordung des amerikanischen Präsidenten John F. Kennedy brachte den massiven Druck zu einem Ende, welcher von der U.S. Regierung auf die israelische Regierung ausgeübt wurde, dass Israel sein nukleares Programm beenden solle... Dieses Buch kommt zu der Überzeugung, dass es zweifelhaft wäre, dass Israel heute eine nukleare Option hätte, wenn Kennedy am Leben geblieben wäre."*

Als interessanter Punkt sollte hervorgehoben werden, dass Kennedys Frau, Jackie Kennedy, jüdisch war. Dies wird aufgedeckt von Gore Vidal in seiner Autobiographie „Palimpsest – A Memoir". Es zeigt sich, dass Vidals Schwiegervater, Hugh Auchincloss, daraufhin Jackie Kennedys Mutter, Janet Bouvier, heiratete. Diese Geschichte wurde ebenfalls in der New York Times am 9. November 1995 aufgedeckt.

Und für jene von uns, welche Oliver Stones Film „JFK" ansahen, welcher zu einer anderen Schlussfolgerung in Bezug auf die Gründe von Kennedys Ermordung kam, mag es wichtig sein, zu wissen, dass Oliver Stone jüdisch ist.

Letztendlich gibt es auch Spekulationen, dass die Kennedy-Familie in der Tat eine jüdische Familie war, deren Vorfahren sich einige Generationen zuvor in Irland niederließen, obwohl dies nicht bestätigt ist.

 Edmond de Rothschild etabliert die *La Compagnie Financière Edmond de Rothschild (LCF)* in der Schweiz als ein Venture Capital House. Dies entwickelt sich später zu einer Investmentbank und Vermögensverwaltungsfirma mit vielen Zweiggesellschaften. Er heiratet auch seine Frau Nadine und sie haben einen Sohn, Benjamin de Rothschild.

Das Kommunistisches Manifest

Am 10. Januar diesen Jahres werden die 45 Ziele des Kommunistischen Manifests im Kongress der Vereinigten Staaten durch A. S. Herlong Jr. von Florida aufgerufen und werden daher im Bericht des Kongresses jenes Tages aufgezählt. Folgend wird diese Liste aufgeführt, deren Studium heute wichtig ist als eine Hilfe, zu entscheiden, ob wir in einer „Demokratie", einer „Republik" oder unter dem „Kommunismus" leben, welcher, natürlich, die Kontrolle der Massen für die jüdischen Interessen darstellt.

1. U.S. Akzeptanz der Koexistenz als einzige Alternative zu einem Atomkrieg.
2. Die Bereitschaft der US zu kapitulieren als Präferenz zu einer Teilnahme an einem nuklearen Krieg.
3. Entwicklung der Illusion, dass völlige Entwaffnung durch die Vereinigten Staaten eine Demonstration moralischer Stärke bedeutet.
4. Lasse freien Handel zwischen allen Nationen zu, unbeachtet ihrer kommunistischen Verbindungen oder dessen, ob diese Waffen für Krieg benutzt werden sollen oder nicht.
5. Ausweitung von langfristigen Darlehen an Russland und sowjetische Satellitenstaaten.
6. Amerikanische Hilfeleistungen an alle Nationen, unabhängig davon ob sie kommunistisch regiert werden.
7. Anerkennung des Roten China. Zulassung des Roten Chinas zur UN.
8. Die Schaffung von Ost- und Westdeutschland als separate Staaten trotz des Versprechens von Chruschtschow in 1955, die Deutsche Frage durch freie Wahlen unter Aufsicht der UN zu lösen.

9. Verlängerung der Konferenzen, atomare Tests zu bannen, da die Vereinigten Staaten eingewilligt haben, diese Tests zu suspendieren, solange die Verhandlungen im Gange sind.

10. Erlaubnis für alle sowjetischen Satellitenstaaten, individuelle Repräsentation in der UNO zu erhalten.

11. Promotion der UNO als die einzige Hoffnung für die Menschheit. Wenn ihre *Charta* neu geschrieben wird, soll sie als eine Eine-Welt-Regierung mit unabhängigen bewaffneten Streitkräften aufgesetzt werden.

12. Widerstehe jeglichem Versuch, die Kommunistische Partei zu verbieten.

13. Alle Loyalitätsschwüre sollen abgebaut werden.

14. Russland soll weiterhin Zugang zum U.S. Patent Office gegeben werden.

15. Nehme eine oder beide politische Parteien der Vereinigten Staaten gefangen.

16. Gebrauche die technischen Entscheidungen der Gerichte dazu, amerikanische Institutionen zu schwächen durch die Behauptung, dass ihre Aktivitäten zivile Rechte verletzen.

17. Kontrolle der Schulen muss erreicht werden. Sie sollen als Transmissionsgürtel für Sozialismus und gegenwärtige kommunistische Propaganda verwendet werden. Schwächt das Curriculum. Es soll Kontrolle über die Verbände der Lehrer erreicht werden. Die Richtlinien der Partei sollen in Textbüchern abgedruckt werden.

18. Erlangt Kontrolle über alle studentischen Zeitungen.

19. Gebraucht Studentenrevolten, um öffentlichen Protest gegen die Programme und Organisationen anzuheizen, welche unter kommunistischer Attacke stehen.

20. Infiltriert die Presse. Erreicht die Kontrolle von Buchaufsichtsprogrammen, editorischem Journalismus und gesetzerlassenden Positionen.

21. Erlangt die Kontrolle von Schlüsselpositionen im Radio, Fernsehen und in der Filmindustrie.

22. Schreitet fort, die Amerikanische Kultur zu diskreditieren, indem ihr alle Formen künstlerischen Ausdrucks degradiert. Einer amerikanischen kommunistischen Zelle wurde befohlen, alle guten Skulpturen von Parks und Gebäuden zu eliminieren, um sie mit formlosen, seltsamen und bedeutungslosen Formen zu ersetzen.

23. Kontrolliert Kunstkritiker und Direktoren der Kunstmuseen. „Unser Plan ist es, hässliche, abstoßende und bedeutungslose Kunst zu fördern."

24. Eliminiert alle Gesetze, welche Obszönität kontrollieren, indem ihr sie als „Zensur" bezeichnet und dass sie eine Verletzung des Rechts auf freie Meinungsäußerung und freie Presse darstellten.

25. Brecht die kulturellen Standards der Moral, indem ihr Pornographie und Obszönität in Büchern fördert, sowie in Magazinen, Filmen, Radio und Fernsehen.

26. Präsentiert die Homosexualität, die Entartung und Promiskuität als „normal, natürlich und gesund."

27. Infiltriert die Kirchen und ersetzt die Religionen mit einer sozialen Religion. Diskreditiert die Bibel und unterstreicht den Wert von intellektueller Reife, welche keine „religiöse Krücke" braucht.

28. Eliminiert das Gebet oder jegliche Art von religiösem Ausdruck in den Schulen mit dem Grund, dass es das Prinzip der „Trennung von Kirche und Staat" verletze.

29. Diskreditiert die amerikanische Konstitution, indem ihr sie als inadäquat und altmodisch bezeichnet, nicht im Schritt mit den modernen Bedürfnissen, und eine Behinderung der Zusammenarbeit zwischen Nationen auf weltweiter Basis.

30. Diskreditiert die amerikanischen Gründungsväter. Präsentiert sie als egoistische Aristokraten, welche sich nicht um den „gemeinen Mann" sorgten.

31. Setzt alle Formen amerikanischer Kultur herab und entmutigt das Lehren der amerikanischen Geschichte mit dem Grund, dass es nur ein kleinerer Teil des „Big Picture (des Grossen Bildes)" sei. Legt mehr Bedeutung auf die russische Geschichte, seitdem die Kommunisten die Regierung übernahmen.

32. Unterstützt alle sozialistischen Bewegungen, um zentralisierte Kontrolle über alle Teile der Kultur, Erziehung, Sozialagenturen, Wohlfahrtsprogramme, Irrenanstalten, etc. zu erreichen.

33. Eliminiert alle Gesetze und Prozeduren, welche störend auf die Operation des kommunistischen Apparats eingreifen.

34. Eliminiert das Komitee für unamerikanische Aktivitäten.

35. Diskreditiert den FBI und löst ihn auf.

36. Infiltriert und erlangt Kontrolle über mehr Gewerkschaften.
37. Infiltriert und erlangt Kontrolle über das Big Business.
38. Transferiert einen Teil der Macht zur Verhaftung von der Polizei an soziale Agenturen. Behandelt alle Verhaltensstörungen als psych-ische Störungen, welche kein Psychiater verstehen (oder behandeln) kann.
39. Dominiert den psychiatrischen Beruf und benutzt die Rechtsvor-schriften zur psychischen Gesundheit als Mittel, um einschrän-kende Kontrolle über jene zu erlangen, welche sich den kom-munistischen Zielen entgegenstellen.
40. Diskreditiert die Familie als Institution. Fördert die sexuelle Freizü-gigkeit und leichte Scheidung.
41. Betont die Notwendigkeit, Kinder abseits von negativen Einflüs-sen der Eltern aufzuziehen. Schiebt es auf einen unterdrückenden Einfluss der Eltern, wenn Vorurteile, mentale Blocks und geistige Zurückgebliebenheit vorkommen.
42. Schafft den Eindruck, dass Gewalt und Revolten einen legitimen Aspekt der amerikanischen Tradition darstellten; dass Studenten und spezielle Interessengruppen aufstehen sollten, um ihre ver-einte Kraft zu nutzen, um ökonomische, politische und soziale Probleme zu lösen.
43. Stürzt alle kolonialen Regierungen, bevor ihre native Bevölke-rung zur Selbstregierung fähig ist.
44. Internationalisiert den Panama Kanal.
45. Erklärt die Connally Reservation für ungültig, sodass die Vereinig-ten Staaten den Weltgerichtshof nicht davon abhalten können, die Gerichtssprechung über inländische Probleme zu erreichen. Gebt dem Weltgerichtshof Rechtsprechung über Nationen sowie über Individuelle Personen.

1965: Israel bezieht illegal angereichertes Uranium von der NUMEC (Nuclear Materials and Equipment Corporation).

Aufgrund von Spannungen zwischen verschiedenen Rassen in Britannien wird der Race Relations Act von

1965 durch den russischen Juden *Attorney General* Frank Soskice in das Parlament eingeführt

Die Einführung von verschiedenen Rassen in Länder ist die effektivste Art der Kriegsführung gegen die westliche Welt, und ist als „Silent War (Stiller Krieg)" bekannt, welcher an verschieden Orten zu verschiedenen Zeiten in diesem Jahrhundert stattgefunden hat, vor allem in den Vereinigten Staaten und dem Vereinigten Königreich.

Talmud und Weltregierung

Dies wird generell unter dem Vorwand ausgeführt, dass andere Rassen gebraucht werden würden, um den Arbeitsmarkt in diesem Land zu füllen (obwohl die Juden natürlich Afrikaner nach Amerika brachten, um sie als Sklaven zu verkaufen) während die Regierung des Landes nie gefragt wird, ob sie Immigration in ihr Land möchte.

1. In Übereinstimmung mit ihrem heiligsten Buch, dem Talmud, sehen die Juden die Weltpopulation als aus Juden und Nicht-Juden (welche auch als Goyim, Goy, und Gentiles bezeichnet werden) bestehend. Das einzig mögliche Endresultat der Immigration ist die Zerstörung aller Rassen, da sie sich untereinander fortpflanzen werden, um eine einzige Rasse zu bilden. Diese Rasse werden die Nicht-Juden sein.

2. Die Juden wollten schon immer eine Weltregierung, welche sie, welche Koinzidenz, auch kontrollieren werden. Durch die Vermischung all dieser Rassen in all den verschiedenen Ländern werden sie argumentieren können, dass jedes Land in der Welt nun aus mehreren Rassen sich zusammenstellt. Nationale Grenzen werden somit überflüssig, und sollten mit einer einzigen Weltregierung ersetzt werden.

Die sofortige Eingliederung von ausländischen Menschen im neuen Land als gleichwertige Staatsbürger eliminiert die Bedrohung, dass die ansässigen Menschen als eine zusammenhängende einige Kraft handeln werden. Deswegen, weil die verschiedene Kulturen und Gebräuche beider Völker schwierig für beide Seiten zu akzeptieren sein werden. Während diese zwei Gruppen von Völkerschaften damit beschäftigt sind, dieses Problem zu meistern, haben die Juden den Vorteil, unsichtbar ihre Pläne zu verwirklichen, ohne gefragt zu werden.

Sie scheinen ihre Rasse nur zu nennen, wenn sie von den grossen Vorteilen der Diversität sprechen, und jeder, der ihnen nicht zustimmt, muss entweder ein „Rassist", oder ein „Hasser" sein. Jedoch wird ihr Plan, den sie fördern, in der ethnischen Säuberung von spezifischen Rassentypen resultieren, welche auf dem Planeten seit Tausenden von Jahren existieren, was sie nicht als rassistisch oder hasserfüllt betrachten.

Interessanterweise werden all die sich im jüdischen Besitz befindenden Medien die Diversität (Vielfalt) und die political-correctness (politische Korrektheit) fördern, während zur selben Zeit der Apartheid-Staat Israel gefördert wird, der einzige Staat in der Welt, bei dem man Mitglied einer bestimmten Rasse sein muss, um zu immigrieren. Ja, man muss biologisch ein Jude sein, um dorthin einwandern zu können, und es ist für Juden verboten, einen Nichtjuden zu heiraten.

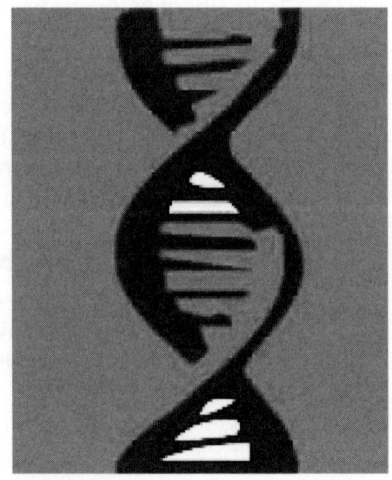

USS Liberty

1967: Die Behandlung der Palästinenser durch die Juden entzündet schließlich genug Ärger in der arabischen Welt, bis Ägypten, Jordanien und Syrien an den Grenzen von Israel aufmarschieren. Alle diese drei Länder werden auf einmal von Israel angegriffen und als Resultat wird Sinai, welches Gaza mit einbezieht, von Ägypten gestohlen sowie die West Bank und der Jordan Fluss von Jordanien.

Als Resultat dessen starten die Israelis am 8. Juni mit israelischer Flugmacht, und Motortorpedobooten eine Attacke auf die USS Liberty, und versuchen, Ägypten für die Attacke verantwortlich zu machen, um Amerika in den Krieg auf ihrer Seite einzubringen, damit folgen sie natürlich ihrem Mossad-Täuschungs-Motto bis auf den Buchstaben.

Als Ergebnis ihrer Attacke vom 8. Juni werden 34 Amerikanische Soldaten getötet und 174 verwundet. Die Israeliten lügen wie gewöhnlich, und behaupten, dass sie dieses Kriegsschiff, welches eine große United States Flagge wehen hatte, für einen alten ausgedienten ägyptischen Pferdeträger El Quseir gehalten hätten, der auch noch 180 Fuß (ca. 60 Meter) kürzer ist.

Sie behaupten außerdem, dass das Schiff sich in einer Kriegszone aufgehalten hätte. Tatsache war jedoch, dass es sich in internationalen Wässern aufhielt, weit entfernt von jeglichem Camp. Die Attacke der Israelis auf dieses Kriegsschiff dauerte 75 Minuten, in denen unter anderem auf eine Flagge der United States geschossen wurde, was die

Matrosen dazu veranlasst, verzweifelt eine neue Flagge aufzuziehen. Die Israelis attackierten auch die Lebensrettungsboote, welche die Amerikaner aussetzten, mit Maschinengewehrfeuer, um sie von der Flucht abzuhalten, auch dies ist ein weiteres Kriegsverbrechen.

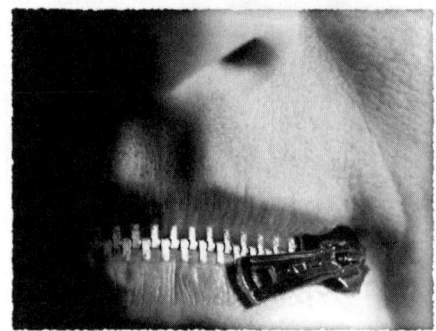

In den Nachwehen dieser Attacke werden die überlebenden amerikanischen Matrosen seitens des US Militärs gewarnt, diese Angelegenheit wegen Berührung nationaler Sicherheit mit niemandem zu diskutieren, ein Begriff der in schlichtem Englisch für „jüdische Sicherheit" steht.

Ein Marinetribunal wird gehalten, um den Vorfall zu überprüfen, aber es wird ihnen nicht erlaubt, zu untersuchen, ob diese Attacke vorsätzlich war, dieses Thema wird aus der Aufgabenstellung ausgeschlossen. Senatoren und Kongressmänner der Vereinigten Staaten werden gewarnt, dieses Thema nicht anzuschneiden aus Angst, Antisemitismus anzuzünden. Die Geschichte erhält natürlich auch keine Hervorhebung in den Rothschild kontrollierten Medien, und wie üblich wird Israel noch nicht einmal gerügt für ihre Verbrechen durch ihr unterwürfiges Land Amerika.

Golan Höhen

Am Tag nach der Attacke, am 9. Juni, besetzen die Israelis illegal die Golan Höhen, welche sie von Syrien nehmen. Diese Region wird daraufhin Israel mit einem Drittel ihres frischen Wassers versorgen.

Der Israelische General Matityahu Peled, wird in Ha'aretz (am 19. März 1972) mit dem folgenden Statement zitiert:

> *„Die These, dass die Gefahr des Genozids über uns im Juni 1967 hing, und dass Israel um seine physikalische Existenz kämpfte, ist nur Bluff, und wurde nach dem Krieg geboren und entwickelt."*

Die Bank *de Rothschild Frères* wird umbenannt zu *Banque Rothschild*.

1968: Noémie Halphen, die Frau von Maurice de Rothschild stirbt.

1970: Während er für den US-Senator Henry „Scoop" Jackson arbeitet, wird Ashkenazim-Jude Richard Perle vom *FBI* erwischt, wie er klassifizierte Informationen an Israel weiterleitet. Es wird nichts getan.

Der britische Premierminister Edward Heath macht Lord Victor Rothschild zum Kopf der Wirtschaftspolitik. Während er in dieser Rolle steht, tritt England der Europäischen Union bei, ein großer Schritt vorwärts zur Weltregierung.

Realität des Sozialismus: eine winzige oligarchische Clique

1971: In ihrem Buch „None Dare Call It Conspiracy (Niemand wagt es, es Verschwörung zu nennen)", schreiben Gary Allen und Larry Abraham:

> *„In der Realität des Sozialismus haben wir eine winzige oligarchische Clique an der Spitze, welche im Allgemeinen weniger als drei Prozent der gesamten Bevölkerung ausmacht, welche*

den gesamten Besitz, die gesamte Produktion und das reale Leben von den anderen 97 Prozent kontrolliert.

Sicherlich beobachten auch die Naivsten, dass Mr. Breschnew nicht wie einer der armen Farmer draußen auf der großen russischen Steppe lebt. Aber laut der sozialistischen Theorie sollte er genau dies tun!

Wenn man versteht, dass Sozialismus nicht ein Teilt-Euren-Reichtum Programm ist, sondern in Wirklichkeit eine Methode, den Reichtum der Welt zu konsolidieren und zu kontrollieren, dann löst sich das anscheinende Paradox der superreichen Männer, welche Sozialismus propagieren, zu keinem Paradox auf. Anstatt dessen wird es zu einem logischen, sogar perfekten Werkzeug von machthungrigen Megalomanen.

Kommunismus, oder akkurater gesagt, Sozialismus, ist nicht eine Bewegung der unterdrückten Massen, sondern ein Plan der ökonomischen Elite. Der Plan der konspirativen Insider ist es daher, die United States zu sozialisieren, nicht zu kommunisieren."

ADL: Jegliche Erwähnung der Rothschilds und ihrer Alliierten ist eine Attacke auf alle Juden

Gary Allen und Larry Abraham schreiben daraufhin weiter:

„Einen großer Grund für den historischen Blackout, was die Rolle der internationalen Bankiers in der politischen Geschichte betrifft, ist, dass die Rothschilds jüdisch sind... Die jüdischen Mitglieder der Konspiration haben eine Organisation, genannt ›Anti-Defamation League (ADL)‹, als ein Instrument eingesetzt, um zu versuchen, jeden davon zu überzeugen, dass jegliche Erwähnung der Rothschilds und ihrer Verbündeten eine Attacke auf alle Juden bedeutete.

In dieser Weise würgten sie fast alle ehrlichen Studien über die internationalen Bankiers ab, und machten das Thema innerhalb von Universitäten zum Tabu. Ein Individuum oder ein Buch, welches dieses Thema untersucht, wird sofort von Hunderten von ADL Gemeinschaften über das ganze Land verbreitet attackiert. Die ADL selber hat nie die Wahrheit oder Logik in ihre professionellen Bestechungen einfließen lassen... Tatsächlich hat niemand das Recht, wütender auf die Rothschild Clique zu sein als ihre Genossen die Juden... Das Rothschild Imperium half, Adolf Hitler zu finanzieren."

Der Schriftsteller Hank Messick veröffentlicht sein Buch „Lansky", eine Biographie des oberkriminellen jüdischen Verbrechers, Meyer Lansky. Es wird anfänglich mit dem folgenden Untertitel auf dem Cover gedruckt:

„Juden kontrollieren das Verbrechen in den United States."

Jedoch, sobald die *ADL* Wind davon bekommt, kontaktierten sie die Verleger, wie sie in ihrem Bulletin vom Oktober in diesem Jahr enthüllen, und als Resultat diesen Einflusses wird das Cover neu gedruckt mit dem folgenden Untertitel, welcher nun in jüdisches Englisch übersetzt lautete:

„The Mob runs America and Lansky runs the Mob. (Der Mob leitet Amerika und Lansky leitet den Mob).*"*

In dem Bericht des Kongresses vom 6. Dezember zitiert der Abgeordnete John R. Rarrick eine Rede von Senator Jack B. Tenney von Kalifornien, in welcher er das Folgende über die *Anti-Defamation-League (ADL)* sagt:

„Die ›CIA‹ und das ›FBI‹ sind Spielzeug verglichen mit der ›ADL‹...wir fangen an, etwas über die Größenordnung der Operationen der ›ADL‹ zu verstehen. Wir fangen an, das riesige Spionagenetzwerk abzuschätzen, welches über unsere

Nation und über die ganze Welt wuchert. Unsere Phantasie wird durch ihre offensichtliche Kontrolle aller Arten von Kommunikation überboten.

Ihre Geheimdienste spionieren die amerikanischen Bürger aus. Extensive Akten und Dossiers werden zusammengestellt über jene, mit denen sie nicht übereinstimmen. Durch ihre vielfältige Kontrolle der Kommunikationsmedien haben sie die Macht, einen Ruf zu zerstören und allen Aufruhr stillzulegen."

WHO-Pocken-Impfungen mit HIV/AIDS Viren versetzt

1972: Die *World Health Organization* (WHO) (Weltgesundheitsorganisation WHO) unternimmt ein massives Pockenimpfungsprogramm für Millionen von Afrikanern. Dieser Pockenimpfungsstoff ist mit HIV / AIDS Viren versetzt, sodass das von Rothschild unterstützte Populationsprogramm bei der schwarzen Bevölkerung beginnen konnte, welche in rapidem Masse wuchs.

1973: Ägypten, Jordanien, Syrien und Irak attackieren Israel, in einem Versuch, Land zurückzubekommen, das Israel von ihnen gestohlen hatte, inklusive den Golan Höhen, Gaza und der West Bank, und zwingen es, zurückzuweichen. Ihre anfänglichen Versuche der Verhandlungen mit Israel werden wiederholt mit Kriegslust beantwortet.

Da Israel vor der Niederlage steht, senden die jüdisch kontrollierten Vereinigten Staaten massive Mengen an militärischer Ausrüstung und Waffen auf Kosten der Steuerzahler, um die sich zurückziehenden israelischen Streitkräfte aufzupolstern. Dies verunsichert die arabischen palästinensischen Opfer des jüdisch-rassistischen Supremazismus (Herrschaft der überlegenen Rasse) aus Amerika.

Über all das noch hinaus versetzt die Regierung der Vereinigten Staaten ihre Armee, welche in Deutschland und im Fort Bragg in North Carolina stationiert sind, in Alarm, sodass sie nach Israel geschickt werden könnten, um dem jüdischen Militär in diesem Krieg zu helfen. Dies erweist sich als nicht notwendig, da die israelischen Streitkräfte als Sieger aus dem Krieg hervorgehen, aufgrund der massiven Infusionen militärischer Hilfe, welche ihnen durch die US-Regierung gegeben wurde, oder besser gesagt durch die amerikanischen Steuerzahler.

Am 15. April sagt der demokratische Senator von Arkansas, William Fulbright auf einer *CBS* Fernsehsendung in Bezug auf die jüdische Macht in Amerika:

„Die Vereinigten Staaten sind unterwürfig zu Israel... Israel kontrolliert den Senat... Dies wurde wieder und wieder demonstriert, und hat es schwierig gemacht für die Regierung."

Am 10. Oktober resigniert der Vize-Präsident der Vereinigten Staaten Spiro Agnew. Er wird der Erpressung in den Medien bezichtigt, aber der echte Grund für seine Beseitigung ist sein Wissen und seine Verachtung der jüdischen kommunistischen Mafia, welche die Kontrolle über die Vereinigten Staaten hat. Dieses zeigt sich in der folgenden Rede, welche er hielt:

„Die Leute, welche die national einwirkenden Medien (National Impact Media) *besitzen und lenken, sind jüdisch, und kreierten mit der Hilfe von anderen einflussreichen Juden eine desaströse US-Politik im Mittleren Osten. Alles was sie tun müssen, ist die wirklichen Politikmacher und Besitzer zu finden, und sie werden eine höhere Konzentration von jüdischen Leuten finden als sie jene in der Population finden werden.*

TIME

TimeWarner

The New York Times

Herald INTERNATIONAL Tribune

The Washington Post

Newsweek

⬤CBS

NBC

abc

Mit dem Begriff National Impact Media möchte ich auf große Nachrichtenagenturen, Meinungsforscher, Time und Newsweek Magazine, die New York Times, Washington Post, und die International Herald Tribune hinweisen. Folgende Netzwerke befinden sich alle in jüdischer Hand: Zum Beispiel ist Mr. (William) *Paley* von CBS jüdisch, Mr Julian Goodman leitet die NBC, und dann ist da Leonard Goldenson bei ABC. Mrs. Katherine Graham gehört die Washington Post und Mr. Sulzberger die New York Times. Sie sind alle Juden!

Gehen Sie weiter in dieser Richtung in dieser Art… nicht nur mit dem Besitz sondern auch mit den Managerposten und den diskreten Posten… und Sie werden herausfinden, dass sie durch ihre Aggressivität und ihren Einfallsreichtum inzwischen unsere Nachrichtenmedien dominieren. Nicht nur in den Medien, aber auch in akademischen Gemeinschaften, in der Finanzwelt, in Stiftungen, in jeder Art von überall sichtbaren und einflussreichen Dienstleistungen, welche die Öffentlichkeit betreffen, haben sie jetzt eine gewaltige Stimme.

Unsere Politik im Mittleren Osten ist in meinem Urteilsvermögen desaströs, da sie nicht gerecht ist. Ich sehe keinen Grund, wieso diese Nation fast die Hälfte der Auslandshilfe an Israel zu geben hat, außer durch den Einfluss der zionistischen Lobby. Ich denke, dass *die Macht der Nachrichtenmedien in den Händen einiger weniger Leute liegt... sie untersteht nicht der Kontrolle der Wähler, sondern nur der Laune ihres Ausschusses der Direktoren. "*

UPC Universal Product Code 666

George J. Laurer, ein Angestellter der Rothschild kontrollierten IBM, führt den UPC (Universal Product Code) Barcode ein, welcher nach und nach weltweit auf praktisch jede Handelseinheit platziert wird sowie die Nummer 666 trägt.

Das Buch der Offenbarung, Kapitel 13, Vers 17 und 18, gibt das Folgende in Bezug auf diese Nummer an:

Vers 17 dass niemand kaufen oder verkaufen kann, er habe denn das Malzeichen oder den Namen des Tieres oder die Zahl seines Namens.

Vers 18 Hier ist Weisheit. Wer Verstand hat, der überlege die Zahl des Tieres; denn es ist eines Menschen Zahl, und seine Zahl ist sechshundert und sechsundsechzig.

In Neufundland, Kanada wird das Churchill Falls Project der N. M. Rothschild & Sons British Newfoundland Corporation fertig gestellt.

N. M. Rothschild & Sons rufen auch eine New Asset Management Abteilung der Firma ins Leben, welche weltweiten Handel ausübt. Diese entwickelt sich schließlich zur *Rothschild Private Management Limited.*

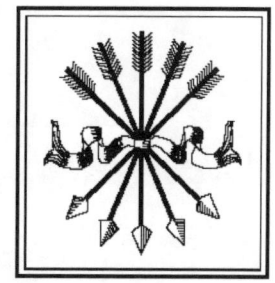

Edmond de Rothschild, ein Grossenkel von Jacob (James) Mayer Rothschild, kauft die Cru Bourgeois Estate von Château Clarke in Bordeaux.

Watergate-Affäre

1974: Am 8. August resigniert Präsident Nixon vom Office als Ergebnis der „Watergate" Affäre, die aus der Anschuldigung entstand, dass eine Gruppe, die verantwortlich für die Werbung zur Wiederwahl Nixons war, zwei Jahre zuvor in die Büros des demokratischen nationalen Komitees eingebrochen war.

Was der Öffentlichkeit jedoch nicht erzählt wird, ist dass in dem Jahr davor, in 1971, Nixon Beamte beauftragt hatte, die große Zahl der jüdischen IRS Beamten zu untersuchen, da er besorgt war, dass sie reiche Juden in Amerika davor schützten, die Steuern, die sie bezahlen sollten, zu zahlen. Ist es nicht interessant, dass sobald die Möglichkeit auftaucht, dass großes jüdisches Geld untersucht werden soll, ein Skandal beginnt, der darin endet, dass, einzig in der Geschichte der USA, der Präsident der Vereinigten Staaten zurücktritt?

Ein New Yorker Magazin veröffentlicht einen Artikel, der behauptet, dass die Rockefeller Familie die Federal Reserve manipulieren würde, um Fort Knox- Gold zu Schleuderpreisen an anonyme europäische Beobachter zu verkaufen. Drei Tage nach der Publikation der Geschichte stürzt die anonyme Quelle, die langjährige Sekretärin Nelson Rockefellers,

Louise Auchincloss Boyer, aus dem Fenster ihres zehnstöckigen Apartmentblocks in New York ungeklärter weise in den Tod.

Henry Kissinger: Verdeckter Plan der Bevölkerungskontrolle durch Geburtenkontrolle, Krieg und Hungersnöte

Am 10. Dezember veröffentlicht das *United States National Security Council* unter Henry Kissinger eine klassifizierte 200-Seiten lange Studie mit dem Titel „National Security Study Memorandum 200: Implications of Worldwide Population Growth for U.S. Security and Overseas Interests" (NSSM 200).

Die Studie behauptet fälschlicherweise, dass so genannter Populationszuwachs in den weniger entwickelten Gebieten eine gravierende Bedrohung der nationalen Sicherheit darstelle und umreißt einen verdeckten Plan, wie Bevölkerungskontrolle in diesen Ländern durch Geburtenkontrolle, Krieg und Hungersnöte ausgeführt werden kann.

UN: Zionismus ist Rassismus

1975: Die United Nations erlassen die UN Resolution 3379, welche Zionismus als Rassismus verurteilt. In der Resolution steht:

> *„Jegliche Doktrin von rassischer Unterscheidung oder Überlegenheit ist wissenschaftlich falsch, moralisch zu verurteilen, sozial ungerecht und gefährlich."*

Dies ist eine der unterhaltsamen Situationen, in welcher sich die Lügen der Juden wie eine Schlange in den eigenen Schwanz beißen. Und zwar, weil sie Vielfalt in der ganzen Welt fordern, indem sie sagen:

„Wir sind alle gleich."

Jedoch fördern sie gleichzeitig das genaue Gegenteil in ihrer Kontrolle des rassistischsten Staates der Weltgeschichte, Israel, indem sie behaupten:

„Wir sind Gottes auserwähltes Volk"

Dies schafft ein Dilemma für die jüdisch kontrollierten United Nations, da es, wie auch immer sie sich entscheiden, gegen jüdische Forderungen geht.

In seinem Buch „Trägodie und Hoffnung: Eine Geschichte der Welt in unserer Zeit", veröffentlicht in diesem Jahr, sagt Carroll Quigley:

„Es existiert... ein internationales Netzwerk, dessen Ziel die Schaffung eines weltweiten Systems finanzieller Kontrolle in privaten Händen ist, um das politische System von jedem Land und jeder Wirtschaft dieser Welt zu kontrollieren."

1976: Ashkenazim-Jude Harold Rosenthal, Berater von Ashkenazim-Jude Senator Jacob Javits, sagt:

„Die meisten Juden geben es nicht gern zu, aber ihr Gott ist Luzifer."

1977: Am 25. Dezember erlässt die israelische Knesset das Antimissionierungs-Gesetz, 5738-1977, welches eine Gefängnisstrafe von bis zu fünf Jahren für einen Nichtjuden bestimmt, der dabei ertappt wird, wie er ein Neues Testament an einen Israeli gibt.

1978: Im März, als Resultat der Attacke auf Israel, in der 30 Insassen eines Busses getötet wurden, marschiert die israelische Armee im Südlibanon ein und besetzt einen sechs Meilen langen Landstreifen nördlich dieser Grenze, von wo aus sie ihre undifferenzierten Cluster-Bomben-Attacken abfeuern, welche im Tod von mehr als 1,500 Libanesen und Palästinensern resultieren, von denen die meisten Zivilisten waren.

Sie beenden ihre illegale Okkupation erst dann, als Präsident Carter äußert, dass die Vereinigten Staaten ihre Hilfe an Israel streichen würden, wenn sie dies nicht tun würden. Carter wies den israelischen Premierminister Menachem Begin daraufhin, dass die Waffen, die Israel benutzt, Objekt einer Vereinbarung zwischen den Vereinigten Staaten und Israel sind, welche besagt, dass diese Waffen nur benutzt werden dürfen, wenn ein Attacke auf Israel ausgeführt wird.

Interessanterweise wird erst Jahre später aufgedeckt, dass diese Invasion zwei Jahre zuvor von Israelis geplant wurde, was Fragen aufwirft, ob die so genannten Terroristenattacken auf den Bus, welche die Invasion auslösten, nicht in der Tat eine israelische Falschflaggen-Operation waren.

Die Idee hinter dieser Invasion ist, die Kontrolle des Litani Flusses zu erreichen, zu welchem Israel durch die *United Nations Security Force* erstaunlicherweise Zugang gegeben wurde nachdem die Israeliten den Südlibanon verlassen. So hat Israel in der Essenz einen illegalen Krieg

angefangen, um Libanons Wasservorrat zu stehlen. Sie ziehen sich zurück, aber bekommen dank der *United Nations* trotzdem was sie wollen.

Am 16. Oktober wird Erzbischof Wojtyla zum ersten nicht-italienischen Papst seit Hadrian VI (455 Jahre früher), aber zieht es vor, nicht zu erwähnen dass seine Mutter jüdisch ist, was ihm natürlich auch die israelische Bürgerschaft geben würde. Er ist der jüngste Papst in 132 Jahren, nur 58 Jahre alt und er nimmt den Namen John Paul II. an

Ashkenazim-Jude Stephen Bryen, zu jener Zeit ein Mitglied im Senat des Komitees für Außenbeziehungen, wird in einem Washington DC Hotel abgehört, wie er geheim gehaltene Dokumente an hohe israelische Militäroffiziere weitergibt.

Bryen engagiert einen Rechtsanwalt, Nathan Lewin, und der Fall steuert auf die Grand Jury zu, aber wird mysteriöserweise fallengelassen. Bryen wird später für Richard Perle arbeiten.

Impfungen gegen Hepatitis B werden mit AIDS-Viren versetzt und an „Schwule" verabreicht

Mehr als 1.000 promiskuitive[2] homosexuelle Männer in den Vereinigten Staaten werden gezielt für ein Experiment ausgesucht. Sie werden gegen Hepatitis B geimpft. Dies wird durch das National Institute of Health (NIH) und die Centers for Disease Control (CDC) gesponsert, welche durch den Chef der New York City Blood Bank, Dr. Wolf Schmugner, einem polnischen Juden, geboren 1919, geleitet werden.

CENTERS FOR DISEASE CONTROL AND PREVENTION

Dieser Impfstoff ist bewusst mit einer Bio-Waffe, welche im allgemeinen als AIDS Virus bekannt ist, versetzt, und 1981 versucht das CDC, zu behaupten, dass nur 6 % der mit dem Hepatitis B Impfstoff Behandelten mit AIDS infiziert worden wären. Jedoch wird in 1984 die echte Zahl von 64 % aufgedeckt, eine Zahl welche immer noch anwachsen könnte, da die kompletten Studien noch klassifiziert sind, d. h. der Geheimhaltung unterstehen.

In seinem Buch „The Jewish Paradox (Das jüdische Paradox)", das in diesem Jahr veröffentlicht wird, sagt der frühere Präsident des *World Jewish Congress* von 1948 bis 1977, Nahum Goldman, das folgende zum Thema der Juden im Kollektiv:

> *„Ich übertreibe wirklich nicht. Das jüdische Leben besteht aus zwei Elementen: Dem Herausziehen von Geld und dem Protestieren."*

---

[2] häufig den Partner wechselnd

1979: In der Januar Ausgabe des Playboy Magazine sagt Marlon Brando das Folgende in einem Interview, bezüglich der jüdischen Kontrolle über Hollywood:

> *„Ihr habt gesehen, wie jede einzige Rasse mit Schmutz beworfen wurde, aber ihr habt noch nie ein ungünstiges Bild des Kike gesehen, weil die Juden darüber immer wachsam sind. Sie haben nie erlaubt, dass es auf dem Bildschirm gezeigt wird!"*

Der ägyptisch-israelische Friedensvertrag von 1979 wird von den Vereinigten Staaten unterzeichnet, welche versprechen, jährlich eine Hilfe in der Höhe von $ 3 Milliarden aus dem Geld der Steuerzahler der Vereinigten Staaten an Israel zu zahlen.

Shin Bet (die interne Sicherheitsagentur von Israel) versucht, den General des Konsulats der Vereinigten Staaten in Jerusalem durch eine „Honigfalle" zu penetrieren, indem sie einen Büroangestellten benutzen, welcher eine Affäre mit einem jüdischen Mädchen von Jerusalem hat.

Baron und Baronin Phillipe de Rothschild beginnen in einem Joint Venture mit Robert Mondavi die Konstruktion der Pyramide in Napa Valley, Kalifornien, wo der Gründer und Leiter der Church of Satan, der Ashkenazim-Jude Anton LaVey ansässig ist. Diese Pyramide wird als Opus 1 bekannt und als Front für diesen Tempel dient ein Weingut.

Rothschilds sichern sich durch Privatisierung weltweit alle im staatlichen Besitz befindlichen Güter

1980: Das globale Phänomen der Privatisierung steigert sich dramatisch. Die Rothschilds stehen hinter diesem Phänomen von Anfang an, um sich weltweit die Kontrolle über alle im staatlichen Besitz befindenden Güter zu sichern.

Georgia Guidestones: „Maintain humanity under 500.000.000" bedeutet Reduktion der Weltbevölkerung um 90 %.

Die „Georgia Guidestones"-Richtlinien werden in Elbert County, Georgia, USA, errichtet. Diese werden mit 10 Punkten graviert, der erste ist:

> „Maintain humanity under 500.000.000 in perpetual balance with nature (Halte die Menschheit unter 500.000.000 im fortwährenden Gleichgewicht mit der Natur)."

Mit einer weltweiten Bevölkerungszahl von sechs Milliarden bedeutet dies die Reduktion von neun Zehntel, also 90 % der Bevölkerung. Interessanterweise wird am 24. Juli Präsident Carter ein Dokument mit dem Namen „Global 2000 Report" präsentiert, welches von dem früheren Staatssekretär Cyrus R. Vance verfasst wurde. Dieser Report sagt aus, dass die Ressourcen auf dem Planeten nicht ausreichen für das zu erwartende dramatisch ansteigende Bevölkerungswachstum in der Welt, und ruft danach, die Bevölkerung in den Vereinigten Staaten um 100 Millionen Menschen bis zum Jahr 2050 zu reduzieren.

Auswanderungszahlen von der sowjetischen Regierung in Russland offenbaren, dass in den 10 Jahren von 1970 bis 1980, 246.000 Juden die Erlaubnis gegeben wurde, von Russland zu emigrieren, verglichen mit nur 2.000 Nichtjuden.

Was diese Zahlen niederschmetternd macht, ist, dass nur 3.000.000 Juden in Russland zu jener Zeit lebten, im Vergleich zu 255.000.000 Nichtjuden. Dies zeigt klar auf, dass die sowjetische Regierung noch so spät wie 1980 viel mehr Rücksicht auf die Wünsche der Juden als der Nichtjuden nimmt. Dies indiziert, dass immer noch ein großes Element jüdischer Kontrolle über die sowjetische Regierung besteht.

Interessanterweise emigrieren 157.000 von den 246.000 Juden, welche Russland während diesem Jahrzehnt verlassen, nach Israel, das ist mehr als die Hälfte. Dies ist ein größerer Prozentsatz als jene, welche Deutschland für Palästina während der zionistischen Zusammenarbeit mit den Nazis vor dem Ausbruch des 2. Weltkrieges verließen.

1981: Am 10. Juli brechen im Südlichen Libanon wieder Gewalttätigkeiten aus und Israel bombardiert einmal mehr Beirut und ermordet 450 Menschen. Laut UN-Generalsekretär Kurt Waldheim bombardiert die israelische militärische Luftflotte Ziele im Südlibanon, als Antwort darauf feuern palästinensische Elemente mit Artillerie und Raketen in das nördliche Israel.

Die *Banque Rothschild* wird durch die französische Regierung nationalisiert. Die neue Bank wird *Compagnie Européenne de Banque* genannt. Die Rothschilds gründen daraufhin einen Nachfolger ihrer französischen Bank, *Rothschild & Cie Banque (RCB)*, welcher sich zu einem bedeutenden französischen Investmenthaus entwickeln sollte.

Operation Frieden für Galiläa

1982: Ab dem 16. bis zum 18. September orchestriert der damalige Verteidigungsminister, und zukünftige Premierminister von Israel, Ashkenazim-Jude Ariel Sharon, die Invasion des Libanon, in welcher für Aufhellung des Himmels gesorgt wird, um das Töten von etwa 1.000 bis 2.000 Männern, Frauen und Kindern in den Sabra- und Shatila-Massakern zu ermöglichen. Sie nennen diese Operation, in jüdischem Englisch, „Operation Frieden für Galiläa", Sharon lenkt dann seine Aufmerksamkeit auf die Hauptstadt Beirut, und in einer Serie von Luftangriffen auf zivile Ziele werden mindestens 18.000 Libanesen und Palästinenser getötet.

Der Israelische Premierminister Menachem Begin, ein Terrorist, macht die folgende arrogante Bemerkung zu diesem Massaker:

„Wir müssen niemandem auf der Welt antworten, nur uns selbst."

Der Öffentlichkeit wird erzählt, dass der Grund für diese illegale Invasion des Libanons sei, die grenzüberschreitenden Attacken der palästinensischen Guerilla im Süden Libanons auf israelische Nordsiedlungen zu beenden. Interessanterweise war zu der Zeit der israelischen Invasion seit über einem Jahr ein Waffenstillstand in Effekt, und kein einziger Siedler war umgebracht worden. Jedoch kommt der wirkliche Grund für diese unterschiedslose Schlacht ans Licht, weil sie erst dann endet, als der *Palestinian Liberation Organisation (PLO)* Führer Jassir Arafat, welcher in Beirut lebte, nach Tunesien flieht.

Ecuador möchte Kredit von IMF und muss dafür private Schulden der Elite seines Landes übernehmen

1983: Damit die Regierung von Ecuador die Erlaubnis bekommt, ein Darlehen von 1,5 Milliarden Dollar vom von Rothschild kontrollierten International Monetary Fund (IMF) aufzunehmen, wird sie gezwungen, die unbezahlten Privatschulden, welche die Elite von Ecuador an private Banken schuldet, zu übernehmen. Nicht nur das. Um sicherzugehen, dass Ecuador seine Schulden zurückzahlen kann, diktiert die IMF Preisanstiege in Elektrizität und anderen Betriebsmitteln. Als dies

dem IMF nicht genügend Geld (oder besser gesagt, Zinsen) abwirft, ordnen sie an, dass Ecuador 120,000 Arbeiter entlassen soll.

Ecuador wird auch dazu verpflichtet, einige Änderungen in einem Zeitplan, der von der IMF vorgegeben wird, zu erfüllen. Dieser beinhaltet die Anhebung des Koch-Gases um 80 % bis zum 1. November 2000, den Transfer des Besitzes des größten Wassersystems an ausländische Betreiber; die Vergabe des Rechtes für British Petroleum (BP), eigene Ölpipelines über die Anden zu bauen und zu besitzen; und die Eliminierung von weiteren Arbeitsstellen, während die Löhne der verbleibenden Arbeiter um 50 % gekürzt werden.

Im Oktober sagt der Vorsitzende Heilbrun vom Komitee zur Wiederwahl von General Shlomo Lahat als Bürgermeister von Tel Aviv:

> *„Wir müssen alle Palästinenser umbringen, wenn sie hier nicht als Sklaven resignieren."*

Am 23. Oktober werden die Marinebaracken der Vereinigten Staaten in Beirut durch eine LKW-Ladung Sprengstoff zerfetzt. Dies resultiert im Tod von 241 Soldaten. In seinem Buch „By Way Of Deception (Durch Täuschung)" bestätigt der frühere Mossad Agent Victor Ostrovsky, dass Israel von diesen Attacken vorher Bescheid wusste, aber sich nicht die Mühe machte, die Amerikaner zu warnen. Er sagt:

> *„Die allgemeine Einstellung der Mossad zu den Amerikaner war: ›As far as the Yanks go, we are not here to protect them‹. (Was die Yankees betrifft, sind wir nicht hier, sie zu beschützen.)"*

Marc Lee Raphael veröffentlicht sein Buch „Jews And Judaism in the United States: A Documentary History (Juden und Judaismus in den Vereinigten Staaten: Eine dokumentarische Geschichte)" in welchem er folgendes in Bezug auf den Sklavenhandel in Amerika sagt:

> *„Jüdische Händler spielten eine hauptsächliche Rolle im Sklavenhandel. In der Tat... dominierten die jüdischen Händler zumeist."*

Einander feindliche Gruppen werden ohne ihr Wissen vom Mossad im selben Ausbildungslager trainiert

1984: Der Mossad kommt in Schwierigkeiten. Er trainiert sowohl Sri Lankas Spezialeinheiten als auch die Tamil Tigers Rebellen aus Sri Lanka in der-

selben Mossad-Trainingsschule Kfar Sirkin in Israel. An beide Seiten wurden militärische Trainingskurse verkauft. Dies geht eine Stufe über die Finanzierung von Kriegen von beiden Seiten der Rothschild-Familie hinaus: diesmal verkaufen die Juden tatsächlich Kurse, wie beide Seiten einander am Besten umbringen können.

Es ist eine riskante Sache, aber der Mossad versteht es, beide Seiten in diesem Trainingscamp drei Wochen lang voneinander getrennt zu halten, und beide Fraktionen gehen nach Sri Lanka zurück, ohne zu wissen, dass der Feind im selbem Lager von derselben Organisation trainiert wurde.

1985: Jack Bernstein veröffentlicht sein Buch „The Life of an American Jew in Racist Marxist Israel (Das Leben eines amerikanischen Juden im rassistisch-marxistischen Israel)", welches folgende Statements unter dem Titel „A Challenge (Eine Herausforderung)" enthält:

> *„Ich bin der Taktiken bewusst, die ihr zionistischen Brüder gebraucht, jeden, der eure subversiven Handlungen aufdeckt, stillzulegen. Wenn die Person ein Nichtjude ist, schreit Ihr „Du bist ein Antisemit", was nichts mehr als eine Vernebelung ist, um eure Aktionen zu verstecken. Aber wenn die Person ein Jude ist, gebraucht ihr andere Taktiken.*
> *Als Erstes ignoriert ihr die Anschuldigungen,*

und hofft, dass die Informationen keine weite Verbreitung finden. Wenn die Informationen zu viele Leute erreicht, verhöhnt ihr die Information und die Person, welche die Information gibt. Falls das keinen Erfolg zeigt, ist euer nächster Zug die Attacke auf den Charakter. Wenn der Autor oder Sprecher nicht in ausreichende Skandale verwickelt war, seid ihr geschickt, neue Skandale gegen die Person oder Personen zu erfinden.
Falls all dies nicht effektiv sein sollte, seid ihr bekannt dafür, auf physische Attacken auszuweichen. Aber Ihr versucht NIE, die Information als falsch zu beweisen."

Jack Bernstein offeriert daraufhin, die Anti-Defamation League live im Fernsehen zu diskutieren, aber die ADL lehnt ab, und anstatt dessen wird Bernstein schließlich vom Mossad ermordet.

Die New York Times berichtet, dass dem FBI bekannt ist, dass in mindestens einem Dutzend Vorfällen so genannte amerikanische offizielle klassifizierte Informationen an die Israelis weitergereicht wurden und zitieren den früheren Assistenten zum Direktor des FBI, Raymond Wannal. Das Justizdepartment stellt keine strafrechtliche Verfolgung an.

Im späten November wird Jonathan Pollard in den Vereinigten Staaten festgenommen, für die Weiterreichung von klassifizierter Information an LAKAM (Lishka le Kishrei Mada), welches das wissenschaftliche Kontaktbüro des israelischen Verteidigungsministeriums ist, und von Rafael Eitan geleitet wird, welcher an der Entführung von Adolf Eichmann in Argentinien 1960 teilnahm.

Pollard arbeitete in der Forschung am Naval Investigative Service, welches unweit außerhalb von Washington installiert ist, und in diesem Jahr wird er an das Anti-Terrorist Alert Center (antiterroristische Alarmzentrum) transferiert, welches ihm natürlich Zugang zu extrem sensitivem Material gibt. Als Resultat dieser Spionage wird Pollard zu einer lebenslangen Strafe im Gefängnis verurteilt.

Richard Smyth, der Besitzer von MILCO, wird für den Schmuggel von nuklearen Zeitzündern nach Israel angeklagt.

Israel führt eine geheime Operation auf dem Kreuzschiff „Achille Lauro" aus, als es von Alexandria nach Port Said innerhalb von Ägypten segelt. Das Schiff wird entführt, und der „coup-de-grace" der Israelis ist, als ein rollstuhlgebundener Passagier, Leon Klinghoffer, exekutiert und über Bord geworfen wird, was Entrüstung in der Welt verursacht, vor allem in Amerika. Darüber hinaus stellen die Juden sicher, dass dies weltweit zur hauptsächlichen Nachricht des Tages wird, im Druck wie im Fernsehen.

Israelische Geheimdienste finanzieren palästinensische Terrorgruppen

Diese Taktik wird in dem Buch „Profits of War" beschrieben, in welchem der frühere Geheimdienstberater Ari Ben-Menashe dem israelischen Premierminister Yitzhak Shamir erklärt, wie israelische Geheimdienste palästinensische Terrorgruppen finanziert hatten, um Attacken auf israelische Ziele auszuführen, um die Welt, insbesondere Amerika, gutgesonnen mit Israel und den Juden zu stimmen und hasserfüllt gegenüber den Palästinensern zu machen.

PROFITS OF WAR

Inside the Secret
U.S.-Israeli
Arms Network

Ari Ben-Menashe

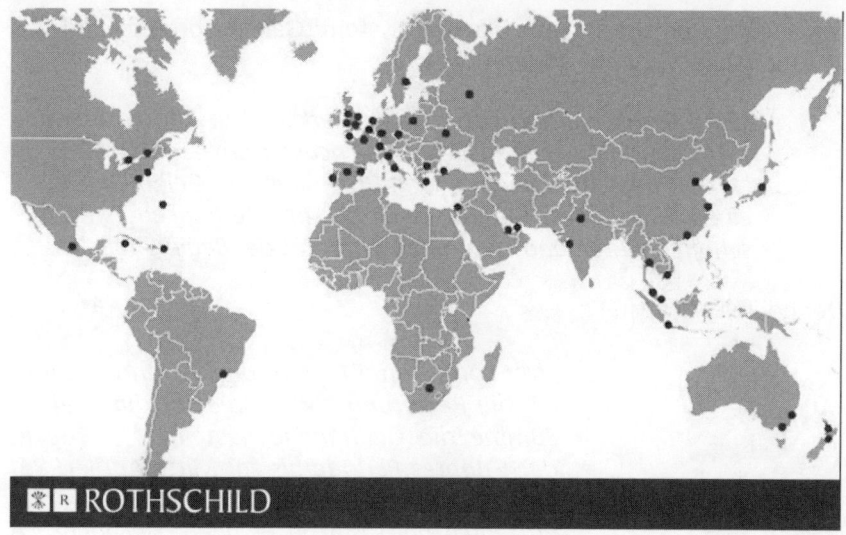

ROTHSCHILD

N. M. Rothschild & Sons beraten die britische Regierung zur Privatisierung von British Gas. Sie werden daraufhin die britische Regierung in fast allen Privatisierungen von Gütern im Staatsbesitz beraten: British Steel; British Coal; alle regionalen britischen Elektrizitätswerke, und die gesamten regionalen britischen Wasserversorgungswerke.

Sie werden noch mehrere Milliarden Pfund aus dieser Beratung verdienen. Ein britischer MP, welcher in die Privatisierung involviert ist, ist der zukünftige Schatzkanzler Norman Lamont, ein früherer Bankier für die Rothschilds.

Das meiste Geld wird nicht mehr gedruckt: Zunahme der Geldmenge um 96.9 % in 5 Jahren

Es ist wichtig, die Tatsache zu illustrieren, dass das meiste Geld heutzutage noch nicht einmal gedruckt wird. Für den Beweis dessen sehen wir die folgende Rede des verstorbenen Lord Beswick, welche im HANSARD, 27. November 1985, vol. 468, Kolumne 935-939, unter dem Titel „Money Supply and the Private Banking System (Geldversorgung und das private Bankensystem)" abgedruckt wird:

> *„Lord Beswick erhob sich, um Aufmerksamkeit auf die Aussage von Chancellor of the Duchy of Lancaster am 23. July 1985 zu lenken, dass die Zunahme von 96,9 % in der Geldmenge über einen 5-Jährigen Zeitraum durch das private Bankensystem geschaffen wurde und zwar ohne Autorität der Regierung..."*

Der noble Lord sagte:

> *„My Lords, am 10. Juni dieses Jahres fragte ich die Regierung eurer Majestät, um welche Summe die Geldmenge gesteigert wurde in der 5-Jahres-Periode bis zur Mitte April 1985. Interessanterweise gaben sie mir ihre Antwort in Prozenten und nicht in Pfunden. Nachdem ich sie vorangekündigt anfragte, würde der Minister vielleicht so gut sein, mir die Antwort später in Geldmengen anzugeben."*

Die Antwort der Regierung am 10. Juni sagte aus, dass es eine Zunahme um 101,9 % war, und dass von dieser grossen Summe nur für 5 % Rechenschaft gegeben wurde, indem der Staat mehr Münzen prägte und mehr Banknoten druckte. Die 96,9 % Zunahme repräsentiert nicht nur eine enorme Summe von Geld sondern auch einen ausschlaggebenden Faktor in unserer Wirtschaft.

> *„Ich wollte wissen, von wem es geschaffen worden war, und am 23. Juli fragte ich die Regierung unserer Majestät nochmals, in welchem Ausmaß diese Zunahme die Zustimmung unserer Regierung erhalten hatte. Mir wurde vom Chancellor of the Duchy, der für die Regierung sprach, folgendes deutlich gemacht: Die 96,9 % repräsentieren neue Bankeinlagen und wurden im normalen Bankgeschäft kreiert und es ist keine Erlaubnis der Regierung dafür notwendig.*
>
> *Hätte er gesagt, dass ein Münzfälscher oder Fälscher von Banknoten hier an der Arbeit gewesen wären, hätte das natürlich für einen sofortigen und entrüsteten Aufschrei gesorgt, jedoch haben*

wir hier ein Regierungsstatement, das besagt, dass private Institutionen diese enormen Mengen zusätzlicher Kaufkraft geschaffen haben, und wir sollen dies als normale Praxis akzeptieren, und dass die Regierungsautorität damit nichts zu tun hätte.

Als ich fragte, ob wir nicht tiefere Überlegungen anstellen sollten, wer von dieser geldschaffenden Kraft profitiere, sagte der Minister, dass die Implikationen, obwohl sie interessant seien, doch für eine Fragestunde zu weit greifend seien, und somit schneide ich dieses Thema in dieser Debatte nochmals an und hoffe darauf, mehr Aufklärung zu erhalten.

Diese Belange sind wichtig, sie sind unterdiskutiert, vielleicht nicht adäquat verstanden, und ich hoffe, dass ich nicht über Gebühr unfair bin, wenn ich sage, dass jene, welche den Mechanismus verstehen, zumeist gut ohne ihn zurechtkommen. Ich mache hier keinen Punkt für die Partei; es ist alles viel größer und weitgehender als das."

Bemerken Sie bitte, wie der *Chancellor of the Duchy* die Regeln des Spiels preisgibt, wenn er sagt:

„No government authority was needed for this present system of credit creating (keine Regierungsbewilligung war nötig für dieses gegenwärtige System der Kreditschaffung)."

Mordechai Vanunu:
Israel stellt im Geheimen nukleare Waffen her

Der sephardische Jude Mordechai Vanunu, von 1976 bis 1985 Techniker für Dimona, die israelische nukleare Installation, entdeckt, dass die Fabrik im Geheimen nukleare Waffen hergestellt hat.

Er nennt seine Konversion zum Christentum als den Grund, das Gewissen zu haben, es auszusprechen und versorgt in diesem Jahr die London Sunday Times mit den Tatsachen und Fotos, die sie brauchen, um der Welt

über Israels nukleares Waffenprogramm zu erzählen. Seine Beweise zeigen auf, dass Israel 200 nukleare Kriegsköpfe auf Lager hat.

Am 30. September beginnt die israelische Mossad Agentin Cheryl Bentov, die unter dem Namen „Cindy" operiert und sich als amerikanische Touristin verkleidet, eine Affäre mit Vanunu, und überredet ihn letztendlich, mit ihr nach Rom auf einen Urlaub zu gehen. Sobald sie in Rom sind, schicken die Juden, anstatt durch korrekte Kanäle zu gehen und seine Auslieferung zu suchen, Mossad-Agenten, welche ihn kidnappen und betäuben, ihn sodann zu einem verlassenen Strand fahren und auf einem Frachter nach Israel schmuggeln.

Nach einer geheimen Verhandlung wird er zu 18 Jahren Gefängnis verurteilt, wegen Staatsverrat und Spionage (etwas womit Israel familiär ist), obwohl er keine fremde Mächte ausspioniert hatte und keine Bezahlung für diese Enthüllung erhalten hatte. Über die ganzen Verhandlungen hin weigert sich die israelische Regierung, anzugeben, ob sie nukleare Waffen besitzt oder nicht.

Die Juden Ivan Boesky, Dennis Levine, Martin Siegel, und Michael Milken werden für Insiderhandel in Milliardenhöhe angeklagt. Alle von ihnen

erhalten daraufhin leichte Urteilssprüche und Strafen, welche nicht die Reichtümer, welche sie betrügerisch angeschafft haben, reflektieren. Der Gordon Gekko Charakter in dem Oliver Stone Film „Wall Street" basiert auf Ivan Boesky, und wieder einmal scheitert der Jude, Oliver Stone, einen Akteur als jüdisch zu identifizieren.

In seinem Buch aus diesem Jahr „Terrorism: How The West Can Win (Terrorismus: Wie der Westen gewinnen kann)" bezeichnet der künftige Premier-

minister Benjamin Netanyahu
die Palästinenser als:

> *„A malign cancer that
> must be removed.*
>
> (Ein bösartiger Krebs,
> der entfernt werden
> muss.)"

In Britannien wird der Public Order Act von 1986 als Gesetz erlassen. Das Gesetz ist so beschaffen, dass es die britischen Bürger von jeglichen Diskussionen der Probleme mit der Immigration und des jüdischen Rassismus abhält. Es gibt auch der Polizei die Macht, in das Haus eines jeden einzubrechen, den sie als Gegner des Race Relation Acts sehen. Dieses Gesetz wurde von Innenminister Leon Brittan dem Parlament vorgelegt, der ein litauischer Jude mit dem wirklichen Namen Leon Brittanisky ist, mit Unterstützung seine Vetters Malcolm Rivkind, einem weiteren litauischen Juden, auch als Malcolm Rifkind bekannt, welcher zum Auslandssekretär avancieren sollte.

Die drei Arme der Welt-Zentral-Bank: die World Bank; die Bank of International Settlements (BIS); und der International Monetary Fund (IMF)

1987: Edmond de Rothschild gründet die World Conservation Bank, welche dafür geschaffen ist, Schulden von den dritten Weltländern an seine Bank zu akzeptieren im Austausch für Land, welche diese Länder an die Bank geben. Dies ist dahingehend gestaltet, dass die Rothschilds Kontrolle über die 3. Welt gewinnen können, welche 30 % der Landoberfläche der Erde repräsentiert.

Am 24. April eröffnet das Wall Street Journal, dass

„die Gremien die Rolle Israels im Iran-Kontra Skandal nicht im Detail untersuchen werden."

1988: Die drei Arme der *World Central Bank:* die World Bank; die Bank of International Settlements (BIS); und der International Monetary Fund (IMF), inzwischen im Allgemeinen durch ihren BIS Arm als World Central Bank bezeichnet, fordern die Bankiers der Welt auf, bis 1992 ihr Kapital und Reserven auf 8 % ihrer Verpflichtungen zu erhöhen. Dieser angehobene Kapitalbedarf wirft eine Obergrenze auf das *Fractional reserve lending* (Fraktionierte Reservenbeleihung).

Um das Geld aufzubringen, müssen die Bankiers weltweit ihre Aktien verkaufen, was ihre individuellen Aktienmärkte drückt und in diesen Ländern für Depression sorgt. Zum Beispiel würde der Aktienmarkt in Japan, einem der Länder mit dem niedrigsten Kapital in Reserve, innerhalb von zwei Jahren um 50 % stürzen, und all ihre kommerziellen Immobilien um 60 %.

Der Plan der *IMF* ist, mehr und mehr ihrer internationalen Währung zu schaffen, welche als „Special Drawing Rights (SDRs)" bekannt und durch nichts gedeckt sind. Länder, die sich abmühen, das vorgegebene BIS Level zu erfüllen, sollen ein Darlehen an SDRs aufnehmen, um die erforderliche Bargeldreserve vorzuweisen.

Diese Nationen werden dadurch langsam unter die Kontrolle des IMF geraten, wie sie sich abmühen, den Zins zu bezahlen, und werden mehr und mehr leihen müssen. Das IMF wird dann entscheiden, welche Nationen mehr borgen können und welche hungern werden. Sie können dies auch als Hebel benutzen, um die sich im staatlichen Besitz befindenden Güter wie Versorgungsunternehmen als Zahlung gegen ihre Schulden anzunehmen, bis sie die Nation praktisch besitzen.

Die Anti-Defamation League *(ADL)* initiiert einen nationalen Wettbewerb für Jurastudenten, eine Anti-Hate-Legislation (Anti-Hass-Gesetzgebung) aufzusetzen, welche Minoritäten beschützen soll. Dieser Wettbewerb wird von einem Mann namens Joseph Ribakoff gewonnen, dessen Vorschläge bestimmen, dass nicht nur hassmotivierte Gewalt verbannt werden muss, sondern auch alle Worte, welche sie fördern, wie: *suspicion* (Verdacht); *friction* (Spannung); *hate* (Hass); und *possible violence* (mögliche Gewalt), müssen ebenfalls kriminalisiert werden.

Dieses den ADL Preis gewinnende Dokument schlägt auch vor, dass Staatsagenturen nicht nur die freie Rede im Allgemeinen beschränken, sondern ebenfalls alle Filme, welche identifizierbare Gruppen kritisieren. Darüber hinaus macht Ribakoff geltend, dass die Wahrheit keine Verteidigung im Gerichtssaal sein wird, wenn die Person, die jene Aussage gemacht hat, sie sogar rechtfertigen kann, zum Beispiel: wenn ein Christ die Homosexualität kritisiert, weil die Bibel sie ausdrücklich verbietet.

Der einzige Beweis, den ein Gericht brauchen wird, um ein Urteil der Hassrede zu fällen, ist, dass etwas über eine Minoritätengruppe oder ein Mitglied einer solchen Gruppe gesagt wurde und diese sich als Folge solcher Kritik emotional geschädigt fühlt.

Deshalb würde unter den Vorschlägen, welche die ADL weniger als 15 Jahre später durch ihre gekauften und bezahlten Politiker und Medien weltweit in die Gesetzgebung zwingt, Jesus Christus als Hasskrimineller verhaftet werden.

Dieses Gesetz ist so gestaltet, dass es die Rothschild-Konspiration davor schützt, entdeckt zu werden. Wenn man die kriminelle Kabale der Rothschilds kritisiert, wird man als Antisemit attackiert werden und somit Verhaftung riskieren. Es ist auch interessant, zu bemerken, dass im Vergleich zu dem Fall, dass ein Rabbi seine reparaturbedürftige Synagoge abfackelt, um Geld von der Versicherung zu kassieren, jemand, der zusätzlich die Straftat begehen würde, ein Interesse für Anti-Establishment-Medien zu zeigen, letzterer einen weitaus härtere Verurteilung für dieselbe Handlung erhalten würde.

Schockierende Behandlung der deutschen Kriegsgefangenen durch die Alliierten

Das Buch „Other Losses (Andere Verluste)" von Historiker James Bacque enthüllt die schockierende Behandlung der Deutschen Kriegsgefangenen durch die Alliierten, welche natürlich unter der direkten Instruktion des Juden Eisenhower, damals Supreme *Commander of Allied Forces*, standen und zeigt schockierende Enthüllungen von einem früheren Leutnant in der *101st Airborne Division*. Dieser Leutnant, welcher zu dem Posten Senior Historian, United States
Army aufsteigen und als Colonel Ernest F. Fisher, PhD in Pension gehen würde, schrieb das Folgende in seinem Vorwort zu Bacques Buch:

> *„Beginnend im April 1945 vernichten die Armee der Vereinigten Staaten und die französische Armee ungefähr eine Million Männer, davon die meisten in amerikanischen Camps... Eisenhowers Hass, durch die Linse einer fügsamen militärischen Bürokratie, produzierte einen Horror von Todeslagern, der mit nichts anderem in der amerikanischen Geschichte vergleichbar ist... ein enormes Kriegsverbrechen."*

Es würde später aufgedeckt werden, dass mehr als neun Millionen Deutsche, sowohl Soldaten als auch Zivilisten, als Resultat einer Politik der

206

Hungersnöte und Vertreibung, welche durch die alliierten Streitkräfte in den ersten fünf Jahren nach dem Ende des Zweiten Weltkrieges betrieben wird, starben. Dies würde den Tod von Gefangenen auf der Strasse und jener in alliierten Camps beinhalten, wo Essenlieferungen verboten waren, und wo Kinder versklavt wurden.

Man kann nur vermuten, dass Eisenhower den Edikten seines geliebten Talmuds folgte, welches das höchste religiöse und ethnische Handbuch für aufmerksame Juden darstellt. In diesem Buch, welches für die Juden die Bibel bei weitem überragt, und Seite an Seite mit der Zohar und der Kabbalah steht, wird wiederholt festgestellt, dass Nichtjuden von Natur aus schlecht sind, und Juden gut, und darüber hinaus, dass die besten unter den Nichtjuden es verdienen, getötet zu werden.

Im Gegensatz zur Bibel und zum Koran, welche weit verbreitet für alle erhältlich sind, ist es sehr schwer, eine Kopie des heiligsten jüdischen Buches, des Talmud, zu kaufen. Vielleicht ist dies, weil der Talmud ausdrücklich sagt, dass es verboten ist, den Talmud einen Nichtjuden zu lehren. Die Strafe für jemanden, der erwischt wird, wie er dies tut, steht in Sanhedrin 58a – Hagigah, welche besagt:

„Such a person deserves death. (Eine solche Person verdient den Tod)"

Am 17. August wird ein tödlicher Anschlag auf den Präsidenten von Pakistan, General Zia ul-Haq, durch einen Flugzeugabsturz ausgeübt. Der US-Botschafter in Indien zu jener Zeit, John Dean, berichtet an seine Vorgesetzten, dass er Beweise dafür hat, dass der israelische Geheimdienst Mossad hinter der Ermordung steckte in einem Versuch, Pakistan davon abzuhalten, auch nukleare Bomben zu entwickeln.

Zu seinem Ärger wird Dean der mentalen Instabilität angeklagt und seiner Pflichten in der Staatsabteilung enthoben. Dennoch weigert er sich, seine Sichtweise aufzugeben, und geht 2005 damit in die Öffentlichkeit, als er 80 Jahre alt ist.

Philippe de Rothschild stirbt.

1989: Viele der Satellitenstaaten in Osteuropa werden durch den Einfluss von Glasnost offener in ihren Bemühungen um Freiheit von der kommunistischen Regierungsgewalt in ihren Republiken. Viele Revolutionen passieren 1989, die meisten von ihnen beinhalten den Umsturz ihrer respektiven kommunistischen Regierungen und die Ersetzung derer mit Republiken.

Somit wird der Griff, den die Kommunisten über Osteuropa haben (der Eiserne Vorhang) sehr schwach. Schließlich kollabiert der Kommunismus als Resultat der Perestroika und Glasnost, nicht nur in der Sowjetunion sondern auch in Osteuropa.

In Russland unternehmen Boris Yeltsin (dessen Ehefrau die Tochter aus der Ehe von Joseph Stalin mit Rosa Kaganovich ist) und die republikanische Regierung Schritte, die Macht der Kommunistischen Partei zu beenden, indem die Partei zeitweilig aufgehoben und verboten und all ihr Besitz in Beschlag genommen wird. Dies symbolisiert den Fall des Kommunismus in Russland, und verursacht den Beginn des Exodus von etwa 700.000 Juden von der früheren Sowjetunion nach Israel.

Im israelischen Journal Hotam (24. November 1989) findet sich ein Bericht über eine Rede, welcher der damalige israelische stellvertretende Außenminister Ashkenazim-Jude Benjamin Netanyahu vor Studenten der Bar Ilan Universität hält. Er sagt in ihr:

> *„Israel hätte die Repression der Demonstrationen in China ausnützen sollen, als die Aufmerksamkeit der Welt auf diesem Land lag, um die Massenvertreibung der Araber aus den Territorien durchzuführen."*

Am 20. Dezember marschieren die Vereinigten Staaten in Panama ein, da sie vermuten, dass der de facto Führer, General Manuel Noriega, mit Drogen handelt. Frühe Berichte sagen aus, dass ein gewisser „Mike Harari" in Panama gefangen wurde, ein Mann, der in den Nachrichtenagenturen beschrieben wird als

> *„ein schattenhafter früherer Offizier von Israels Mossad-Geheimdienstagentur, welcher zu Noriegas einflussreichstem Berater aufstieg."*

Ein Beamter der neu installierten amerikanischen Administration in Panama behauptet, dass abgesehen von Noriega, natürlich Harari die

> *„einflussreichste Person in Panama ist."*

Jedoch, während Noriega daraufhin nach Amerika ausgeliefert und ins Gefängnis gesteckt wird, verschwindet Harari

unter mysteriösen Umständen, nur um in Israel wieder aufzutauchen. Harari wird weder in die Vereinigten Staaten ausgeliefert, um einem Gerichtsverfahren entgegenzusehen, noch scheint es, dass um seine Auslieferung von den Vereinigten Staaten überhaupt angesucht wurde.

Plakettentausch in Auschwitz

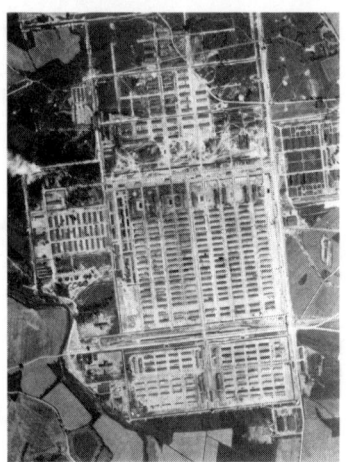

In Auschwitz wird eine Plakette, welche behauptet, dass dort vier Millionen Menschen, vor allem Juden, umgebracht wurden, mit einer anderen Plakette ausgetauscht, welche behauptet, dass dort 1,5 Millionen Menschen starben.

Seltsamerweise wird die bisherige Zahl von sechs Millionen Juden, welche im Holocaust gestorben sind, nicht reduziert, um diese Reduktion von 2,5 Millionen der angegebenen Todesopfer zu reflektieren.

Rothschild Investmentbank
Rothschild GmbH
Börsenplatz 13-15
D-60313 Frankfurt am Main

Die Londoner und Pariser Rothschilds kündigen die Eröffnung einer neuen Zweigniederlassung in Frankfurt, die Rothschild GmbH.

Sayanim: Weltweite Helfershelfer

1990: In seinem Buch „By Way Of Deception (Durch Täuschung)" veröffentlicht in diesem Jahr, deckt der frühere Mossad Agent Victor Ostrovsky das Folgende auf:

1. Der Mossad rekrutiert arabische Agenten, um Missionen auszuführen.

2. Israelische Agenten werden darin geschult, sich als Araber auszugeben.

3. Der Mossad hat einen ausgeklügelten Plan, den Irak zu verteufeln und die USA in einen Krieg gegen den Irak zu verwickeln.

Er macht die folgende erstaunliche Bemerkung über die Bereitschaft der weltweiten jüdischen Gemeinschaft, dem Mossad als „sayanim" (welches vom hebräischen Wort *lesayeah* abstammt und helfen heißt) über jegliche Loyalität hinaus zu helfen, welche sie als Bürger zur Nation, in der sie leben, haben. Auf Seite 86 sagt Ostrovsky:

> „...ist die Sayanim ein einzigartiger und wichtiger Teil der Operationen von Mossad. Sayanim Assistenten müssen 100 Prozent jüdisch sein. Sie leben im Ausland, und, obwohl sie keine israelischen Bürger sind, werden viele durch ihre Verwandten in Israel erreicht.
>
> Ein Israeli mit einem Verwandten in England könnte zum Beispiel gebeten werden, einen Brief zu schreiben, der aussagt, dass die Person, welche den Brief bei sich trägt, eine Operation repräsentiert, deren hauptsächliches Ziel darin bestünde, jüdischen Leuten in der Diaspora zu helfen. Könnten die britischen Verwandten in irgendeiner Weise helfen?"

Es gibt Tausende von Sayanim über die ganze Welt verstreut. In London allein gibt es 2000, welche aktiv sind, und weitere 5000 auf der Liste. Ostrovsky enthüllt in seinem Buch von 1994 „The Other Side Of Deception (Die andere Seite der Täuschung)", dass der Mossad allein in London über 100 sichere Häuser aufrechterhält. Sie erfüllen zahlreiche Rollen:

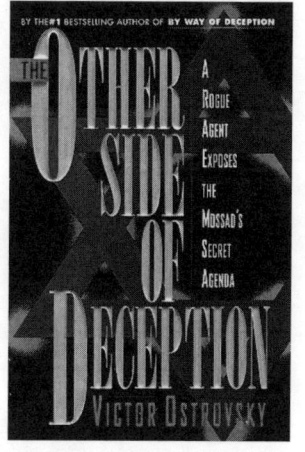

> „Ein Car-Sayan würde zum Beispiel eine Leihagentur führen, und könnte dem Mossad helfen, ein Auto zu mieten, ohne die komplette übliche Dokumentation ausfüllen zu müssen. Ein Apartment-Sayan würde eine Unterkunft finden, ohne Verdacht zu erregen, ein Bank-Sayan könnte mitten in der Nacht Geld liefern, und ein Doktor Sayan würde eine Schusswunde behandeln, ohne es der Polizei zu berichten, und so weiter. Die Idee dahinter ist, einen Pool an Leuten zur Verfügung zu haben, welche, wenn gebraucht, den Service bieten, aber aufgrund ihrer Loyalität für die große Sache stumm bleiben...

Einer Sache kann man sich sicher sein: wenn eine jüdische Person weiß, dass es der Mossad ist und vielleicht deswegen nicht helfen möchte, wird sie eventuell zwar nicht zur Hilfe bereit sein, aber sie wird den Agenten nicht verpfeifen. Man hat damit ein Rekrutierungssystem ohne Risiko zur Verfügung, das einem tatsächlich ermöglicht, einen Pool von Millionen jüdischer Leute anzuzapfen, die außerhalb der eigenen Grenzen agieren."

Und auf Seite 292 steht:

„Viele unserer Jugendlichen, die in den Sommerlagern in Israel trainierten, werden später zu Sayanim, und so bietet sich eine starke Gruppe von bereiten Helfern an, welche gut trainiert sind, unerschrocken mit der Sprache umgehen, und schon die Fähigkeit bewiesen haben, Risiken einzugehen."

Dies würde das Verlangen der Gruppe „Birthright Israel" erklären, kostenlosen Urlaub nach Israel für jüdische Bewohner zwischen dem Alter von 18 – 26 über die ganze Welt anzubieten, um das Folgende laut ihrer offiziellen Internetwebseite auszuüben:

„Strengthen the sense of solidarity among World Jewry.
(Den Sinn der Solidarität zwischen dem Weltjudentum stärken)"

Aufgrund einer Massenpanik unter den jüdischen Gruppen, welche die angegebene Diskrepanz in der offiziellen Version des Holocaust betrifft, benutzen sie ihren Einfluss, um sicherzustellen, dass Frankreich das Gayssot-Gesetz einführt und verabschiedet, welches die Holocaust-Verleugnung zu einem Verbrechen macht. Die folgenden europäischen Länder folgen nach: Deutschland (es hatte vorher schon begrenzte Holocaust-Leugnungs-Gesetze), Schweiz, Österreich, Belgien, Rumänien, Tschechoslowakei, Litauen, Polen, Slowakei. Dies wird getan, um die größte Waffe der Juden gegen jene, die ihre kriminellen Handlungen kritisieren, zu schützen: Der xxxxx-xxxxx Mord an sechs Millionen Juden im 2. Weltkrieg ist eine Waffe, welche sie benutzen, um sich fortwährend als Opfer darzustellen und ihre oppressiven Aktionen gegen andere Rassen zu rechtfertigen.

Napalm-Luftbombenkampagne gegen den Irak: 150 000 Soldaten werden getötet

1991: Der Irakischen Invasion von Kuwait vom 2. August 1990 folgend beginnen am 16. Januar dieses Jahres die Vereinigten Staaten und Britannien eine Luftbombenkampagne von Zielen in Irak. Am 24. Februar beginnt die Bodenschlacht, welche 100 Stunden lang bis zum 28. Februar dauert, wonach ein horrendes Kriegsverbrechen erfolgt.

Das Verbrechen ist der Mord an 150.000 irakischen Soldaten mit Brennstoff-Luftbomben. Diese Iraktruppen fliehen auf einem überfüllten Highway von Kuwait nach Basra. Präsident George Herbert Walker Bush ordnet die militärischen Luftkräfte der Vereinigten Staaten sowie die Streitkräfte am Boden an, diese kapitulierenden Truppen zu töten, welche sodann in unmarkierte Massengräber in der Wüste gebaggert werden, manche von ihnen noch am Leben.

Präsident Bush befiehlt dann die Aufgabe der Feindlichkeiten. Was ist die Bedeutung dieser Schlacht und Erklärung von Präsident Bush, dass der Krieg an diesem Tag vorbei ist? Es war der Tag, auf den dieses Jahr der

„Day of Purim (Tag des Purims)" fiel. Dies ist der Tag, an dem die Juden ihren Sieg über das antike Babylon zelebrieren, welches inzwischen innerhalb der Grenzen des Irak liegt, ein Tag, an dem die Juden ermutigt werden, blutige Revanche an ihren Feinde zu nehmen, der Feind sind laut Purim praktisch alle Nichtjuden.

Von den ungefähr 697.000 amerikanischen Soldaten und Frauen, welche am Persischen Golf während der Operation Desert Storm eingesetzt wurden, enden 40.000 tot und 400.000 leiden an verschiedenen Krankheiten, die heute unter dem Begriff Golfkriegssyndrom bekannt sind.

Es wird daraufhin entdeckt, dass die Armee 800.000 chemische und biologische Schutzanzüge von der Isratex Company in Rainelle, WV, herstellen hat lassen, welche defekt waren, und Löcher und Risse enthielten, welches biologisches oder chemisches Material in ausreichender Menge einlassen konnte, um eine Person, die solch einen Anzug trug, zu töten.

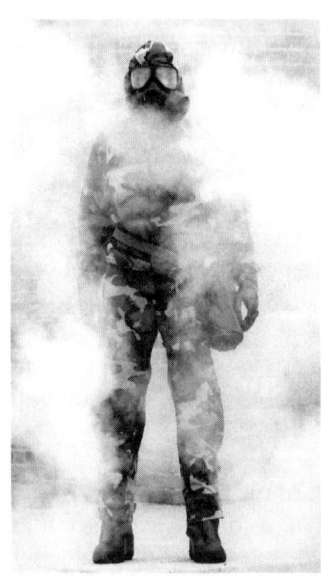

Die Firma Isratex, welche $ 44 Millionen in Verteidigungsverträgen in den späten 80ern und früheren 90ern eingestrichen hatte, um diese Schutzanzüge herzustellen, erklärte 1995 den Bankrott.

Wie verfuhr das Justiz System der Vereinten Staaten mit den Ausführern dieses Massenmordes an amerikanischen Soldaten, für nichts weiter als ihren finanziellen Gewinn?

Abe Brin, der frühere Isratex-Präsident, erhält vier Monate Haft, drei Jahre überwachte Freilassung und eine Strafe über $ 4.000.- Sein Bruder Yehudah Yoav Brin (welcher flüchtig war, bis er am JFK Flughafen gefasst wurde), erhält sechs Monate plus einen Tag im Gefängnis, zwei Jahre überwachte Freilassung und eine Strafe von $ 40.000.- Zvi Rosenthal, der vorherige Produktionsmanager der Firma, muss sechs Monate in Haft sitzen, und erhält drei Monate auf Bewährung und eine Strafe von $ 20.000.-

Der echte Grund für diesen Krieg mit Irak wird in dem Buch „The Other Side of Deception (Die andere Seite der Täuschung)" von Victor Ostrovsky aufgedeckt, in welchem er auf Seite 315 schreibt:

„Was der Mossad wirklich fürchtete, war, dass die gigantische irakische Armee, welche den Iran-Irak-Krieg überlebt hatte und vom Westen versorgt und von Saudiarabien finanziert wurde, in die Hände eines Führers fallen würde, der für den Westen angenehm sein, aber immer noch eine Gefahr für Israel darstellen könnte.

Der erste Schritt wurde im November 1988 unternommen, als der Mossad dem israelischen Außenministerium mitteilte, alle Unterredungen mit den Irakis betreffend einer Friedensfront zu stoppen. Zu jener Zeit finden geheime Verhandlungen zwischen Israel, Jordanien und Irak unter der Aufsicht der Ägypter und dem Segen der Franzosen und Amerikaner statt. Der Mossad manipulierte es so, dass es aussah, als ob Irak das einzige Land wäre, das nicht reden möchte, und überzeugte damit die Amerikaner, dass der Irak eine andere Agenda hätte.

Bis in den Januar 1989 ist die Mossad LAP (Israelische Psychologische Kriegsführungsmaschine) damit beschäftigt, Saddam als Tyrannen zu porträtieren und als eine Gefahr für die Welt darzustellen. Der Mossad aktivierte jedes Mittel, das sie hatten, an jedem möglichen Ort, von voluntären Agenten in Amnesty International bis hin zu voll bezahlten Mitgliedern des US-

Kongresses. Saddam hatte seine eigenen Leute getötet, ging der Aufschrei um; was könnten erst seine Feinde erwarten?

Die grausamen Fotos von toten kurdischen Müttern, worauf sie ihre toten Babies nach einer Gasattacke von Saddams Armee umarmen, sind real und die Taten waren horrend. Aber die Kurden waren in einen totalen Guerilla Krieg mit dem Regime in Baghdad verwickelt und wurden jahrelang vom Mossad finanziert, welcher Waffen und Berater in die Bergcamps der Barazany Familie schickte; diese Attacke seitens der Iraker konnte also kaum eine Attacke auf die eigenen Leute genannt werden...

Die Medien wurden mit Insider-Information und Tips von ver-

lässlichen Quellen versorgt, wie der verrückte Führer von Irak Leute mit baren Händen ermordet hätte, und wie er Raketen benutzt hätte, um iranische Städte anzugreifen. Was sie vergasen, den Medien zu erzählen, war, dass die meisten Abschüsse dieser Raketen durch den Mossad mit Hilfe amerikanischer Satelliten ausgeführt wurden. Der Mossad präparierte Saddam für einen Sturz, aber nicht ihren eigenen.

Sie wollten die Amerikaner die Arbeit der Zerstörung dieser gigantischen Armee in der irakischen Wüste ausführen lassen,

216

*sodass sie Israel nicht eines Tages an ihren eigenen Grenzen be-
kämpfen müsste. Das in sich selbst stellte einen noblen Grund
für Israel dar, die Welt mit der Möglichkeit eines globalen Kriegs
und dem Tod von tausenden Amerikanern zu gefährden, war jedoch
purer Wahnsinn."*

Die sieben Noahide-Gesetze

Am 20. März erlässt der 102. Kongress der Vereinigten Staaten unter dem
Druck der rabbinischen Chabad Lubavitch-Bewegung die Public Law
102-14, um den 26. März 1991 als „Education Day, U.S.A (Erziehungstag
U.S.A.)" festzulegen in Bezug auf die Unterrichtung der Öffentlichkeit
über die sieben Noahide-Gesetze aus dem Talmud, welche lediglich eine
Ableitung von spezifischen Passagen der Torah durch die Pharisäer darstellen. Darüber hinaus sind es Gesetze, die nur Nichtjuden zu befolgen
haben.

Der Fokus des Öffentlichen Rechts 102-14, dass es einen „Erziehungstag"
darstelle, ist nur ein Deckmantel, um die Öffentlichkeit zu täuschen, zu
glauben, dass die sieben Noahide-Gesetze nicht tatsächlich in das Gesetz
aufgenommen wurden mit diesem Gesetz. Anstatt dessen möchten die
Juden der Öffentlichkeit weismachen, dass dieses öffentliche Recht nur
ein einmaliger, nicht jährlich wiederkehrender, Tag des 26. März gewesen
sei, um die Öffentlichkeit über dieses Thema zu informieren.

Es wird jedoch rapide offensichtlich, dass ein regierungsgesponserter Ein-
maltag keine Erlassung eines Gesetzes erfordert, um seine Durchführung
sicherzustellen! Deshalb werden diese Gesetze am 20. März erlassen, in
Bereitschaft dafür, falls der Ge-
richtshof der Vereinigten Staaten sie gebrauchen möchte, und
diese sieben Gesetze sind:

1. Avodah zarah - Ehre keine
   falschen Götter.

2. Shefichat damim - Töte nicht.

3. Gezel - Stehle oder kidnappe nicht.

4. Gilui arayot - Sei sexuell nicht immoral (verbotene sexuelle Akte werden traditionell als folgende Sachverhalte interpretiert: Inzest, Sodomie, männliche homosexuelle Aktivitäten, und Ehebruch).

5. Birkat Hashem - „Bless God" wird verboten, da es Blasphemie darstellt (Gotteslästerung).

6. Ever min ha-chai – Esse kein Fleisch, das von dem Körper eines lebenden Tieres genommen wurde (an Noah gegeben und traditionell als Verbot von Grausamkeiten gegenüber Tieren interpretiert).

7. Dinim – Erlaube keine Unterdrücker-Regierung oder Anarchie. Setze ein System ehrlicher, effektiver Gerichtshöfe, Polizei und Gesetze ein, um die ersten sechs Gesetze durchzusetzen.

Diese Gesetze sind die felsenfeste Basis für den jüdischen Supremazismus (Herrschaftsanspruch), da sie die Verehrung jeglichen Gottes außer ihrem eigenen Gott, Satan, verbieten. Dieses wird im Gesetz Nummer Eins aufgeführt, „Do not worship false gods – verehre keine falschen Götter),

 welches aus dem jüdischen Talmud kommt, und bedeutet, dass jegliche Götter, welche die Juden nicht anerkennen, wie Jesus Christus und der Prophet Mohammed, falsche Götter sind. Der Talmud sagt aus, dass die Strafe für Ungehorsam gegenüber diesen Gesetzen wie folgt sein soll:

„Ein zusätzliches Element von großer Schwere ist die Verletzung jeglicher der sieben Gesetze des Noahide, was die schwere Strafe durch Köpfung erfordert - Sanhedrin 57A."

Seltsamerweise genug erhalten diese Gesetze oder der „Erziehungstag", der mit ihnen verbunden ist, keine Kritik der American Civil Liberties Union (ACLU) wie man hätte erwarten können, da sie nicht nur die Durchsetzung von Grundsätzen einer spezifischen Religion auf alle Nichtjuden repräsentieren, sondern auch die von der ACLU lange hochgehaltene Überzeugung der nötigen Trennung von Kirche und Staat verletzen.

David Rockefeller: Im Licht der Öffentlichkeit hätte der Plan zur Weltherrschaft nicht reifen können

Auf der Bilderberg-Konferenz am 6. bis 9. Juni in Baden-Baden, Deutschland, macht David Rockefeller (ein Rothschild) die folgende Bemerkung:

„Wir sind der Washington Post, der New York Times und dem Time Magazine und anderen großen Publikationen dankbar. Ihre Direktoren haben unsere Versammlungen besucht, und sie haben das Versprechen ihrer Diskretion seit nahezu 40 Jahren gehalten. Es wäre für uns unmöglich gewesen, unsere Pläne für die Welt zu entwickeln, wenn wir während dieser Jahre den Scheinwerfern der Publizität ausgesetzt gewesen wären. Doch ist die Welt heute komplizierter und darauf vorbereitet, auf eine Weltregierung hinzumarschieren. Die übernationale Souveränität einer intellektuellen Elite und der Weltbankiers ist mit Sicherheit der nationalen Selbstbestimmung, wie sie in den vergangenen Jahrhunderten praktiziert worden ist, überlegen."

1992: Im März wird der Vorsitzende des Federal Reserve Board Paul A. Volker Vorsitzender der europäischen Bankenfirma J. Rothschild, Wolfensohn und Co.

Über Stephen Bryen, der 1978 geheim gehaltene Dokumente nach Israel weiterleitete, wird entdeckt, dass er sogar im Gremium des pro-israelischen Jewish Institute for National Security Affairs sitzt, während er als bezahlter Konsultant mit Sicherheits-Clearance an Exporten sensitiver US-Technologie arbeitet.

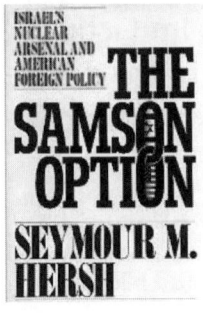

"The Samson Option" von Seymour M. Hersh berichtet:

"Unerlaubter weise flossen Geheimdienstinformationen in solcher Fülle von der LAKAM (hebräisches Akronym für Scientific Liaison Bureau, eine geheime Geheimdienstagentur Israels) *in israelische Geheimagenturen ein, dass ein spezieller Codename, JUMBO, zu den Sicherheitsmarkierungen, welche sich schon auf den Dokumenten befanden, dazu addiert wurde. Es gab strikte Anweisungen, erinnert sich Ari Ben-Menashe, ›Alles was JUMBO markiert war, sollte nicht mit amerikanischen Gegenspielern diskutiert werden‹."*

Das Wall Street Journal berichtet, dass israelische Agenten anscheinend versucht hatten, Recon Optical Inc's top-geheimes luftraumgebundenes Spionagekamerasystem zu stehlen.

Die sieben russischen Oligarchen

Nun beginnen ernsthaft Privatisierungen in Russland. Als Resultat dessen endet der enorme Reichtum durch Korruption in den Händen der so genannten „Seven Oligarchs", von denen alle neue Milliardäre sind und Boris Yeltsin mit Geld und Medienrückhalt unterstützen.

Die sieben sind Boris Berezovsky, Vladimir Gusinsky, Mikhail Khodorkovsky, Mikhail Friedman, Alexander Smolensky, und Pyotr Aven, alle jüdisch, und ein Russe, Vladimir Potanin. Potanin würde von den anderen als öffentliche Verbindung zu der Regierung benutzt werden.

Hilfe, die Russland vom Westen bekommt, geht ebenfalls sofort an die jüdischen Bank-Kabale. Dies wird aufgedeckt, als die Washington Times berichtet, dass der russische Präsident Boris Yeltsin darüber erschüttert war, dass die hereinkommende Auslandshilfe abgesahnt wurde, er sagte, dass es

> *„sofort zurück in den Säckel der westlichen Bankiers zur Schuldenabzahlung geht."*

Die verschuldeten Länder der Dritten Welt, welche Geld von der World Bank geliehen hatten, zahlen 198 Millionen Dollar mehr an die Zentralbanken der entwickelten Nationen für weltbankfinanzierte Zwecke zurück, als sie von der Weltbank erhalten. Dies dient nur dazu, ihre permanente Schuld zu steigern im Austausch für kurzfristige Erleichterung von der Armut,
welche durch die Zahlung von früheren Darlehen entsteht, deren Rückzahlung schon die Summen der neuen Darlehen übersteigt.

In diesem Jahr erreichen Afrikas externe Schulden 290 Milliarden Dollar, was zweieinhalb Mal größer ist als ihr Stand 1980 war, und zur Zerstörung von Schulen, Verwahrlosung der Behausungen sowie himmelwärts strebender Kindersterblichkeit führt, einer drastischen Abwärtsbewegung der allgemeinen Gesundheit der Menschen sowie Massenarbeitslosigkeit.

Am 16. September kollabiert das britische Pfund, als Währungsspekulanten vom Rothschild-Agenten, Ashkenazim-Juden George Soros, Britische Pfund leihen und sie für Deutsche Mark verkaufen, in der Erwartung, das Darlehen dann in entwerteter Währung zurückzahlen zu können und die Differenz in die eigene Tasche zu stecken.

Rothschild Agent Norman Lamont er-füllt den Ausverkauf Englands an die Rothschilds als britischer Schatzkanzler

Dies resultiert darin, dass der britische Schatzkanzler Norman Lamont eine Steigerung der Zinsraten auf 5 % in einem Tag ankündigt und als Resultat Britannien in eine Rezession treibt, welche viele Jahre dauert. Eine große Anzahl von Geschäften schließt und der Immobilienmarkt stürzt.

Dies ist der Startschuss für die Rothschilds, welche, ebenso wie sie die britischen staatlichen Güter während den 1980ern privatisierten, und ihren Aktienpreis nach oben trieben, nun Vorteil aus dem Kollaps des Marktes nehmen, sodass sie ihn für Pennies aufs Pfund aufkaufen können,

faktisch eine Durchschlagkopie dessen, was Nathan Mayer Rothschild der britischen Wirtschaft 180 Jahre früher antat, nämlich 1812.

Es kann nicht überbetont werden, dass der Schatzkanzler jener Zeit, Norman Lamont, bevor er MP wurde, ein Handelsbanker bei N. M. Rothschild and Sons war, welchen er sich anschloss nachdem er Ökonomie in Cambridge studierte.

1993: Norman Lamont verlässt die Britische Regierung, um zu N. M. Rothschild and Sons als Direktor zurückzukehren, nachdem seine Mission, die britische Ökonomie zu kollabieren, erfüllt ist. Als Labour unter Tony Blair 1997 zur Macht kommt, erhält Norman Lamont weitere Anerkennung für seine exzellente Arbeit, die britische Wirtschaft kaputt zu machen, und wird zum Lord Lamont von Lerwick geadelt.

Der frühere Kongressmann Paul Findley veröffentlicht sein zukunftsträchtiges Buch „Deliberate Deceptions: Facing the Facts About the US-Israeli Relationship (Absichtliche Täuschung: Den Tatsachen über die US- Israelische Beziehung ins Gesicht gesehen)". In diesem Buch listet er 65 Resolutionen der Vereinigten Staaten gegen Israel von 1955 bis 1992 auf, und die 30 Vetos der Vereinigten Staaten auf Wunsch Israels, welche, wenn sie nicht eingelegt worden wären, die Resolutionen zu die-

sem Zeitpunkt auf 95 hätte ansteigen lassen. Die 65 Resolutionen, die gegen Israel erlassen werden, sind mehr als alle Resolutionen gegen alle anderen Länder zusammen, und das, obwohl die Vereinigten Staaten Israel wie einer Marionette helfen, andere zu terrorisieren.

Nicht dass Israel sich zuviel aus den Ansichten der Vereinigten Staaten macht, wenn man bedenkt dass weniger als zwei Wochen nach Israels Attacke auf die USS Liberty (eine Attacke, welche die Liberty auf den Grund senken sollte, was wiederum auf die Ägypter geschoben werden sollte, um damit die Vereinigten Staaten zum Krieg mit Ägypten aufzuhetzen aufgrund von israelischen Lügen, erinnert an das Motto des Mossad „Durch Täuschung sollt ihr Kriege führen", sagt der israelische Außenminister Aba Eban über die Vereinigten Nationen, wie es in der New York Times am 19. Juni 1967 berichtet wird:

„Wenn die Generalversammlung 121 Stimmen zu 1 wählen würde, dass Israel sich an die Grenzen des Waffenstillstandsabkommens (die Grenzen vor Juni 1967) zurückziehen soll, würde Israel sich weigern, diese Entscheidung anzunehmen."

Die Anti-Defamation League (ADL) wird dabei ertappt, als sie eine massive Spionageoperation gegen die Kritiker von Israel durchführt, gegen die Araber-Amerikaner, das San Francisco Labor Council, die International Longshore und Warehouse Union (ILWU) Local 10, die Oakland Educational Association, die National Association for the Advancement of Coloured People (NAACP), die Irish Northern Aid, das International Indian Treaty Council, den Asian Law Caucus und die San Francisco Police.

Aufgenommene Daten (welche mehr als 10.000 Namen und vertrauliche Informationen über Christen des rechten Flügels, Konservative und Moslems in Amerika enthält), werden nach Israel gesandt, und in manchen Fällen sogar nach Südafrika. Der Druck von jüdischen Organisationen zwingt die City, die kriminellen Anklagen fallenzulassen, aber die ADL schlichtet mit einer unbekannten Summe ein ziviles Gerichtsverfahren.

Am 25. Juli zwingen die Israelis die Lancierung von „Operation Accountability" gegen den Südlibanon als Antwort auf die Attacke der Militärkräfte der Hisbollah, welche sieben israelische Soldaten in Nordisrael töteten. Dies findet in der Form von Luftangriffen statt, welche eine Woche lange dauern, und in denen 130 Libanesen umgebracht und 300.000 gezwungen werden, auf der Flucht ihre Häuser zu verlassen.

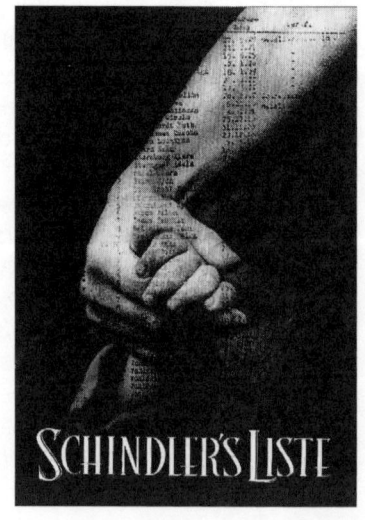

Der jüdische Direktor Steven Spielberg lässt seinen jüdische Propaganda- „tour de force"-Film „Schindlers Liste" erscheinen, welcher großes Lob seitens der jüdisch kontrollierten Medien erhält, und ihm den Oscar für „Beste Regie" vom jüdisch kontrollierten Hollywood einbringt.

Es ist wichtig, hier eine sehr interessante Film-szene zu anzumerken, die im Film nicht richtig quotiert wurde. Dies ist an der Stelle, als Schindler beklagt, wie wenige Juden er von den Nazi-Arbeitscamps retten konnte, worauf hin ein kleiner, alter jüdischer Mann zu ihm sagt „In unserem heiligen Buch, dem Talmud, heißt es, wenn man nur ein Leben rettet, ist das, als ob man die ganze Welt gerettet hätte."

Falsch! Die exakten Worte im Talmud besagen in Wirklichkeit, dass wenn man ein „jüdisches" Leben rettet, es so ist als ob man die ganze Welt gerettet hätte. Es sollte nie vergessen werden, dass laut dem Talmud die Leben der Nichtjuden (Heiden) überhaupt keinen Wert haben.

Das Goldstein-Massaker

1994: In Israel, am 25. Februar, dem Tag des Purim, betritt Dr. Baruch Kappel Goldstein, welcher als Physiker im israelischen Verteidigungsministerium (IDF) beschäftigt und ein direkter Abkömmling von Rabbi Shneur Zalman von Liadi ist, dem Begründer der Chabad Lubavitch-Bewegung, die Cave of the Patriarchs Moschee während Gebeten und tötet 29 Muslime und verwundet 125 weitere. Er erschießt sie mit einer automatischen Waffe. Er wird schließlich durch die Überlebenden überwältigt und zu Tode geprügelt.

Im Untersuchungsausschuss bezeugen zwei israelische Armeestreitkräfte, dass Goldstein nicht allein handelte, und dass sogar das Gewehr, das an seinem Körper gefunden wird, nicht dasselbe ist, mit dem er die Moschee betrat. Nichtsdestotrotz entscheidet der Untersuchungsausschuss, dass Goldstein alleine handelte. Fast sofort wird das Grab von Goldstein ein Platz der Wallfahrt für viele Juden. In der Tat deklariert der lokale religiöse Council

von Kiryat Arba die Grabstätte als Memorial und richtig festgelegte Friedhofsstätte. Bürgersteige, Spotlichter, Strassenlichter, ein Regal mit Gebetsbüchern sowie Podeste mit Kerzen werden von Unterstützern installiert. Dies ist die Inschrift auf seinem Grabstein:

„Hier liegt der Heilige Dr. Baruch Kappel Goldstein, gesegnet sei das Gedächtnis an diesen gerechten und heiligen Mann, möge der Lord sein Blut rächen, der seine Seele den Juden widmete, der jüdischen Religion und dem jüdischen Land. Seine Hände sind unschuldig und sein Herz ist rein. Er wurde als Märtyrer für Gott getötet am 14. Adar, Purim, in dem Jahr 5754."

Nur zwei Tage nach dem Goldstein Massaker sagt Rabbi Yaacov Perrin:

„Eine Million Araber sind nicht mal einen jüdischen Fingernagel wert."

Ein weiterer jüdischer Führer, der jüdische spirituelle Führer Rabbi Yitzhak Ginsburg, der auch die Kever Yossev Yeshiva Talmudic School in Nablus leitet, singt ebenso das Lob des Goldstein-Massaker, das er wie folgt benennt:

„eine Erfüllung einer Anzahl von Kommandos des jüdischen religiösen Rechts... Unter Goldsteins guten Taten, wie aufgezählt, sind.... Rache an den Nichtjuden zu nehmen, Auslöschung der Nichtjuden, welche von dem Samen des Amalek kommen... und die Heiligsprechung des heiligen Namens."

226

Solomon Morel –
Kriegsverbrechen gegen die Menschheit

Polen verlangt die Auslieferung des Juden Solomon Morel von Israel für „Crimes Against Humanity (Kriegsverbrechen gegen die Menschheit)." Morel war ein Kommandeur der Konzentrationslager in Swietochlowice in Polen nach dem 2. Weltkrieg. Diese Konzentrationscamps behausten polnische Männer, Frauen und Kinder, welche von deutscher Herkunft waren, und ihr Besitz wurde folglich von der jüdischen kommunistischen Autorität beschlagnahmt.

Unter den Anklagen an Morel sind Folgende:

1. Dass er Babies ermordete, indem er ihre Köpfe gegen Steinwände hämmerte.
2. Dass er Mitinsassen mit Stühlen und Keulen zu Tode knüppelte.
3. Dass er Folterungen an Mitinsassen vollführte. Seine bevorzugte Methode war, Objekte in den After der Mitinsassen zustecken.
4. Dass er Frauen und Kinder zwang, nackt bei Minustemperaturen zu paradieren.
5. Dass er Mitinsassen zwang, menschliche Exkremente zu essen.
6. Dass er Mitinsassen aushungerte, bis sie starben.

Diesen Anklagen folgend hilft die israelische Regierung Morel, nach Tel Aviv zu fliehen, und verwirft die Klagen als ein „antisemitisches Komplott". Die polnische Staatsanwältin, die für die Anklage von Solomon Morel verantwortlich ist, Eva Kok, sagt über die israelischen Autoritäten:

„Die Israeliten sind in der Verurteilung von Leuten, welche solcher Verbrechen angeklagt sind, extrem effizient und sie müssen akzeptieren, dass andere Nationen das gleiche tun wollen."

Jedoch weigert sich Israel, Morel auszuliefern, nicht dass sie das überhaupt könnten, denn Israel liefert seine Bürger nicht aus. In der Tat kann Israel seine Bürger nicht ausliefern, da die Erhabenheit der Rasse der Juden die ganze Basis dieses rassistischen Staates ist, weshalb es gar keine Auslieferungsabkommen mit nichtjüdischen Nationen abschließt und das somit auch nicht kann. Als Resultat dessen fliehen über die Jahre viele jüdische Kriminelle zu ihrem sicheren Hafen Israel, um gerichtlicher Verfolgung jeglicher Verbrechen, die sie in der Welt begangen haben, auszuweichen.

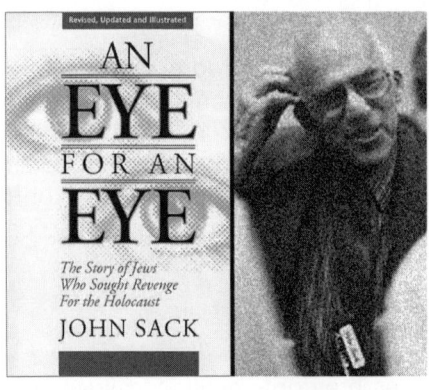

Zurück zu der Auswahl von Solomon Morel als Kommandant des Konzentrationscamps gehend, sagt der Schriftsteller John Sack interessanter weise in seinem Buch „An Eye For An Eye (Ein Auge für ein Auge)" das Folgende über den russischen jüdischen Führer Stalin:

"Stalin wählte bewusst Juden als Lagerkommandanten im Wissen, dass sie wenig Gnade an den Insassen zeigen werden."

Der frühere Mossad Agent Victor Ostrovsky veröffentlicht in seinem zweiten Buch mit dem Titel „The Other Side of Deception (Die andere Seite der Vortäuschung)", das Folgende auf Seite 241:

„›Wieso gibt die Mossad humanitäre Hilfe an Schwarze in Soweto?‹, erinnere ich mich, ihn zu fragen. Es gab keinerlei Logik darin;

kein kurzfristiges politisches Ziel (was die Art war, wie der Mossad operierte) *oder irgendeinen finanziellen Vorteil.*
›Erinnern Sie sich an Nes Siyyona?‹ Seine Frage sandte meinen Rücken Schauer hinauf. Ich nickte.
›Dies ist dem gleichzusetzen. Wir testen sowohl neue Infektions-Krankheiten als auch neue Medikamente aus, welche an Menschen in Israel nicht getestet werden können, für mehrere der israelischen Medizinfabrikanten. Dies wird ihnen zeigen, ob sie sich auf dem richtigen Weg befinden, und ihnen Millionen an Forschungsgeldern einsparen‹.
›Was denken Sie über all das?‹ hatte ich nachzufragen.
›Es ist nicht meine Aufgabe, darüber nachzudenken.‹."

Nelson Mandela, welcher 26 Jahre im Gefängnis saß, unter anderem für 193 terroristische Aktionen zwischen 1961 und 1963, welche er verbrochen hatte, sagt an seiner Gerichtsverhandlung:

> *„Ich verneine nicht, dass ich Sabotageakte plante."*

Nelson Mandela wird unter einer Fanfare von Medienhickhack zum Präsidenten von Südafrika gewählt, wobei die im jüdischen Besitz befindlichen Medien den historischen Tag loben, an dem ein schwarzer Mann gewählt wird, Südafrika zu regieren.

Was nicht gesagt wird, ist, dass Mandela, welcher zufällig vor seiner Gefängnisstrafe das Pamphlet „How to be a Good Communist (Wie man ein guter Kommunist ist)" schrieb, einfach in diese Position gestellt wurde, um sicherzustellen, dass es keine Störungen geben wird, während ganz Südafrika von der Rothschild-Oppenheimer Familie und insbesondere ihren Gold- und Diamant-Minenlobbies in Schach gehalten wird.

In der Tat besitzt das gegenwärtige Oberhaupt der Oppenheimer Familie, Harry Oppenheimer, 95 % der Diamantenminen der Welt. Ist es dann noch überraschend, dass die jüdischen Medien vergessen, ihre Leser darüber zu informieren, wieso, wenn die Schwarzen in Südafrika Afrika für die Afrikaner bekommen, all die Gold- und Diamantenminen, welche den Reichtum Südafrikas darstellen, immer noch von Juden kontrolliert werden?

Kommunismus wurde natürlich für die Rothschilds von Moses Mordechai Levy ausgedacht, welcher im Allgemeinen mehr unter seinem krypto-jüdischen Namen Karl Marx bekannt ist, es ist wohl keine Überraschung mehr, dass der *African National Congress* (ANC) in Südafrika von zwei kommunistischen Juden, Albie Sachs und Yossel Mashel Slovo (Joe Slovo) gelenkt wird. In der Tat wird Slovo zum Minister für Wohnungswesen ernannt, als Nelson Mandelas ANC Südafrika übernimmt.

Kommunismus ist so ausgedacht, dass es den Reichtum der Welt in den Händen weniger Juden konzentriert (plus in diesem Fall, dem einen oder anderen Schwarzen), während die Bevölkerung des Landes, welches sie in sich aufgesogen haben, in Armut gelassen wird.

Es sollte deshalb kaum überraschen, dass keine der Mineralreichtümer, welche von Rothschild-Frontmännern wie der Oppenheimer Familie kontrolliert werden, an die schwarze Bevölkerung zurückgegeben werden, und so wird stattdessen Südafrika, weit davon entfernt, frei zu sein, einen dramatischen Abstieg der Lebensstandards der schwarzen Bevölkerung erleben, und rapid in den Status eines Staates mit der höchsten Brutalität und Kriminalität fallen.

AIDS Infektionen schwelen in mindestens 25 % der schwarzen Bevölkerung, und Mandelas Nachfolger Thabo Mbeki, der Sohn von Govan Mbeki, einem der Terroristen, welche Seite an Seite mit Mandela verhaftet wurden, behauptet, nachdem er Mandela als Präsident nachfolgt, dass Armut und nicht HIV der Grund für AIDS sei.

Dies schafft Verwirrung für eine Bevölkerung, welche unter so genannter Freiheit beobachten musste, wie der Grad an Kriminalität und Armut sich rapide steigert, und in ihrer Verzweiflung der Realisation dessen, dass die Regierung ihnen nicht helfen wird, gehen sie in ihrer Not zu eingeborenen Hexenheilern, welche ihnen raten, dass Sex mit einer Jungfrau sie von AIDS heilen wird. Dieses Land, welches sich bereits mit Statistiken von einer Vergewaltigung alle 26 Sekunden brüstet, sieht daraufhin Vorfälle von Sex mit Babies, welche weniger als sechs Monate alt sind, rapide ansteigen.

Interessanterweise legitimiert der Talmud Sex mit Mädchen unter dem Alter von drei Jahren und rechtfertigt dies in der Mishnah of Kethuboth 11a, da es anscheinend, laut den jüdischen Rabbis, einem Finger in das Auge eines Babymädchens zu legen gleichkommt, und so wie die Tränen in die Augen gerade wieder und wieder strömen würden, so käme auch die Jungfräulichkeit zurück zum Babymädchen.

1995: Am 21. Oktober erscheint der früher aktive Mossad-Agent Victor Ostrovsky, der zwei Bücher veröffentlichte, welche die Aktivitäten des Mossad ans Licht bringen, in der kanadischen Frühstücksshow „Canada AM" mit dem israelischen Journalisten Yosef Lapid, dem früheren Leiter des israelischen Fernsehens, die auch via Satellit ausgestrahlt wird.

Lapid hatte schon danach gerufen, dass die Mossad Ostrovsky in Canada suchen sollte, um ihn für seine enthüllenden Bücher umzubringen. Jedoch sagt Lapid dieses Mal in der Show, dass der israelische Mossad Ostrovsky nicht in Kanada ermorden könnte, ohne für einen diplomatischen Fall zu sorgen.

> *„Ich hoffe, dass es einen anständigen Juden in Canada geben würde, welcher den Job für uns erledigen würde."*

Ostrovsky entscheidet sich, Yosef Lapid in einem kanadischen Gericht für die Anstiftung zum Mord an ihm anzuklagen, und „Canada AM" dafür, diese Anstiftung an die Öffentlichkeit gebracht zu haben. Jedoch gelingt es Ostrovsky nicht, einen Rechtsanwalt in Kanada zu finden, der diesen Fall annimmt. Ostrovsky wird daraufhin der letzte Teil seines Vorschusses, $ 46.000, von seinem Verleger Harper Collins (im jüdischen Besitz von Rupert Murdoch) vorenthalten, aufgerechnet gegen Werbekosten. Ostrovsky informiert Harper Collins,  dass dies nicht in ihrem Vertrag enthalten war, dem sie entgegnen „Sue us! (Verklage uns!)"

Die kollektive jüdische Schikanierung geht weiter. Ostrovsky's Tochter, einer Fernsehproduzentin, wird ein Job versagt, der ihr von der Vancouver Fernsehstation angeboten wurde, als das Hauptbüro in Toronto von ihrer Verwandtschaft mit Ostrovsky erfährt. Ostrovsky's kanadischer Verleger sagt die Veröffentlichung seines neuen Buches ab, und etwas später wird sein Haus mit einem Brandanschlag zu Boden gebracht.

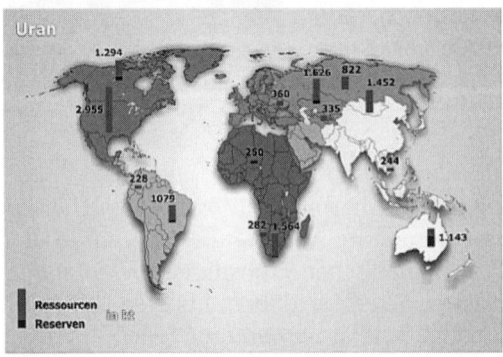

Die frühere Atomenergiewissenschaftlerin Dr. Kitty Little behauptet, dass die Rothschilds inzwischen 80 % des Weltvorkommens an Uran kontrollieren. Der Defense Investigative Service (DIS, Ermittlungsservice des Verteidigungsministeriums) lässt ein Memo zirkulieren, welches das US-Militär warnt:

„dass Israel aggressiv militärische und industrielle Technologie (der Vereinigten Staaten) sammelt."

Der Bericht sagt aus, dass Israel Informationen erlangt durch den Gebrauch von

„ethnischer Zielgruppenansprache, finanzielle Großzügigkeit, sowie Identifikation und Ausbeutung von individuellen Fehltritten."

Israel führt aggressive Spionage aus

1996: Ein Bericht des General Accounting Office, betitelt „Defense Industrial Security: Weaknesses in US Security Arrangements With Foreign-Owned Defense Contractors (Verteidigungsmilitärische Sicherheit: Schwächen in den US Sicherheitsabsprachen mit sich im ausländischen Besitz befindenden Vertragspartnern)" findet heraus, dass laut den Geheimdienstquellen das „Land A" (als Israel identifiziert durch Geheimdienstquellen, Washington Times, 22. Februar 1996),

„die aggressivsten Spionageoperationen gegen die Vereinigten Staaten unter allen Alliierten der US ausführt."

Die Jerusalem Post (30. August 1996) zitiert den Bericht:

„Geheimgehaltene militärische Informationen und sensitive militärische Technologien sind hohe Prioritätsziele für die Geheimdienste dieses Landes."

Der Bericht beschreibt,

„Eine Spionageoperation, welche von der Geheimdienstorganisation geführt wurde, welche für die Sammlung von wissenschaftlich und technologisch hoch sensitiver Information (für Israel) verantwortlich ist, bezahlte einen Angestellten der US-Regierung, um klassifizierte militärische Geheimdienstinformationen zu erlangen."

Der *Washington Report* über Middle East Affairs (Shawn L. Twing, April 1996) bemerkte, dass dies

„einen Bezug auf den Arrest von Jonathan Pollard in 1985 darstellte, einem zivilen US Marinegeheimdienst-Analysten, der schätzungsweise 800.000 Seiten von klassifizierten US-Geheimdienst-informationen an Israels LAKAM Spionageagentur weiterreichte."

Der GAO-Bericht bemerkt auch, dass

„mehrere Bürger (aus Israel) *in den Vereinigten Staaten dabei ertappt wurden, wie sie sensitive Technologie stahlen, welche zur Fertigung von Artillerie-Gewehrläufen benutzt wird."*

Ein Dokument des *Office of Naval Intelligence*, „Worldwide Challenges to Naval Strike Warfare (Weltweite Herausforderungen in der Marinestreitkraft)" berichtet, dass

„U.S. Technologie (von China) *durch Israel gekauft wurde in Form des Lavi Fighters und möglicherweise der SAM* (Boden-Luft-Raketen) *Technologie."*

Jane's Defense Weekly (28. February 1996) bemerkt:

„Bis jetzt hat die Geheimdienstgemeinschaft den Transfer von U.S. Technologie (via Israel) *nach China nicht offen bestätigt."*

Der Bericht bemerkt dass dies:

„einen dramatischen Schritt nach vorne für die chinesischen militärischen Flugstreitkräfte darstellt." (Flight International, 13. März 1996).

Während am 13. April Israel militärische Aggressionen gegen Streitkräfte der Hisbollah im Südlibanon unter dem Titel „Operation Grapes Of Wrath" führt, lancieren israelische Streitkräfte einen Raketenangriff auf eine

Ambulanz in Beirut, und töten 6 Zivilisten, 2 Frauen und 4 Kinder. Israelische Streitkräfte entschuldigen sich, Sprecher Glyn Davies nennt es eine „furchtbare Tragödie".

Weniger als eine Woche später, am 18. April, begeht Israel eine weitere „furchtbare Tragödie", als sie vorsätzlich einen United Nations Safe Compound im Dorf Qana, Südlibanon, bombardieren, und 106 libanesische Zivilisten töten, welche dort nur Zuflucht unter dem Verständnis gesucht hatten, dass es sich um eine vereinbarte Nichtangriffszone zwischen den kämpfenden Streitkräften von Hisbollah und Israel handelte.

Israel macht wie üblich Entschuldigungen, behauptet, dass es ein „Fehler" gewesen sei, aber unglücklicherweise hat die Geschichte inzwischen bewiesen, dass sie nie dazu fähig sein werden, in irgendeine Art von Kampf zu gehen, ohne mindestens ein Kriegsverbrechen, wenn nicht eine Serie von Kriegsverbrechen zu begehen, für die sie anscheinend immer Entschuldigungen haben. Major-General Stanislaw Wozniak von der United Nations Interim Force in Lebanon (UNIFIL) sieht es offenkundig auch so, wie es in seiner Erwiderung auf israelische Ausflüchte deutlich wird, in welchem er über das Qana Massaker aussagt:

"Einfach, man attackiert keine Zivilisten. Man attackiert keine UN Positionen."

Amschel Rothschild, 41, wird mit dem schweren Gürtel seines eigenen Bademantels stranguliert in seinem Hotelzimmer in Paris aufgefunden. Aus irgendeinem Grund ordnet der französische Premierminister Jacques Chirac an, die Untersuchung zu schließen, und Rupert Murdoch, geboren von einer jüdischen Mutter und damit ein Jude nach den israelischen Immigrationsgesetzen, instruiert seine Herausgeber und News Manager über die ganze Welt, es als Herzattacke zu berichten, wenn sie es überhaupt berichten müssen.

Am 12. Mai wird die Botschafterin der United Nations und Ashkenazim-Jüdin Madeleine Albright, als sie in der Show „60 Minutes" auftritt, durch den Korrespondent Lesley Stahl das Folgende gefragt, in Bezug auf die Jahre der ökonomischen Sanktionen seitens der Vereinigten Staaten gegenüber dem Irak:

"Wir haben gehört, dass eine halbe Million Kinder gestorben sind. Ich meine, das sind mehr Kinder als in Hiroshima starben. Und, wissen Sie ob es den Preis wert ist?"

Worauf Botschafterin Albright antwortet:

"Ich denke das ist eine sehr harte Wahl, aber den Preis, denken wir, den Preis ist es jedenfalls wert."

Dieser Kommentar verursacht keinen öffentlichen Aufschrei. In der Tat wird der Holocaust von einer halben Million irakischen Kindern positiv durch die Regierung der Vereinigten Staaten bestaunt, wenn man bedenkt, dass acht Monate später Präsident Clinton Frau Albright zur Staatssekretärin macht. Während sie vor dem Senatskomitee erscheint, welche ihre Berufung in Betracht zieht, kaut Albright regelrecht an dem Blut von noch mehr irakischen Kindern als sie sagt:

„Wir werden darauf bestehen, dass die UN die Sanktionen gegen Irak aufrechterhält, ausgenommen dass oder bis sich dieses Regime den relevanten Sicherheitsratsbestimmungen unterwirft."

Das Dokument, „A Clean Break: A New Strategy for Securing the Realm (Ein klarer Bruch: Eine neue Strategie zur Sicherung des Reiches)" wird veröffentlicht, was die folgende Aussage enthält, die später mit der Cock und Bull (Bullshit) Story der „weapons of mass destruction" (Massenvernichtungswaffen) ersetzt wird, um die Invasion der Vereinigten Staaten in den Irak in 2003 zu rechtfertigen:

> *„Israel kann seine strategische Umgebung in Kooperation mit der Türkei und Jordan bilden, indem es Syrien schwächt, eindämmt und sogar zurückrollt. Diese Anstrengung kann sich darauf konzentrieren, Saddam Hussein von seiner Macht in Irak zu stürzen, ein wichtiges israelisches strategisches Ziel in seinem eigenen Recht."*

Die Leute hinter diesem Bericht sind: Richard Perle; James Colbert; Charles Fairbanks Jr.; Douglas Feith; Robert Loewenberg; David Wurmser; und Meyrav Wurmser.

Auf der Larry King Live Show im April macht der Schauspieler Marlon Brando die folgende Aussage:

> *„Hollywood wird von Juden organisiert. Es gehört Juden, und sie sollten eine grössere Sensitivität zeigen gegenüber den Problemen der Menschen, die leiden, weil sie sie ausgebeutet haben."*

Als Resultat dieser Bemerkung fordert die jüdische Defense League sofort, dass Brandos Stern von dem Hollywood Walk of Fame entfernt wird, aber da ein öffentlicher Aufschrei befürchtet wird, weigert sich das *Hollywood Chamber of Commerce*, dies auszuführen.

1997: Am 20. Februar berichtet die New York Times, dass ein Maschinenbauingenieur des Militärs, der Ashkenazim-Jude David A. Tenenbaum „versehentlich" klassifizierte (d.h. geheim gehaltene) Militärinformationen über Raketensysteme und bewaffnete Fahrzeuge an israelische Beamte weitergab.

Die Washington Post berichtet auch, dass ein Geheimdienst der Vereinigten Staaten eine Konversation aufgefangen hatte, in welcher zwei Beamte von Israel die Möglichkeit diskutierten, wie sie zu einem Brief kommen könnten, welchen der damalige Staatssekretär Warren Christopher an den palästinensischen Führer Yasser Arafat geschrieben hatte. Einer der Israelis, nur als „Dov" identifiziert, hatte kommentiert, dass sie den Brief vielleicht von „Mega" erhalten werden, das ist der Codename des Top Spionage-Agenten innerhalb der U.S.

Der Botschafter der United States Martin Indyk beklagt sich im Privaten bei der israelischen Regierung über die hart gehandhabte Überwachung durch israelische Geheimdienste.

Die Monica Lewinsky-Affäre

Israelische Agenten platzieren eine Abhörwanze im Telefon von Monica Lewinsky, eine Ashkenazim-Jüdin und Tochter eines Rabbis, in ihrem Watergate-Apartment und nehmen Sexkonversationen zwischen ihr und Präsident Clinton auf. Der Ken Starr-Bericht bestätigt, dass Clinton Lewinsky darauf aufmerksam gemacht hätte, dass ihre Konversationen aufgenommen werden würden, und beendet die Affäre. Interessanterweise wird zur selben Zeit die Jagd des FBI auf „Mega" beendet.

Edgar Bronfman, Vorsitzender des *World Jewish Congress,* erpresst effektiv eineinhalb Milliarden Dollar von der Schweiz für angebliche Holocaust-Opfer welche, so behauptet er, dort ihr Geld angelegt hätten. Er hat keine Beweise, aber die schweizerische Regierung gibt nach, da Bronfman einer von Präsident Clintons größten finanziellen Rückhalten ist und sie die diplomatischen Konsequenzen fürchten, die sich entwickelten, wenn sie nicht nachgeben würden.

Interessanterweise wird in diesem Jahr ein Tribunal mit 17 in Zürich basierten Mitgliedern gehalten, um die Identität von 5.500 ausländischen und 10.000 Schweizer Konten zu untersuchen, welche seit dem Ende des 2. Weltkrieges ruhend lagern, und es wird daraufhin entdeckt, dass nur 200 Konten, welche eine Gesamtsumme von ungefähr 10 Millionen Dollar halten, zu den Holocaust-Opfern zurückverfolgt werden können, weniger als ein Prozent von jenen eineinhalb Milliarden Dollar, die von Bronfman erpresst wurden.

Gibt Bronfmann den Schweizern die anderen 99 % der eineinhalb Milliarden Dollar zurück? Natürlich nicht, und zufälligerweise hat er sechs Jahre später fast nichts an die angegebenen Holocaust Opfer weitergegeben, für die das Geld hätte sein sollen. Bronfmann unterschlug einfach seine Gewinne, welche er in betrügerischer Weise in seiner Forderung nach Gerechtigkeit für vorgebliche Holocaust-Opfer erschwindelte.

Weniger als 2 Monate bevor Tony Blair in England zur Macht kommt, kann ein weiterer interessanter Eintrag im HANSARD, 5. März 1997, Band 578, No. 68, Spalten 1869-1871, gefunden werden, in welchem der Earl of Caithness aufgezeichnet ist, gesagt zu haben:

„Die nächste Regierung muss in die Nesseln greifen, und ihre Verantwortung akzeptieren, von unserem schuldenbasierten Geldsystem zu wechseln, und den Geld-
vorrat selbst zu kontrollieren. Meine Herren Lords, werden sie das tun? Wenn sie das nicht tun, wird uns unser monetäres System zerbrechen, und das traurige Vermächtnis, das wir jetzt schon unseren Kindern hinterlassen, wird ein Desaster sein."

Am 2. Mai wird der British Labour Party Leader, Tony Blair als Premierminister erwählt. Vor seiner Wahl war der Mann, der die Verantwortung für die Spenden an Blairs „Private Office" führte, welche die fürstliche Summe von sieben Millionen Pfund erreichten, kein anderer als Blairs Tennispartner, ein Jude namens Michael Levy. Darüber hinaus stimmte Levy zu, große Geldsummen für die Labour Party zu sammeln, solange sie nie „anti-israelisch" werden würde während Blair die Führung innehat.

Interessanterweise war Blair anfänglich mit Levy durch Gideon Meir, einem Senior israelischen Diplomaten, bei einer Dinner Party in 1994 bekannt gemacht worden. Levy hat auch als Fundraiser für den israelischen Premierminister Ehud Barak gearbeitet, und beide seiner Kinder leben in Israel. Ein weiterer Jude, David Sainsbury

wird zum einzelnen größten Spender in diesem Jahr, als er eine Million Pfund an die Partei gibt. Zufällig werden beide Levy und Sainsbury Adelstitel für ihr Leben gegeben und sie werden nach Blairs Wahlerfolg zu Lords ernannt.

Am 6. Mai, nur vier Tage nach der Wahl von Tony Blair als Premierminister, kündigt sein Schatzkanzler Gordon Brown an, dass er der Bank of England völlige Unabhängigkeit von politischer Kontrolle geben wird. Wohl keine Änderung dann...

Am 29. Oktober stirbt Edmond de Rothschild in Genf. Interessanterweise stirbt Anton Szandor LaVey (wirklicher Name Levy – ein Krypto-Jude), der Begründer der Church of Satan, exakt am selben Tag, der in seinem Buch „Satan Speaks (Satan spricht)" in Bezug auf die jüdische Blaupause für die Weltherrschaft „The Protocols of the Elders of Zion (Die Protokolle der Weisen von Zion)" sagt:

„Das erste Mal, als ich die Protokolle der Weisen von Zion las, war meine instinktive Reaktion, was ist DAMIT falsch? Ist das nicht die Art und Weise wie ein Masterplan arbeiten sollte? Verdient – nein, verlangt– die Öffentlichkeit nicht solchen Despotismus?"

Kofi Annan wird Generalsekretär der United Nations. Er ist mit Nane Lagergren verheiratet, einer Rothschild, welche er im Jahr 1984 ehelichte.

In Los Angeles tobt eine große lokale, staatliche und föderale Drogenuntersuchung. Die Beschuldigten in dieser Investigation: Israelische organisierte Kriminalität mit Niederlassungen in New York, Miami, Las Vegas, Kanada, Israel und Ägypten. Dieses israelisch organisierte Kriminalitäts-Netzwerk war in das Verschieben von Kokain und Ecstasy involviert, Seite and Seite mit moderner Weißkragen-Kriminalität mit Kreditkarten und Computern.

Zum Erstaunen der untersuchenden Offiziere haben die beschatteten Israeliten die Beepnummern der Investigatoren, Mobiltelefonnummern, sogar Heimtelefonnummern der Überwacher. Einige dieser Netzwerker, die festgenommen werden, geben sogar zu, dass sie hunderte von Telefonnummern haben, die sie benutzen, um einer Verhaftung zu entgehen.

Die Investigatoren schauen, wo diese Informationen hätten herkommen können und stolpern frühzeitig auf die israelische Firma AMDOCS, welche ein virtuelles Monopol auf die Telefon-Rechnungsdienste der Vereinigten Staaten hat, und als sie ihren eigenen Telefonservice überprüfen, wie es möglich war, ihn anzuzapfen, entdecken sie, dass ihr hauptsächlicher Vertragspartner Converse Infosys ist, eine weitere israelische Firma, welche eng mit der israelischen Regierung zusammenarbeitet.

1998: Am 18. Januar veröffentlicht Michael Specter eine Story in der New York Times mit dem Titel „Traffickers' New Cargo: Naive Slavic Women (Die neue Ladung der Menschenhändler: Naive slawische Frauen)". Diese Story deckt auf, wie die jüdische russische Mafia den weissen Sklavenhandel der Prostitution dominiert, und dass viele der Frauen, welche keinen Verdacht hegten und in dieses Geschäft hineingezogen wurden, in Israel enden. In der Tat sagt Specter das Folgende in dem Artikel:

„Das Tropicana ist eines der beschäftigtsten Bordelle in Tel Avivs betriebsamen Geschäftsdistrikt. Die Frauen, die dort arbeiten, wie fast alle Prostituierten in Israel heute, sind Russinnen. Ihr Boss jedoch, ist es nicht."

PNAC: Projekt für das Neue Amerikanische Jahrhundert

Präsident Bill Clinton erhält einen Brief datiert 26. Januar, von einer Gruppe, welche sich „Project For The New American Century (PNAC)," nennt, welcher von folgenden Personen unterzeichnet ist: Elliott Abrams; Richard L. Armitage; William J. Bennett; Jeffrey Bergner; John Bolton; Paula Dobriansky; Francis Fukuyama; Robert Kagan; Zalmay Khalilzad; William Kristol; Richard Perle; Peter W. Rodman; Donald Rumsfeld; William Schneider Jr.; Vin Weber; Paul Wolfowitz; R. James Woolsey; Robert B. Zoellick, die meisten von Ihnen sind jüdisch. Der Brief sagt:

„Wir schreiben Ihnen heute, weil wir überzeugt sind, dass die gegenwärtige amerikanische Politik gegenüber dem Irak keinen Erfolg hat, und dass wir bald einer Bedrohung aus dem Mittleren Osten entgegensehen, welche ernster ist als alles, was wir seit dem Kalten Krieg erfahren haben. In ihrer demnächst stattfindenden ›Union Address‹ haben sie die Chance, einen klaren und bestimmten Kurs festzulegen, um dieser Bedrohung zu entgegnen.
Wir bitten sie dringend darum, diese Chance zu ergreifen, und eine neue Strategie anzukündigen, welche die Interessen der US und unserer Freunde und Alliierten über die ganze Welt sichern.

Diese Strategie sollte, über alles hinaus, die Beseitigung von Saddam Husseins Regime aus der Macht als Zielsetzung verfolgen. Wir sind bereit, unsere volle Unterstützung in diesem schwierigen aber notwendigen Unternehmen zu geben...

Betrachtet man die Magnitude dieser Bedrohung, ist die gegenwärtige Politik, welche in ihrem Erfolg auf die Standhaftigkeit unserer Koalitionspartner baut sowie auf die Kooperation Saddam Husseins, gefährlich inadäquat.

Die einzige akzeptierbare Strategie ist eine, welche die Möglichkeit eliminiert, dass es dem Irak erlaubt sein würde, ›weapons of mass destruction‹ (Massenvernichtungsmittel) zu verwenden oder mit ihrer Verwendung zu drohen. Kurzfristig bedeutet dies, dass eine Bereitschaft zu militärischen Aktionen gegeben wird, da die Diplomatie offensichtlich scheitert. In langfristiger Betrachtung bedeutet es, dass Saddam Hussein und sein Regime von der Macht gestürzt werden. Dies muss nun das Ziel der Amerikanischen Auslandspolitik sein."

Im September, den obigen Brief vielleicht im Hinterkopf, macht Bill Clinton während eines Besuches von Irland folgendes alarmierendes Zugeständnis, wer wirklich die Entscheidungen in der Welt trifft:

„You know, by the time you become the leader of a country, someone else makes all the decisions. You may find you can get away with virtual presidents, virtual prime ministers, virtual everything. (Sie wissen, dass bis sie endlich Führer eines Landes werden, jemand anderes alle Entscheidungen trifft. Man mag herausfinden, dass man mit virtuellen Präsidenten, virtuellen Premierministern, praktisch mit allem ungeschoren davonkommt)."

In der Tat unterzeichnet Präsident Clinton eher ominös am 31. Oktober, wie durch seine Instruktionen von der PNAC Gruppe vorgegeben, das Gesetz H.R. 4655 „Iraq Liberation Act (Irak Befreiungsgesetz)", welches die Verfolgung eines Regimewechsels im Irak fördert.

Jedoch lehrt uns die Geschichte, dass die PNAC Gruppierung tatsächlich nicht besonders kreativ ist. Tatsächlich versorgt ein Mossad-Sayan in

New York, zurückreichend bis zum Februar 1990, die Fernsehstation ABC mit einer falschen Story, dass Saddam Hussein eine Urananlage im Irak unterhalten würde, um Aufmerksamkeit auf Saddam Husseins so genannte „Weapons Of Mass Destruction" zu lenken, das geschah ein Jahr vor dem ersten Krieg von Amerika mit dem Irak.

Am 19. Februar wird ein fünfköpfiges Mossad-Team in Bern, Schweiz, verhaftet, weil es beim Versuch erwischt wurde, ein privates Haus mit Abhörwanzen auszustatten.

Der International Monetary Fund (IMF) streicht Nahrungs- und Brennstoffzahlungen für die Armen in Indonesien. Zur selben Zeit saugt der IMF Dollars in der Höhe von Milliarden auf, um damit Indonesiens Bankiers zu retten, oder besser gesagt, die internationalen Banken, von denen sie Geld geliehen hatten.

Ein Dokument der World Bank sickert durch, genannt „Master Plan for Brazil." In ihm werden fünf Vorgaben gemacht, um sich eine flexible öffentliche Arbeiterschaft zu sichern. Diese sind wie folgt:

1. Reduce Salary/Benefits (Reduziere Löhne/Zuschüsse)
2. Reduce Pensions (Reduziere Altersrenten)
3. Increase Work Hours (Erhöhe die Arbeitsstunden).
4. Reduce Job Stability (Reduziere die Sicherheit der Arbeitsplätze).
5. Reduce Employment (Reduziere die Beschäftigung).

Die European Central Bank wird in Frankfurt etabliert, der Geburtsstadt aus welcher die Rothschilds stammen.

1999: In Brasilien ist die privatisierte Elektrizitätsfirma „Rio Light" für wiederholte Stromausfälle in Nachbarschaften verantwortlich. Die Firma schiebt die

Schuld für die Blackouts auf das Wetter im pazifischen Ozean, wobei Rio sich auf der atlantischen Seite befindet. Die Blackouts würden nichts mit der Tatsache zu tun haben, dass Rio Light nach der Privatisierung 40 % der Arbeiterschaft der Firma feuert, oder? Kein Problem für Rio Light, als Resultat dieser Reduzierung der Arbeiterschaft, welche natürlich einen Verfall des Standards ihrer Dienstleistungen mit sich bringt, geht ihr Aktienpreis 33 % nach oben.

Die National Security Agency (NSA) mit Hauptsitz im nördlichen Maryland gibt einen *Top secret sensitive compartmentalized information report (TS/SCI)* genannten Bericht heraus, der davor warnt, dass die Aufzeichnungen der Telefonanrufe in den Vereinigten Staaten in fremde Hände fallen. Interessanterweise verfügt eine israelische Firma namens AMDOCS praktisch über ein Monopol in der Rechnungsstellung aller Telefonfirmen in den Vereinigten Staaten, da alle größeren Firmen wie AT&T sie mit dieser Aufgabe außerhalb ihrer eigenen Firmen betrauen.

Präsident Bush:
Haus von Plantagenet und Haus von Judah

2000: George W. Bush wird zum Präsidenten der Vereinigten Staaten gewählt. Bush und seine Familie behaupten, vom Haus von Plantagenet abzustammen, welches wiederum vom königlichen Haus von Judah abstammt. Er ist in der Tat ein Krypto-Jude. Jedoch portraitiert sich Bush selbst als Christ, um die Stimmen der Gläubigen zu gewinnen. Bush würde illegale Kriege in Afghanistan und Irak führen, und ruchlose unchristliche Verbrechen ausüben.

Der Präsident von Venezuela, Hugo Chavez, sagt, bevor er einen offiziellen Staatsbesuch in den Irak macht:

> *„Stellt Euch vor, was die Pharisäer sagen werden, wenn sie mich mit Saddam Hussein sehen werden!"*

Die Pharisäer waren die jüdischen Führer, welche für die Kreuzung von Jesus verantwortlich waren, welche seit damals von den Juden bis heute verehrt werden.

Im April wird „Cookie" Orgad, ein selbst zugegebener früherer Mossad-Agent festgenommen, weil er die größten Ecstasy-Schmuggeloperationen in der Geschichte Amerikas durchgeführt hat. Diese Operation lieferte hunderte Millionen Dollar aus illegalen Drogen, hergestellt in Holland, an Städte über die gesamten Vereinigten Staaten hinweg.

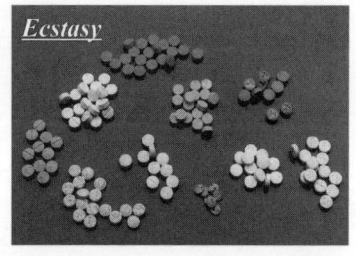

Ecstasy

Eines der einzigartigen Merkmale dieser Operation war, dass orthodoxe hasidische Juden als Drogenkuriere handeln, darauf hoffend, dass ihre traditionellen schwarzen Hüte, schwarzen Mäntel, und Haarlocken, welche um ihre Ohren hängen, sie eher als unwahrscheinliche Verdachtspersonen erscheinen lassen. In der Tat sagt Raymond W. Kelly, *Commissioner of the United States Customs Service*:

> *„Die Drogen kommen von verschiedenen Schmuggelbasen zu uns, vor allem von Europa, der Dominikanischen Republik, und von Kanada... Israelische organisierte Kriminalität dominiert diesen Handel..."*

Der russische jüdische Oligarch Boris Berezovsky flieht nach London, um einer Festnahme in Russland auszuweichen, und transferiert seine Geschäftsinteressen zu seinem Protegé, einem weiteren russischen Juden, Roman Abramovich, welcher den Chelsea Football Club aufkaufen wird.

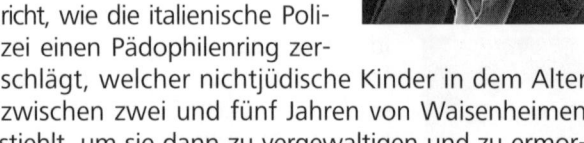

Am 1. Oktober veröffentlicht „The Rome Observer" einen Bericht, wie die italienische Polizei einen Pädophilenring zerschlägt, welcher nichtjüdische Kinder in dem Alter zwischen zwei und fünf Jahren von Waisenheimen stiehlt, um sie dann zu vergewaltigen und zu ermorden. Dieser Pädophilenring (Ring von Sexualvergewaltigern von Kindern) hatte fünf dieser Vergewaltigungen und Morde zu Gunsten einer „Snuff Film"-Industrie gefilmt, und hatte bereits Kopien an über 1.700 Kunden verkauft, welche bis zu $ 20,000 auf einmal zahlten, um diese Kinder brutal vergewaltigt und ermordet zu sehen.

Dies stellt jedoch kein Problem dar. Das Problem ist, dass sich dieser pädophile Ring aus 11 jüdischen Gangstern zusammenstellt, und die italienischen Sendeanstalten so kühn waren, 11 Millionen Zuschauer darüber zu informieren, und sogar so weit gehen, die Festnahme dieser jüdischen Gangster zu filmen und im Fernsehen zu zeigen.

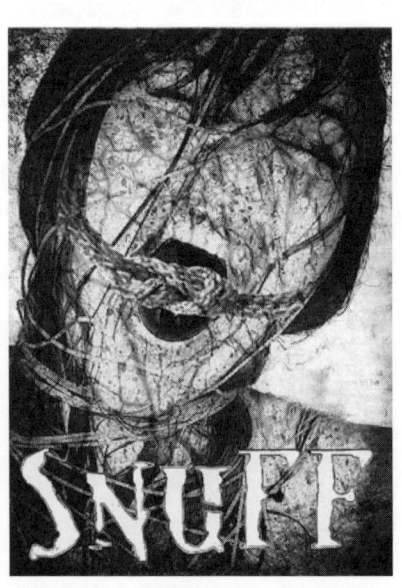

Anstatt sich bedeckt zu halten und für die Verbrechen ihrer Brethren zu entschuldigen, wird die jüdische Gemeinschaft in Italien wütend und behauptet, dies sei Ehrverletzung, und verlangt, dass die im Aufsichtsrat des TV-Netzwerkes sitzende jüdische Elite die Nachrichten-Verantwortlichen feuern sollen, welche erlaubten, dass diese Story gesendet wurde. Dies wird natürlich ausgeführt, und zufälligerweise sendet kein einziges amerikanisches News Network Berichte über diesen jüdischen Pädophilenring.

Man muss sich wundern, ob das heiligste Buch der Juden, der „Talmud", irgendeinen Einfluss auf diese jüdischen Kindesvergewaltiger und Kindesmörder hat. Der Talmud sagt klar aus, dass Sex zwischen einem erwachsenen Mann und einem Mädchen unter drei Jahren erlaubt ist, und auch, dass die Besten unter den Nichtjuden „deserve to be killed (verdienen, getötet zu werden)". Es scheint, dass die Aktionen dieser jüdischen Pädophilen beide dieser Vorschriften erfüllten.

International Monetary Fund IMF

Der *International Monetary Fund (IMF)* verlangt, dass Argentinien das Regierungs-Budget-Defizit von ihren gegenwärtigen $ 5.3 Billionen auf $ 4.1 Billionen bis zum Ende des Jahres 2001 verringert. Zu diesem Zeitpunkt ist die Arbeitslosigkeit bei 20 % der arbeitenden Bevölkerung. Sie erhöhen dann ihren Pokereinsatz und verlangen eine Eliminierung des Defizits. Der IMF offeriert Argentinien einige Ideen, wie dies bewerkstelligt werden könnte: sie sollen das Nothilfeprogramm für Arbeitslose der Regierung von $ 200 im Monat auf $ 160 im Monat heruntersetzen.

Sie fordern auch um eine Herabsetzung der Löhne für die öffentlichen Dienstleister um 12 % - 15 %, und die Herabsetzung der Renten für die Älteren um 13 %.

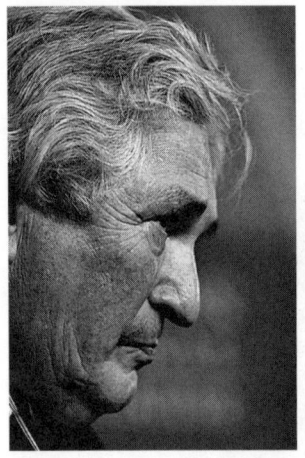

Bis Dezember 2001 fängt die Mittelklasse der Argentinier an, Krawall zu schlagen, da sie der Jagd auf den Strassen nach etwas Müll zu essen überdrüssig sind, und brennen Buenos Aires nieder. Im Januar hat Argentinien den Peso devaluiert und dadurch das Sparguthaben der gemeinen Leute ausgelöscht. Unzufrieden, dass sie das Land nicht noch mehr vergewaltigen können, sagt James Wolfensohn, der jüdische Präsident der World Bank, traurig:

„Fast alle großen Versorgungsbetriebe sind inzwischen privatisiert."

Wie kontrollieren sie die Unruhen in der Bevölkerung, welche durch jüdisches Banking hervorgerufen wurde? Ein Beispiel ist ein argentinischer Busfahrer, ein 37-Jähriger Vater von fünf Kindern, der seinen Job als Busfahrer von einer Firma verlor, welche ihm die Bezahlung für neun Monate schuldete. Während einer Demonstration gegen diese und andere Ungerechtigkeiten, welche auf ihn und den Rest der Bevölkerung ausgeübt wurden, schießt die Militärpolizei ihn mit einem Geschoss durch seinen Kopf tot.

In Tansania, wo ungefähr 1.3 Millionen Menschen an AIDS sterben, entscheiden die World Bank und die IMF, dass es nun notwendig sei, Geld für die Krankenhausbesuche, die zuvor kostenlos waren, zu erheben. Sie befehlen auch, dass Tansania nun Schulgeld für ihr vorherig kostenloses Bildungssystem einheben muss, und äußern dann Überraschung, als die Einschreibung in den Schulen von 80 % auf 66 % fällt.

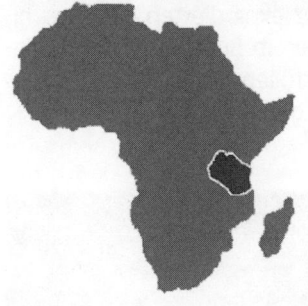

Während dem Zeitraum, in dem die IMF und die World Bank für die Wirtschaft in Tansania federführend sind, was seit 1985 der Fall ist, fiel das BNP von Tansania von $ 309 auf $ 210 per capita.

Als die IMF und die World Bank in 1985 die Führung übernahmen, wurde Tansania eine sozialistische Nation. Im Juni 2000 berichtete die World Bank arrogant:

„Eine Hinterlassenschaft des Sozialismus ist, dass die meisten Leute fortsetzen, zu glauben, dass der Staat eine fundamentale Rolle darin hätte, den Fortschritt und die Ausführung von sozialen Diensten zu fördern."

Es gibt Unruhen in Bolivien, nachdem die World Bank den Preis von Wasser dramatisch ansteigen lässt. Die World Bank behauptet, dass es notwendig sei, für dringend notwendige Reparaturen und Expansionen zu zahlen. Das ist vollkommener Schwachsinn, sicherlich aber kein witziger. Der britische Wasserlieferant Wessex Water, eine Privatfirma, welche tatsächlich im Besitz von Enron war, behauptet, dass diese Sachen passierten, nachdem es privatisiert wurde (England war das erste Land, das den Wasserbedarf privatisierte), und dass wie in Bolivien auch in England die

Wasserqualität nach unten ging und die Preise explodierten. Darüber hinaus scheitern fast alle privatisierten Wasserfirmen in Britannien, die Regierungsvorschriften in Bezug auf Leckstellen zu erfüllen, sodass der Zuwachs an Gebühren klar nicht auf die Instandhaltung geht.

2001: Am 20. Januar, nur Stunden bevor er das Office verlässt, bewilligt Präsident Clinton Marc Rich (ein Krypto-Jude aus Belgien, richtiger Name Marc Reich) ein extrem kontroverses präsidiales Pardon. 1983 wurde Marc Rich vom United States Attorney (Anwalt) und späteren Bürgermeister von New York City, Rudolph Giuliani, wegen Steuerhinterziehung und illegalem Handel mit dem Iran angeklagt. Er floh vor einer Gerichtsverhandlung in die Schweiz, und verblieb für viele Jahre auf der „Most Wanted-List" des FBI.

Interessanterweise gibt der nationale Direktor der *Anti-Defamation League* (ADL) Abraham Foxman zu, dass seine Organisation über einen Zeitraum von sechzehn Jahren $ 250.000 als Beiträge von Marc Rich erhalten hätte, inklusive einer Subvention von $ 100.000, kurz nachdem Foxmann zugestimmt hatte, Rich zu assistieren, ein präsidiales Pardon (Begnadigung) von Bill Clinton zu erhalten. Foxman gibt auch zu, dass es seine Idee gewesen wäre, Richs Ex-Frau Denise, eine große finanzielle Spenderin für die Demokratischen Partei, zu nutzen, um Clinton zu beeinflussen.

Am 10. September hat die Washington Times eine Story von Rowan Scarborough mit dem Titel „U.S. Troops Would Enforce Peace Under Army Study (U.S. Truppen würden laut einer Armeestudie für den Frieden kämpfen) laufen." Dieser Artikel fokussiert auf einem 68-Seiten langen Dokument von der Army School of Advanced Military Studies (SAMS), welches eine Variation von Themen behandelt, inklusive verschiedenen Militäragenturen, und ihren Modus Operandi. Über

den Mossad, den israelischen Geheimdienst, sagen die SAMS Offiziere:

„Wildcard (Jokerzeichen). *Unbarmherzig und durchtrieben. Hat die Fähigkeit, US Streitkräfte zu attackieren, und es so aussehen zu lassen, als ob es ein palästinensisch-arabischer Akt gewesen wäre."*

Attacke auf das World Trade Center am 11. September 2001

Am 11. September wird eine Attacke auf das World Trade Center und das Pentagon unter Stillschweigen von Britannien und Amerika nach den Anordnungen der Rothschilds ausgeführt und durch Israel orchestriert, welche dies wiederum auf so genannte muslimische Terroristen schieben. Dies ist Phase 1, die westliche Welt, im Auftrag der Juden, in einen Krieg mit der arabischen Welt zu verwickeln. Eine weitere Mossad-Falsche-Flagge-Operation wie nach Textbuch, erinnern sie sich an das Motto des Mossad:

„Durch Täuschung sollt ihr Kriege führen"

Sie müssen auch diese Attacken nutzen, um Kontrolle der wenigen Nationen in der Welt zu erreichen, welche keine Rothschild-Zentralbanken zulassen, und somit werden die Vereinigten Staaten weniger als einen Monat nach diesen Attacken Afghanistan attackieren, eine der nur sieben Nationen in der Welt, die noch keine Rothschild kontrollierte Zentralbank haben.

Diese Nationen sind alle vornehmlich muslimisch bevölkert, welche, nicht wie die Mehrheit der weißen Christen (siehe Nehemiah 5:7), ihrer Religionslehre folgen und sich weigern, am Entleihen und Verleihen von Geld und an der „usury", der Wucherei oder Zinswucherei, teilzunehmen, und dies hat die Juden schon hunderte von Jahren geärgert.

Die Juden sind höchst unzufrieden, wie die Muslime sich in der Welt verhalten. Deshalb, weil der Plan, welcher so erfolgreich war, den christlichen Glauben zu zerstören, für den muslimischen Glauben im Grossen weithin nicht funktionierte.

Die Juden arbeiteten hart daran, die Muslime in viele andere westliche Nationen emigrieren zu lassen, denn der Plan war, dass sie ihre religiösen

Vorstellungen vergessen sollten und zu nichts als Konsumenten von Produkten aus jüdischem Besitz, Dienstleistungen und Regierungen, wie es in der Mehrheit der weißen Christlichen Welt ist, werden.

Unglücklicherweise hielt die Mehrheit der Muslime an Ihrem Glauben fest, und bildeten ihre eigenen Gemeinschaften innerhalb der westlichen Nationen, und fielen nicht in die jüdische Falle, wie die Christen. Die Juden entschieden, dass dies bedeutet, dass die Muslime sterben müssen, und sie entschieden, dass sie die Christen dazu benutzen werden, dieses für sie zu tun.

Interessanterweise sagt der frühere israelische Premierminister Benjamin Netanyahu einen Tag nach den Attacken in der Jerusalem Post:

> *„Betreffend was am 11. September geschah, well, es ist sehr gut... es wird sofort viel Sympathie für Israel erzeugen."*

Der Boston Logan Airport, von dem UAL Flight 175 und AA Flight 11 kamen, welche (angeblich) in die Twin Towers krachten, und der Newark Airport, von dem aus die UAL 93 kam, welche anscheinend in Pennsylvania abstürzte, hatten beide ihre Sicherheit an eine private Firma in Auftrag gegeben, genannt Huntleigh USA. Diese Firma wiederum ist in ihrer Gesamtheit ein Subunternehmen einer israelischen Firma, genannt Consultants on Targeted Security (ICTS) International N.V., einem in Holland ansässigen Flug- und Transport-Sicherheitsservice, angeführt von ehemaligen israelischen Militärkommandeuren und Veteranen der Geheim- und Sicherheitsdienste.

Die Auftraggeber der ICTS beziehen Menachem Atzmon mit ein. Atzmon wurde 1996 in Israel wegen Betrug verurteilt, als er Schatzmeister für Ehud Olmerts Bürgermeisterkampagne war. Sein Mitangeklagter Ehud Olmert wird freigesprochen und avanciert zum Premierminister von Israel in 2006. Ein weiterer Vorgesetzter war Ezra Harel, welcher 2 Jahre später im Alter von 53 Jahren an einem Herzinfarkt auf seiner Yacht an der Küste von Palästina stirbt. Diese zwei israelischen Bürger übernahmen das Management der Boston und Newark Flughäfen, als ITCS die Firma Huntleigh in USA in 1999 aufkaufte.

Weniger als eine Woche vor den 9-11 Attacken, am 5. September, machen der so genannte Chef-Hijacker Mohamed Atta und mehrere anderen Hijacker einen immer noch unerklärten Besuch an Bord eines Casino-Schiffes von Jack Abramoff, eines Ashkenazim-Juden in der Pro-Israel-Lobby. Keine Investigation wird darüber durchgeführt, was sie denn dort gemacht haben. Seltsamerweise tauchen von den neunzehn so genannten Hijackern, welche für die Attacken am 11. September beschuldigt werden, sieben wieder auf und sind immer noch am Leben. Einige von ihnen gehen zu den Botschaften der US in arabischen Ländern, und fragen, wieso sie Hijacker genannt werden. Hinterfragen die jüdische Medien dies? Nein.

An 9-11 werden fünf Israelis, welche arabische Kleidung tragen, festgenommen, weil sie jubeln und einen Freudentanz ausführen, während sie ein Video aufnehmen, wie das World-Trade-Center zusammenbricht. Anscheinend wurden sie von Urban Moving Systems angestellt, die Israeliten werden mit mehrfachen Pässen gefasst, als ihr Kleinbus positiv für Explosivstoffe getestet wird und eine Menge Bar-

geld enthält. Als ein Resultat dieser Verhaftung ruft der Bürgermeister von Jerusalem (und zukünftige Premierminister von Israel), Ehud Olmert, persönlich den Oberbürgermeister der Stadt New York Rudi Giuliani an mit Anweisungen, wie er in diese Sache einzugreifen hat.

Olmert bietet die folgenden Versicherungen an, dass diese Männer mit derselben terroristischen Attacke nichts zu tun gehabt hätten, und nur ein bisschen Spaß hatten, was – schätze ich – etwas sein muss, das Juden natürlicherweise haben, wenn sie zwei gigantische Gebäude voller Nichtjuden zusammenstürzen sehen. Olmert sagt:

> *„Der Grund, wieso die Fünf über den Kollaps des World Trade Center Gebäude lachten, ist, sie waren einfach nicht reif und nicht verantwortungsbewusst.“*

Zwei dieser fünf Israelis werden später als dem Mossad zugehörig aufgedeckt, was Olmerts Behauptungen negiert. Von den anderen Drei wird stark vermutet, dass sie ebenfalls dem Mossad angehören. Ein Zeugenbericht geht diesen Aktivitäten der Israelis nach, es tritt zutage, dass sie im Liberty Park zu der Zeit des ersten Impacts gesehen wurden, was nahelegt, dass sie ein Vorwissen darüber hatten, was geschehen sollte.

Jedoch werden die Israelis verhört, und dann schließlich nach Israel zurückgesandt, und darüber hinaus erhalten die sie festhaltenden Offiziere vom New Jersey Police Department die Anordnung, ihre Verhaftung nicht zu diskutieren. Somit lässt sich schlussfolgern, dass man wohl am Besten mit dem Bürgermeister von Jerusalem spricht, wenn man je etwas in New York ausgeführt haben möchte.

Interessanterweise erschienen diese fünf Israelis, welche ob des Kollapses des World Trade Centers juchzten und tanzten, später im Radio und Fernsehen in Israel, wo gesagt wurde, sie wären am 11. September in New York City gewesen, um das „Geschehen zu dokumentieren", da Amerika noch nie eine Attacke wie diese auf ihren Gestaden erleben musste. Woher wussten sie, dass diese Attacke stattfinden wird?

Der Besitzer der Umzugsfirma, welche von diesen Mossad-Agenten als Deckmantel benutzt wird, gibt sein Geschäft auf und flieht nach Israel. Die Regierung der Vereinigten Staaten klassifiziert daraufhin alle Beweise, welche auf die israelischen Agenten und ihre Verbindungen zu 9-11 Bezug nehmen, als geheim.

Vieles davon wird der Öffentlichkeit in einem vierteiligen Bericht auf Fox News durch Carl Cameron berichtet. Druck von jüdischen Gruppierungen, insbesondere der AIPAC, zwingt Fox News, die Story von ihrer Webseite zu entfernen.

Zwei Stunden vor den 9-11-Attacken erhält Odigo, eine Israelische Firma mit Büros nur ein paar Blocks vom World Trade Center entfernt, eine Vorwarnung über die Attacke via einer instant internet message (sofortige Meldung übers Internet). Der Manager des New Yorker Büros versorgt das FBI mit der IP-Adresse des Senders dieser Nachricht, aber das FBI verfolgt diese Sache nicht.

Das FBI untersucht fünf israelische Umzugsfirmen als mögliche Fronten für die geheime israelische Intelligenz. Ungefähr 200 Israelis mit Verbindungen zu diesen Umzugsfirmen, welche in den Monaten vor diesen Attacken sehr aktiv im World Trade Center waren, werden folglich unter dem

Verdacht auf Verstrickung festgenommen, als Überreste von Bomben in einigen der Umzugswagen,
die sie benutzt hatten, gefunden
werden.

Jedoch werden sie, unter den direkten Vorschriften von Michael
Chertoff, nach Israel deportiert und
zwar wegen „visa violations" (Ver-
letzung der Aufenthaltsbestimmungen). Chertoff, Besitzer einer doppelten
USA/Israel-Staatsbürgerschaft, dessen Vater Rabbi ist und dessen Mutter
eine der ersten Mossad-Agentinnen war, ordnet die Verhaftung von ungefähr 900 Muslimen an, welche weder Beziehungen zum World Trade
Center noch zu den Bombenrückständen haben.

Am 12. September veröffentlicht die *Jerusalem Post*, nachdem ihr der Tip
gegeben wurde, dass Israel möglicherweise als der Verursacher von den
9-11 Attacken gesehen würde, eine Story, welche behauptet, dass zwei
Israeliten in den entführten Flugzeugen gestorben seien, und dass es 4000
Vermisste vom WTC gäbe. Eine Woche später berichtet eine Fernsehstation aus Beirut, dass 4000 israelische Angestellte am Tag der Attacken
vom WTC abwesend waren, was wohl die Story von der Jerusalem Post erklärt.

Letztlich behauptet die New York Times am 22. September das Folgende:

> *„Es gab, in der Tat nur drei Israelis, die als tot bestätigt wurden:
> zwei in den Flugzeugen und einen, der die Towers geschäftlich
> besuchen wollte, und der identifiziert und begraben wurde."*

Zwischen dem 26. August und dem 11. September verkaufte eine Gruppe von Spekulanten, welche durch die American Securities and Exchange Commission als israelische Bürger identifiziert wurden, eine Liste von 38 Aktienbeständen, die erwartungsgemäß als Resultat der kommenden Attacken fallen würden, das heißt im Kurs sinken würden. Diese Spekulanten operierten von Toronto, Canada aus, und der profitable Aktienverkauf geschah an der Aktienbörse in Frankfurt, und es wurde spezifisch angegeben, dass ihr Profit sich in Millionenhöhe bewegte.

Das FBI verfolgt dies nie, da sie wissen, dass dies nicht zur offiziellen Linie von Bin Laden führen würde, sondern stattdessen zu den wahren Verursachern, nämlich Israel.

Auch lernt Lewis Eisenberg, der für die Privatisierung des World Trade Center verantwortlich war, Anfang dieses Jahres den idealen Besitzer Larry Silverstein, einen früheren Besitzer von Strip-Clubs, kennen. Diese beiden Männer haben Führungspositionen im United Jewish Appeal (UJA), einer Milliarden Dollar schweren Wohlfahrts-Organisation. Auch verdoppelt Silverstein drei Monate vor der Zerstörung die Versicherung des World Trade Center. Interessanterweise ist Silverstein ein sehr enger Bekannter des früheren israelischen Premierminister Benjamin Netanyahu, und behauptet, mit diesem jahrelang jeden Sonntag, zum Beginn der jüdischen Woche, am Telefon gesprochen zu haben.

Den World Trade Center Attacken folgend, werden anonyme Briefe, welche Anthrax enthalten, an verschiedene Politiker und Medienexekutive gesandt. Als Resultat der Anthrax-Aussetzung sterben fünf dieser Leute. Wie die 9-11-Attacken wird dies sofort auf Al-Kaida geschoben, bis entdeckt wird, dass das Anthrax in den Briefen ein spezifischer Typ ist, der in einem US-Militärlabor hergestellt wurde.

Das FBI entdeckt dann, das der Hauptverdächtige für diese Anthrax-Attacken Ashkenazim-Jude Dr. Philip Zack ist, welcher mehrere Male von seinen Vorgesetzten Verweise bekommen hatte, da er offensive Bemerkungen über die Araber machte. Dr. Philip Zack wurde von einer Kamera erwischt, als er im Fort Detrick, wo er arbeitete, die Lagerzone betritt, wo das Anthrax aufbewahrt wurde. Ab diesem Zeitpunkt hören sowohl das FBI als auch die Medien auf, irgendwelche öffentlichen Bemerkungen über diesen Fall zu machen.

Der Ashkenazim-Jude Irv Rubin, Jewish Defence League Vorsitzender seit 1985, erhält eine Gefängnisstrafe, da er angeblich eine Bombenattacke auf eine Moschee und die Büros eines arabisch-amerikanischen Kongressabgeordneten plante. Er stirbt kurz darauf, angeblich seine Gurgel in einem Selbstmordversuch aufschlitzend, bevor er seine Gerichtsverhandlung hat.

Eine Woche vor den WTC-Attacken, zieht die Zim Shipping Company aus ihren Büros im WTC aus, und bricht damit ihren Mietvertrag, was die Firma rund $ 50,000 kostet. Es wurde nie ein Grund angegeben, aber die Zim Shipping Company gehört zur Hälfte dem israelischen Staat.

Als Resultat dessen, dass die Attacken des 11. September auf Osama Bin Laden geschoben werden, marschieren die Vereinigten Staaten in Afghanistan ein und stürzen die dortigen Talibanführer. Dies passierte aber nicht aus den Gründen, die ich gerade beschrieben habe. Der wahre Grund ist, dass der Talibanführer Mullah Omar im Juli 2000 die Opium Produktion verboten hat, und somit die Opium-Ernte jenes Jahres zerstört wurde.

Erinnern Sie sich, was 1839 passierte, als der Manchu-Kaiser in China das Opium zerstören ließ, um die endemische Abhängigkeit der Chinesen zu beenden? Die Rothschild-Familie ordnete die britische Armee an, dort hinzugehen, um die Chinesen zu bekämpfen und die Drogenverkaufsinteressen der Rothschilds zu schützen. Es ist dasselbe, was mit der Armee der Vereinigten Staaten in diesem Jahr passiert.

Afghanistan ist die Quelle von 75 % des Heroins der Welt, und aufgrund der Zerstörung der Profite für 2001 seitens Mullah Omars galt es, keine Zeit zu verlieren, und sicherzustellen, dass es ihm nicht erlaubt werden könnte, sich in die Profite dieser „Synagoge des Satans" für 2002 einzumischen, somit beginnt die Invasion im Oktober 2001, und kurz danach berichten die Medien über eine Rekordernte im März 2002.

Am 3. Oktober macht der Israelische Premierminister Ariel Sharon die folgende Bemerkung zum Ashkenazim-Juden Shimon Peres, wie berichtet auf dem Kol Yisrael-Radio:

„Jedes Mal, wenn wir etwas tun, sagst Du, Amerika wird dies und das tun... Ich möchte Dir etwas sehr klar sagen, sorge Dich nicht um den amerikanischen Druck auf Israel. Wir, die Israeliten, kontrollieren Amerika, und die Amerikaner wissen das."

262

Im Oktober, am Dinner der American Friends of Lubavitch, wird dem Pressesekretär von Präsident Bush, Ari Fleischer, der *Young Leadership Award* verliehen und Senator Joe Lieberman wird zum *Honoree* der Nacht erklärt.  Sowohl Ari Fleischer als auch Senator Lieberman loben den Einsatz der Chabad Lubavitch, eine Armee junger Angestellter in Regierungsjobs und politischen Arbeitsstellen zu installieren.

Dieses Dinner wird von Hunderten von Washington-Promis und Geldleuten besucht. Zufälligerweise folgt Ari Fleischers Arbeitsperiode als Pressesekretär für Präsident Bush, dass er ein ordinierter Lubavitch-Rabbi wird.

Der frühere Director of *National Affairs am American Jewish Committee*, Dr. Stephen Steinlight, schreibt einen Oktober-Artikel für das *Center For Immigration Studie*s mit dem Titel *„The Jewish Stake in America's*

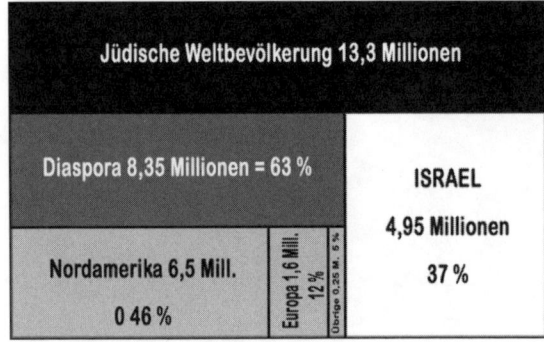

Changing Demography - Reconsidering a Misguided Immigration Policy (Der jüdische Anteil an Amerikas wandelnder Bevölkerungsstruktur – Eine erneute Inbetrachtnahme einer irregeführten Einwanderungspolitik)". Unter dem Abschnitt *"Facing Up to the Gradual Demise of Jewish Political Power* (Dem graduellen Niedergang der jüdischen politischen Kontrolle ins Gesicht sehen)", erklärt er, wie die Juden Amerika kontrollieren:

> *„Nicht dass es der Fall sei, dass unsere im Missverhältnis stehende politische Macht* (die größte unter jeder ethnischen oder kulturellen Gruppe in Amerika) *sich auf einmal in Nichts auflösen würde, oder sogar schnell erodieren würde. Es wird uns möglich sein, für ein Jahrzehnt oder vielleicht zwei, unsere Macht zu erhalten. Wenn nicht, und erst bis der Triumph der Kampagnenfinanzierungsreform komplett ist - ein extrem unwahrscheinliches Szenario, wird der große materielle Reichtum der jüdischen Gemeinschaft weitergehen, ihnen signifikante Vorteile zu geben."*

> *„Wir werden weitermachen, den Kongressmitgliedern den Hof zu machen sowie den Hof geboten zu bekommen. Diese Macht wird innerhalb des politischen Systems vom lokalen bis zum nationalen Level mit Soft Money durchgeführt, insbesondere durch die Bereitstellung von nichtstaatlichen Geldern für Kandidaten, welche mit Israel sympathisieren, durch eine hohe Wand der Trennung zwischen Kirche und Staat, und sozialen Liberalismus kombiniert mit selektivem Konservatismus über kriminelle Justiz und Wohlfahrtsbelange."*

Er geht dann zu den Medien über, von welchen er zugibt, dass sie eine jüdische Propagandamaschine sind,

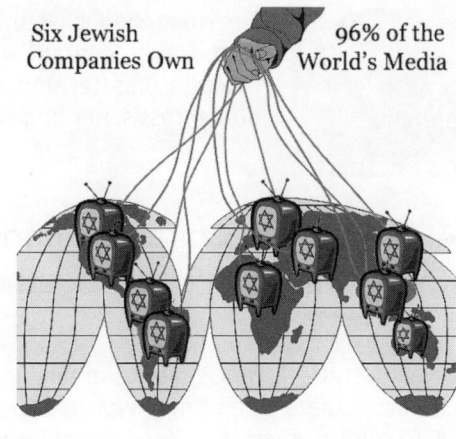

Six Jewish Companies Own 96% of the World's Media

> *"Es ist auch wahr, dass der jüdische wirtschaftliche Einfluss und die Macht in Hollywood, im Fernsehen und in der Nachrichtenindustrie disproportional konzentriert sind, theoretisch ist dies ein Segen in der Art der Bildung eines gefälligen Bildes der Juden und der Sensitivierung der amerikanischen Leute."*

Er fährt fort, die absolute Notwendigkeit der wiederholten Propaganda betreffend den Holocaust von Juden im 2. Weltkrieg zu zitieren, als er über duale israelisch-amerikanische Bürger sagt:

> *"Amerika hat in weitem Maß diese duale Loyalität toleriert – wir bekommen einen freien Pass, ich vermute größtenteils aus christlichen Schuldgefühlen heraus über den Holocaust..."*

Und er geht weiter, zu sagen, wie er glaubt, dass die jüdischen Medien den muslimischen Immigranten förderlich sein wird:

> *"Ich gebe zu, dass ich vermute, dass MTV, auf Gedeih und Verderb, sich bei der Beeinflussung junger muslimischer Immigranten als allmächtig herausstellen wird... und traditionellen Quellen der religiösen und politischen Autorität überlegen sein wird."*

Adam Goldman wird zum White House Liaison für die jüdische Gemeinschaft gemacht. Interessanterweise hat keine andere ethnische Gruppe eine rassenspezifische Vertretung im Weißen Haus.

265

Der russische Oligarch Vladimir Gusinsky flieht aus Russland, wo er sich auf Anklagen der Geldwäsche gefasst machen müsste, und versteckt sich in Israel. Er ist ein dualer russischer und israelischer Bürger.

AMDOCS und Comverse Infosys penetrierten Kommunikation der Drogenagenten

Es wird entdeckt, dass die Kommunikation der Drogenagenten der Vereinigten Staaten penetriert wurde. Verdacht fällt auf zwei Firmen, AMDOCS und Comverse Infosys, beide in Israelischem Besitz. AMDOCS generiert die Rechnungsdaten für die meisten Telefongesellschaften der Vereinigten Staaten, und es ist ihnen möglich, detaillierte Aufzeichnungslisten zu liefern, wer mit wem spricht, während in Israel die Firma Converse Infosys bis zu 50 % ihrer Forschungs- und Entwicklungskosten durch das israelische Handelsministerium erstattet bekommt.

Comverse Infosys stellt das Abhörwanzenmaterial her, das zur Gesetzesvollstreckung genutzt wird, um alle amerikanischen Telefongespräche abzuhören, aber es bildet sich der Verdacht, dass die Firma Comverse Infosys, welche zur Hälfte von der israelischen Regierung bezahlt wird, eine Hintertür in das System eingebaut hat, welche durch israelische Geheimdienste genutzt wird, und dass die Informationen, welche zum Zweck der Drogenbekämpfung durch die Anstrengungen

der Vereinigten Staaten zusammengestellt wurden, ihren Weg zu den Drogenschmugglern findet.

Die Ermittlungen durch den FBI führen zu einer Aufdeckung des größten ausländischen Spioneagerings, der je innerhalb der Vereinigten Staaten entdeckt wurde, und von Israel aus operiert. Die Hälfte der verdächtigten Spione werden bereits verhaftet, als 9-11 geschieht.

Professor Joseph Stiglitz, der frühere *Chief Economist of the World Bank,* und frühere *Chairman of President Clinton's Council of Economic Advisers*, äußert sich öffentlich über den „Four Step Strategy"-Plan (Vier Stufen Strategie) der Weltbank, welcher für die Bankiers geschaffen wurde, um ganze Nationen zu versklaven. Ich summiere dies wie folgt:

1.**Privatisierung.** Hier wird tatsächlich nationalen Führern 10 % Kommission für ihr geheimes schweizer Bankkonto angeboten, im Austausch dafür, dass sie ein paar Milliarden Dollar vom Verkaufspreis des nationalen Vermögens abschlagen. Schlicht und einfach gesagt, Bestechung und Korruption

2.**Kapitalmarktliberalisierung.** Dies ist die Zurückweisung sämtlicher Gesetze, welche Geld besteuern, das über Grenzen geht. Stiglitz nennt dies den „hot money cycle" (Zyklus des heißen Geldes). Anfänglich kommt Geld vom Ausland herein, und wird in Immobilienbesitz und Währung spekuliert, und gerade dann, wenn die Wirtschaft in diesem Land anfängt, Erfolg versprechend auszusehen, wird dieser ausländische Reichtum entzogen, was den Kollaps der Wirtschaft verursacht. Die Nation bedarf daraufhin der Hilfe des *International Monetary Fund (IMF)* und der IMF gibt diese nur unter dem Vorwand, dass sie ihre Zinsraten zwischen 30 % und 80 % erhöhen. Dies geschah in Indonesien und Brasilien, ebenso in anderen asiatischen und lateinamerikanischen Nationen. Diese höheren Zinsraten verarmen konsequenterweise ein Land, zerstören den Wert ihrer Immobilien, ruinieren die industrielle Produktion und saugen die nationalen Schätze ab.

3.**Marktbasierte Preise.** Hierbei werden die Preise von Essen, Wasser und häuslichem Gas angehoben, was erwartungsgemäß zu Unruhen in der respektiven Nation führt, welche inzwischen allgemein „IMF Riots" genannt werden. Diese Krawalle begründen die Flucht des Kapitals und die Bankrotte der Regierungen. Dies wiederum begünstigt die ausländischen Firmen, da die verbliebenen Schätze der Nation nun zu Schleuderpreisen gekauft werden können.

4. **Freihandel.** Hier brechen internationale Firmen nach Asien, Lateinamerika und Afrika ein, während zur selben Zeit Europäer und Amerikaner ihre eigenen Märkte gegen landwirtschaftliche Produkte der Dritten Welt verbarrikadieren. Sie erheben zudem Wuchergebühren für Markenpharmazeutika, welche die Länder zahlen müssen, was die Todes- und Krankheitsraten nach oben schießen lässt.

Es gibt eine Menge Verlierer in diesem Spiel, aber nur einen Gewinner – das sich im jüdischen Besitz befindende und jüdisch organisierte Bankensystem. In der Tat haben der IMF und die World Bank als Bedingungen für Darlehen gestellt, dass Elektrizität, Wasser, Telefon- und Gassysteme verkauft werden. Die Anteile dieser Güter in öffentlichem Besitz werden auf vier Trilliarden Dollar geschätzt. Im September dieses Jahres wird Prof. Joseph Stiglitz der Wirtschafts-Nobelpreis verliehen.

2002: Websters *Third New International Dictionary* (ungekürzte Fassung), nachgedruckt in 2002, enthält eine neue Definition des Antisemitismus, welche seit 1956 nicht geändert wurde. Die neue Definition liest sich wie folgt:

> *„Antisemitismus:*
>
> 1. *Feindlichkeit gegenüber Juden als eine religiöse oder rassische Minderheitengruppe, oft von sozialer, politischer oder ökonomischer Diskriminierung begleitet*
>
> 2. *Opposition zu Zionismus*
>
> 3. *Sympathie für die Gegner Israels"*

Definition (2) und (3) werden in der 2002er Edition zugefügt, gerade bevor die USA unter israelischen Anordnungen entscheidet, im Irak einzumarschieren

Zweites Massaker im Jenin-Flüchtlingslager

Ebenso ordnet in diesem Jahr der Premierminister von Israel, Ariel Sharon, ein Kriegsverbrecher, mit dem Massaker in den Jenin-Flüchtlingslagern in der West Bank einen weiteren jüdischen Massenmord an.

Interessanterweise befiehlt Präsident Bush als Antwort darauf den sofortigen israelischen Truppenrückzug aus allen palästinensischen Städten, was Ariel Sharon öffentlich sich weigert zu tun. Bushs Antwort auf dieses ist am 18. April folgende Ankündigung:

„Ariel Sharon ist ein Mann des Friedens."

Die DEA veröffentlicht einen Bericht, dass israelische Spione, welche sich als Kunststudenten ausgeben, versucht haben, in Büros der Regierung der Vereinigten Staaten einzudringen. Polizei in der Nähe der Whidbey Island Naval Air Station im südlichen Washington State halten einen verdächtigen Kastenwagen an und nehmen zwei

Israelis fest, von denen sich einer illegal in den Staaten aufhält. Diese zwei Männer fuhren bei hoher Geschwindigkeit in einem Ryder Miettruck, welcher, so behaupten sie, zur Anlieferung von Möbeln benutzt wurde.

Am nächsten Tag entdeckt die Polizei Spuren von TNT und militärischem RDX-Plastiksprengstoff innerhalb der Mitfahrerkabine und auf dem Lenkrad des Vehikels. Das FBI kündigt daraufhin an, dass diese Tests, welche die Explosivstoffe anzeigten, durch Zigarettenrauch „false positived (fälschlich positiviert wurden)", eine Behauptung, welche Experten als lächerlich bezeichnen. Basierend auf einem Alibi, das von einer Frau gegeben wird, wird der Fall geschlossen und die Israelis werden dem Immigration and Naturalization Service (INS) übergeben, um nach Israel zurückgesandt zu werden. Eine Woche später verschwindet die Frau, deren Alibi benutzt wurde.

Am 29. Oktober sagen jüdische Mitglieder der PNAC, „Project for a New American Century", Robert Kagan und William Kristol, das Folgende in einem wöchentlichen Standardartikel mit dem Titel „The Gathering Storm (Der aufziehende Sturm)"

> *„Was am Horizont bedrohlich auftaucht... ein weit reichender Krieg mit Lokalitäten in Zentralasien bis in den Mittleren Osten, und, unglücklicherweise, wieder zurück in die Vereinigten Staaten... Afghanistan wird sicher nicht mehr als ein Anfangskrieg sein... Dieser Krieg wird nicht in Afghanistan enden. Er wird sich ausweiten, und eine Reihe von Ländern in Konflikten unterschiedlicher Intensität verschlingen. Es könnte sehr wohl sein, dass die amerikanischen Streitkräfte in verschiedenen Plätzen gleichzeitig benötigt werden. Es wird einem Zusammenprall der Zivilisationen gleichkommen, den jeder zu vermeiden hoffte."*

Thomas Stauffer, ein beratender Wirtschaftswissenschaftler in Washington, schätzt, dass Israel seit 1973 die USA ungefähr $1.6 Trillionen gekostet hat, was, wenn man es auf die Bevölkerung von 2002 umrechnet, mehr als $ 5,700 pro Person sind.

In seiner Autobiographie „Memoirs", veröffentlicht in diesem Jahr, gibt Rothschild David Rockefeller seine Rolle in der Weltregierungskonspiration zu, als er schreibt:

„Für länger als ein Jahrhundert haben ideologische Extremisten an beiden Seiten des politischen Spektrums gut dokumentierte Ereignisse benutzt, um zu behaupten, dass die Rockefeller-Familie einen ungezügelten Einfluss auf amerikanische politische und ökonomische Institutionen ausübt.

Manche glauben sogar, dass wir Teil einer geheimen Kabale sind, die gegen die Interessen der Vereinigten Staaten arbeitet, und charakterisieren meine Familie als ›Internationalisten‹ und dass wir mit anderen weltweit konspirieren würden, um eine mehr integrierte. globale. politische und wirtschaftliche Struktur zu bilden, ›Eine Welt‹, wenn man so will. Wenn das die Anklage ist, bekenne ich mich schuldig, und bin stolz darauf."

Am 12. April veröffentlicht jede große Zeitung in den Vereinigten Staaten, dass der venezuelanische Präsident Hugo Chavez zurücktrat, weil er „unpopulär und diktatorisch" war. In der Tat wurde er in einem Putsch gefangen genommen, und auf einer Militärbasis in Arrest gehalten. Der Sympathie seiner Wächter folgend, bricht der Staatsstreich zusammen und Präsident Chavez ist einen Tag später zurück in seinem Amt. Interessanterweise hat er Beweise auf Video, worauf ein Militärattaché der Vereinigten Staaten die venezuelanische Militärbasis betritt, während er dort gefangen sitzt.

Präsident Chavez, von den jüdischen Medien dämonisiert, begeht das Verbrechen, Milch und Behausung an die Armen zu verteilen und Land, das länger als zwei Jahre nicht für die Produktion von den großen Plantagenbesitzern benutzt wird, jenen ohne Land zu geben. Sein größtes Verbrechen ist jedoch, ein Petroleum-Gesetz zu erlassen, das die Steuern für die Entdeckung neuer Ölvorhaben von 16 % auf 30 % hebt, was für die Firma Exxon Mobil, eine Rothschild Operation, zusammen mit anderen internationalen Ölproduzenten, natürlich Konsequenzen hat.

Er übernimmt auch die volle Kontrolle über die Ölfirma PDVSA, welche sich vorher nominell in staatlichem Besitz befand, aber tatsächlich ein Leibeigener dieser Internationalen Ölfirmen war. Nicht nur das, Präsident Chavez ist auch der Präsident der „Organization of Petroleum Exporting Countries," (OPEC), und weist vehement die „Strategie der vier Schritte" der Weltbank, und ihren Plan, die Löhne der gemeinen Leute für den Profit der Bankiers zu verringern, zurück.

In der Tat stärkte Präsident Chavez die Kaufkraft der niedrig bezahlten Arbeiter und die Wirtschaft, indem er die Minimallöhne um 20 % anhob. Sein Minister Miguel Bustamante Madriz weiß genau um die Gefahr, die Venezuela für die Bankiers darstellt und ist sich der Verschwörung und des Plans gegen Venezuela und seinen Präsidenten bewusst, als er sagt:

> *„Amerika kann uns nicht in der Macht belassen. Wir sind eine Ausnahme für die Neue Globalisierungsordnung. Wenn wir Erfolg haben, sind wir ein Beispiel für alle Amerikaner."*

Der altgediente Filmemacher James Longley veröffentlicht seine Dokumentation „Gaza Strip" zum Lob der Kritiker. Diese Dokumentation zeigt, wie israelische Truppen palästinensischen Kindern sowohl durch den Kopf schiessen, als sie Steine schmeißen, und Sprengfallen-Spielzeuge auf dem Boden hinterlassen, um neugierige Kinder explodieren zu sehen. Es zeigt auch, wie israelische Helikopter Kanister voller lähmendem Nervengas auf dicht bewohnte Gebiete des Gaza-Streifens abwerfen.

2003: Am 16. März wird die 23-Jährige Amerikanerin Rachel Corrie getötet, welche in den Gaza-Streifen gereist war, um die Palästinenser gegen die israelischen Kriegsverbrechen zu schützen, die dort ausgetragen werden, während sie versucht, die Demolierung eines Heimes eines palästinischen Apothekers, seiner Frau und ihren drei Kindern zu verhindern. Als sie vor dem Haus steht, um es vor einem Israeli Defense Force (IDF) Caterpillar D9 Bulldozer zu schützen, wird sie von dem Fahrer vorsätzlich überrollt. Der Fahrer legt dann den Rückwärtsgang ein, und fährt daraufhin als Zugabe nochmals über sie drüber. Rachel stirbt, nachdem sie zu schockierten Palästinensern, die zu ihrer Hilfe eilen, sagt:

„I think my back is broken. (Ich glaube mein Rückgrat ist gebrochen)"

Die Vereinigten Staaten tun nichts, um Israel dafür zu kritisieren, und akzeptieren seine Entschuldigung, dass es ein „Unfall" gewesen sei, obwohl es mehrere Augenzeugen gibt, die kategorisch sagen, dass es ein vorsätzlicher Akt war und dass es auch photographische Beweise gibt, die zeigen dass Rachel eine hellorange fluoreszierende Jacke trug, als der Vorfall sich bei hellem Tageslicht zutrug.

Die jüdische New Yorker Gemeinschaft hat allerdings eine Menge dazu zu sagen. Als Anfang 2006 ein Theaterstück mit dem Titel „My Name Is Rachel Corrie" nach zwei erfolgreichen Serien in London als Premiere in New York erscheinen soll, wird es unter dem Druck der jüdischen Gemeinschaft abrupt abgesagt.

19. März: Purim-Tag und Einmarsch in den Irak

Die Vereinigten Staaten marschieren am 19. März unter der Präsidentschaft des Krypto-Juden George W. Bush in den Irak ein, was jener Tag ist, auf den der „Day of Purim" in diesem Jahr fällt, ein Tag, an dem die Juden ihren Sieg über alle Nichtjuden (Goyim) im antiken Babylon feiern, welches nun innerhalb der Grenzen des Irak liegt - wie interessant.

Ebenfalls interessant ist, dass die erste Invasion der Vereinigten Staaten in den Irak, 10 Jahre zuvor, mit dem Genozid von 150.000 fliehenden Truppen unter dem Vater des derzeitigen Präsidenten, George Herbert Walker Bush, am Day of Purim endete. Purim ist auch die Zeit, zu der die Juden ermutigt werden, blutige Rache gegen Nichtjuden zu nehmen.

Irak ist eine der sechs Nationen, die in der Welt übrig sind, und noch keine Rothschild-kontrollierte Zentralbank haben. Jedoch geht dieser Krieg vor allem darüber, Iraks Wasservorrat für Israel zu stehlen, da Israel immer um frisches Wasser gekämpft hatte. In der Tat musste es Wasser aus den Golan Höhen von Syrien stehlen, welche Israel mit einem Drittel frischen Wassers 36 Jahre früher versorgt hat; jedoch ist der Bedarf an Wasser gestiegen, und die Wasserentnahme in Israel hat in den letzten 25 Jahren den Ersatz mit über 2,5 Billionen Metern überragt.

Dies heißt, dass Wasser inzwischen für Sie weitaus wertvoller ist als die Ölreserven, obwohl es die zweitgrößten Ölreserven auf dem Planeten sind. In der

Tat hatte der israelische Umweltminister Dalia Itzik im Jahr 1999, also vier Jahre zuvor, den Notfallstatus für die Wasserversorgung des Landes ausgerufen.

Kaum überraschend unterstellt Präsident Bush einem Juden die Kontrolle Iraks, als er Paul Bremer zum US-Verwalter des Irak ernennt. Paul Bremer war seit 1989 Vorstand von Kissinger and Associates, der weltweiten Consulting Firma, gegründet vom Juden Henry Kissinger.

Der Premierminister von Malaysia Mahathir Mohamed sagt in einer Rede:

„Jews rule the world by proxy. They get others to fight and die for them. (Die Juden regieren die Welt durch Stellvertreter. Diese kämpfen und sterben für sie)."

Der Polizeichef von Cloudcroft hält einen Truck an, der viel zu schnell durch eine Schulzone fährt. Es stellt sich heraus, dass die Fahrer Israelis mit ausgelaufenen Pässen sind. Sie geben an, Umzugsleute zu sein, der Lastwagen enthält Schrottmöbel und mehrere Kisten. Die Israelis werden dem Immigrationsbüro übergeben. Der Inhalt der Kisten wird der Öffentlichkeit nie mitgeteilt.

Israel setzt Mörderschwadrone in anderen Ländern ein, inklusive den Vereinigten Staaten. Die Regierung der Vereinigten Staaten protestiert nicht.

Der russische Oligarch Mikhail Khordorkovsy wird im Gefängnis in Russland festgehalten unter den Anklagen von Betrug, Unterschlagung und Steuerhinterziehung.

Weiterreichung klassifizierter Informationen an AIPAC

2004: "The American Israel Public Affairs Committee AIPAC" ist eine der größten politischen Lobbygruppen in den Vereinigten Staaten mit über 65.000 Mitgliedern, deren Aufgabe es ist, die Regierung der Vereinigten Staaten für Israel zu leiten. Das FBI vermutet, dass die AIPAC eine Front für die Spione Israels darstellt, und beobachtet nach zweijährigen Ermittlungen, wie Ashkenazim-Jude Larry Franklin, ein Mid-Level Pentagon Analyst im Beschäftigungsverhältnis unter Douglas Feith, klassifizierte Informationen an zwei Offizielle von AIPAC weiterleitet, welche der Spionage verdächtigt werden. Larry Franklin wird daraufhin 2006 zu 12 Jahren Gefängnis verurteilt.

Interessanterweise wurde Douglas Feith im März 1982 vom United States National Security Council (NSC) gefeuert, und verlor seine Zugangsberechtigung nachdem er unter Verdacht des FBI steht, klassifiziertes Material an israelische Botschaftsangestellte weitergeleitet zu haben.

AIPAC heuert den Rechtsanwalt Nathan Lewin an, seine Verteidigung zu übernehmen, dies ist derselbe Rechtsanwalt, der 1978 den verdächtigten Spion Stephen Bryen verteidigte.

Auch arbeitet Larry Franklin im Pentagon Office of Special Plans, welches von Richard Perle geleitet wird, der schon im Jahr 1970 dabei geschnappt wurde, als er klassifizierte Information an Israel übergibt. Richard Perle besteht darauf, dass der Irak mit Massenvernichtungswaffen (WMDs) überhäuft sei, und dass die Vereinigten Staaten deshalb den Irak überfallen und bezwingen sollten, so früh wie möglich.

Es gab natürlich keine WMDs, und Perle schob die Schuld auf „bad intelligence (Schlechte Aufklärung)" des CIA Direktors George Tenet (wirklicher Name Cohen, ein weiterer Krypto-Jude). Dann kommt ans Licht, dass das Pentagon Office of Special Plans ähnliche Gruppen in Israel koordinierte, basiert in Ariel Sharons Büro.

Somit gibt es mindestens zwei verdächtigte israelische Spione innerhalb der eigenen Büros, von

welchen die Lügen, die den Krieg mit Irak starteten, stammen. Es ist bald klar, dass die Menschen der Vereinigten Staaten Opfer eines tödlichen Streiches wurden, der einen Krieg auslöste und das Blut und Geld der amerikanischen Bürger zum Zweck der Unterdrückung der israelischen Opposition nutzt.

Ein durch jüdische Medien aufgedecktes Leck in der Untersuchung der AIPAC am 28. August in diesem Jahr gibt eine Vorwarnung an all die anderen Spione, die mit Franklin gearbeitet hatten. Und als ob es nicht schlimmer werden könnte, ist der Schaden in den Ermittlungen des FBI komplett, als der United States Attorney General John Ashcroft dem FBI anordnet, alle Verhaftungen in diesem Fall zu stoppen.

Wie beim Stephen Bryen-Fall und der Jagd auf „Mega" scheint auch dieser Spionageskandal von Beamten weißgewaschen zu werden, um ihre geheimen Seilschaften zu schützen und einem öffentlichen Aufschrei einen Riegel vorzuschieben.

Anfang März dankt der jüdische Rabbi Dov Zakheim, mit einer dualen israelisch-amerikanischen Staatsbürgerschaft, als *Pentagon Controller and Chief Financial Officer* ab, als in einer Anhörung betreffs des Pentagon Budgets aufgedeckt wird, dass es ihm nicht möglich ist, das Verschwinden von $ 2.6 Trillionen zu erklären, inklusive Verteidigungsinventar von 56 Flugzeugen, 32 Tankern, und 36 Javelin-Raketenstarteinrichtungen.

Interessanterweise kann die Regierung der Vereinigten Staaten behaupten, dass dies nicht weiter recherchiert werden kann, da angeblich die Aufzeichnungsunterlagen, welche studiert werden müssten, um diese Sachlage weiter zu untersuchen, in der Attacke auf das Pentagon am 11. September 2001 zerstört worden seien.

Am 20. Mai entscheidet Senator Ernst Hollings, welcher für keine weitere Amtszeit antreten wird, sich über Israels Kontrolle von Amerika auszusprechen, welches er auf dem Boden des Senats tut, zuerst aufklärend dass Präsident Bush den Krieg mit Irak einging,

> *„um den Freund Israel zu schützen - jeder weiß es",*

und dann macht er das folgende Statement zu AIPACs Kontrolle über Amerika:

> *„Sie können keine andere Israel-Politik haben, als jene, welche die AIPAC Ihnen hier vorgibt. Ich bin ihnen zumeist gefolgt, aber ich habe mich auch geweigert, bestimmte Briefe von Zeit zu Zeit zu unterschreiben, um dem armen Präsidenten eine Chance zu geben. Ich kann Ihnen sagen, es übernimmt kein Präsident das Office, und es ist mir egal ob er ein Republikaner ist oder ein Demokrat... ohne daß die AIPAC ihm plötzlich genau sagen wird, was die Politik ist..."*

AIPAC
THE AMERICAN ISRAEL PUBLIC
AFFAIRS COMMITTEE
America's Pro-Israel Lobby

Im Juni bestätigt der unabhängige Präsidentschaftskandidat Ralph Nader den Senator Hollings, als er sagt:

> *„Was über die Jahre passiert ist, ist eine voraussehbare Routine von ausländischen Heimsuchungen seitens der Leitung der israelischen Regierung. Der israelische Puppeteer (Puppenspieler) reist nach Washington. Der israelische Puppeteer trifft sich mit der Puppet (Marionette) im Weißen Haus und geht dann runter zur Pennsylvania Avenue und trifft sich mit den Puppets im Kongress. Und dann nimmt er Billionen an Geld von den Steuerzahlern mit."*

Die Polizei in der Nähe der Nuclear Fuel Services Plant in Tennessee hält einen Lastwagen nach einer Verfolgungsjagd über drei Meilen an, währenddessen der Fahrer eine Flasche mit einer seltsamen Flüssigkeit aus der Fahrerkabine wirft. Die Führer des Fahrzeugs erweisen sich als Israelis mit falscher Identifikation. Das FBI weigert sich zu ermitteln und die Israelis werden freigelassen.

Zwei Israelis versuchen, in die Kings Bay Naval Submarine Base einzudringen, wo sich acht Trident U-Boote befinden. Der Lastwagen wird positiv für Sprengstoff getestet.

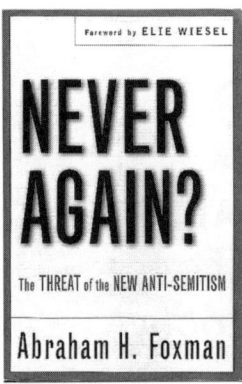

Der Nationale Direktor der ADL, Abraham H. Foxman, veröffentlicht ein Buch mit dem Titel „Nie wieder? Die Bedrohung des Neuen Antisemitismus", in welchem er sagt, dass das Neue Testament „lügen" würde, wenn es berichtet, dass die Pharisäer in der Antike verantwortlich für den Tod Christi gewesen seien. Dies aber sei verantwortlich für den Antisemitismus über die Jahrtausende hinweg, und das Neue Testament der Bibel stelle damit den Tatbestand der Hassrede (hate speech) dar, und sollte zensiert oder, besser noch, verbannt werden.

Am 21. April wird der israelische Nuklearwaffen-Whistleblower (Informant) Mordechai Vanunu aus dem Gefängnis entlassen, nachdem er 18 Jahre darin gesessen hat, und von denen er über 11 Jahre lang in einer Zelle mit zwei mal drei Metern in Einzelhaft saß, während welcher Zeit er nur gelegentliche Besuche von seiner Familie, seines Rechtsanwalts und eines Priesters bewilligt bekam. Obwohl er aus dem Gefängnis entlassen wird, nachdem er seine Strafe voll abgesessen hat, wird ihm danach nicht genehmigt, Israel zu verlas-

sen, und es wird ihm ebenfalls nicht erlaubt, mit ausländischer Presse und Medien zu sprechen.

In Nord-Nigerien behaupten die islamischen Führer, dass eine United Nations Children's Fund (UNICEF) Polio-Impfkampagne Teil eines Plans der Vereinigten Staaten ist, die Region zu entvölkern, indem AIDS oder sterilisierende Erreger verbreitet werden. Diese nördlichen Staaten sagen, dass ihre Labortests zeigen, dass Fremdkörper in den Impfstoffen enthalten sind. Um zu beweisen, dass die Impfstoffe sicher sind, sendet die Regierung der Ver-

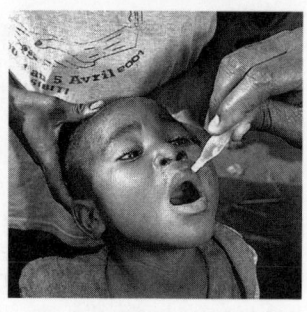

einigten Staaten ein Team von Wissenschaftlern, religiösen Führern und anderen dorthin, um Tests an den Impfstoffen in den ausländischen Laboren zu durchzuführen. Als die Tests fertig sind, weigern sie sich jedoch, die Resultate zu veröffentlichen.

Mel Gibson veröffentlicht seinen Film „The Passion of the Christ" (Die Passion Christi). Um seine Authentizität zu erhalten, wird der Dialog des Films in der Gesamtheit mit aramäischen und lateinischen Untertiteln versehen. Jedoch gibt es einen Untertitel, der nicht erscheint. Es wird gesprochen, aber aus irgendeinem Grund ist der Untertitel weggenommen. Dies geschieht aufgrund von Druck seitens der jüdischen Medien. Der Untertitel wurde von folgender Szene entfernt: Pilatus versucht, die Juden davon abzuhalten, nach der Kreuzung von Jesus Christus zu rufen. Und was war es, was die Juden in Antwort auf Pilatus sagten, dass die mächtige jüdische Lobby so desperat zensieren wollte?

"Let his blood be on us and our children. (Lasst sein Blut auf uns und unsere Kinder kommen)"

Am 20. Juni ermächtigte laut einem Bericht in der Jerusalem Post die israelische Knesset den Staat Israel, jeden in der Welt zu kriminalisieren, der es wagt, zu fragen, ob oder ob nicht sechs Millionen Juden im Holocaust starben und verlangen dessen Auslieferung nach Israel. Darüber hinaus kann die israelische Regierung auch Leute festnehmen, anklagen und einkerkern, welche solche Überzeugungen in sich tragen, sollten sie je einen Fuß nach Israel setzen.

Am 30. September, während seiner ersten präsidialen Debatte mit John Kerry, sagt Präsident Bush bezüglich des Themas, dass Amerikaner im Krieg mit dem Irak sterben:

"Ein freier Irak wird helfen, Israel zu sichern"

Antisemitismus-Inspektions-Gesetz

Am 16. Oktober unterzeichnet Präsident Bush das Gesetz des *Global Anti-Semitism Review Act*, ein Gesetz das so gestaltet ist, dass die ganze Welt gezwungen wird, nie wieder kritisch gegenüber den Juden zu sein, was auch immer sie unternehmen. Dieses Gesetz etabliert zugleich eine spezielle Abteilung innerhalb des *United States State Department*, um den Antisemitismus

global zu überwachen, worüber dem Kongress jährlich berichtet werden soll. Dieses Gesetz definiert eine Person als antisemitisch, wenn sie jegliche der folgenden Ansichten äußert:

1. Jegliche Behauptung, „dass die jüdische Gemeinschaft die Regierung kontrolliert, die Medien, das Internationale Geschäft und die finanzielle Welt".

2. Der Ausdruck von „starkem anti-israelischen Gefühl".

3. Der Ausdruck von „virulenter Kritik" an den Führern Israels, in der Vergangenheit oder der Gegenwart. Das State Department gibt als ein Beispiel dessen, wenn etwa eine Swastika in einer Karikatur gezeigt wird, worin das Verhalten von zionistischen Führern der Vergangenheit oder der Gegenwart angeprangert wird.

4. Jegliche Kritik an der jüdischen Religion oder ihren religiösen Führern oder an Literatur mit Schwerpunkt auf dem Talmud und der Kabbalah.

5. Jegliche Kritik an der Regierung der Vereinigten Staaten und des Kongresses, unter ungebührlichem Einfluss der jüdischen zionistischen Gemeinschaft zu stehen, welche jüdischen Organisationen wie die American-Israel Public Affairs Committee (AIPAC) betrifft.

6. Jegliche Kritik der jüdischen zionistischen Gemeinschaft an der Förderung der Globalisierung oder dessen, was manche die „Neue Weltordnung" nennen.

7. Projizierung jeglicher Schuld auf jüdische Führer und ihre Mitläufer für eine Anstiftung zur römischen Kreuzigung Christi.

8. Zitierung von Fakten, die in jeglicher Art die Zahl der „sechs Millionen" Holocaust Opfer verringern würde.

9. Behauptungen, dass Israel ein rassistischer Staat ist.

10. Das Anführen jeglicher Behauptung, dass es eine "zionistische Verschwörung" gibt.

11. Das Angebot, mit Beweisen zu belegen, dass Juden und ihre Führer den Kommunismus und die bolschewistische Revolution in Russland starteten.

12. Die Äußerung von „nachteiligen Behauptungen" über jüdische Personen.

13. Die Geltendmachung, dass spirituell unfolgsame Juden nicht das biblische Recht haben, Palästina wieder zu okkupieren.

14. Das Äußern von Unterstellungen einer Mitwirkung des Mossad an den 9/11-Attacken.

2005: Am 20. Januar macht Präsident Bush die folgenden Bemerkungen als Teil seiner zweiten inauguralen Adresse:

> *„When our founders declared a New Order of the Ages...* (Als unsere Führer ein Zeitalter der Neuen Ordnung deklarierten...)"

Dies ist nicht wahr. Die Gründer deklarierten nie eine „New Order of the Ages", der Jude Präsident Roosevelt tat dies erst-

mals, als er in 1933 in seiner lateinischen Übersetzung das *„Novus Ordo Seclorum"* auf die Dollar-Banknote setzte.

Am 15. Februar wird Michael Chertoff als Leiter des United States Department of Homeland Security eingeschworen. Wie zuvor angegeben, ist Chertoff ein dualer amerikanisch-israelischer Bürger, sein Vater war Rabbi und seine Mutter war eine der ersten Mossad-Agenten.

Am 27. Februar macht der
Nation of Islam-Führer Louis
Farrakhan die folgende Aus-
sage in Bezug auf die jüdische
Domination im Sklavenhandel
von Afrikanern nach Amerika:

*„Hört, jüdische Leute ha-
ben keine Hände, die
frei von unserem Blut
sind. Sie besaßen Skla-*
*venschiffe, sie kauften und verkauften uns. Sie vergewaltigten
uns und raubten uns aus."*

Am 7. Juli werden drei Stationen des London Unterground Transport
Network (Londoner U-Bahn) und ein Londoner Doppeldecker-Bus gebombt,

was den Tod von 52
Menschen nach sich
zieht. Dies wird so-
fort auf so genannte
Al-Kaida „Suicide Bom-
bers (Selbstmordatten-
täter)" geschoben. Hier
sind einige andere in-
teressante Parallelen:

1. Zu jenen Zeiten und Orten, an denen die separaten Bombenatta-
cken geschehen, führt eine "Krisenmanagment"-Firma, bekannt
als Visor Consultants Terror Drills dieselben Szenarios aus. Dies
wird in verschiedenen In-
terviews bestätigt, auf
Radio Five sowie auf Eng-
lands populärster Fern-
sehstation ITV, durch den
Generaldirektor dieses
Beratungsunternehmens,
Peter Power. In dem be-
sagten Interview bestä-
tigt er die Vorgänge:

„Eine halbe Stunde nach Neun dieses Morgens trugen wir tatsächlich eine Übung für über tausend Leute in London aus, welche auf gleichzeitigen Bombenanschlägen basierten, die an genau diesen Bahnstationen hochgingen, wo es diesen Morgen wirklich geschah, deswegen stehen mir immer noch die Nackenhaare zu Berge."

Die Leser mögen sich erinnern, dass die US-Regierung als Grund dafür, warum die Flugzeuge am Tag der Attacke auf das World Trade Center und auf das Pentagon nicht sofort verschlüsselt wurden, angab, dass ein Drill desselben Geschehens an diesem Tag zur gleichen Zeit ausgeführt wurde, was die Sicherheitskräfte verwirrte, da sie nicht verstanden, ob eine tatsächlich Attacke auf Amerika ausgeführt wurde oder ob es nur ein Drill war. Wieso aber finden die Leute es nicht suspekt, dass ein Terror-

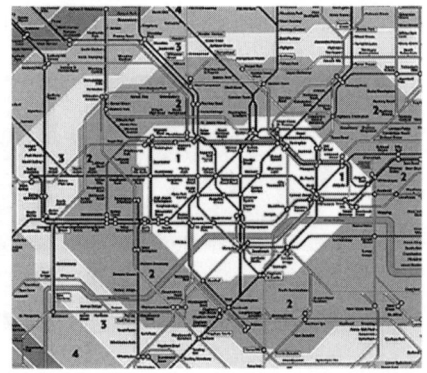

drill zur selben Zeit an drei Londoner Untergrund-Stationen ausgeführt wird (wichtig ist anzumerken, dass das Londoner U-Bahn-Netzwerk aus 274 Stationen besteht, sodass die drei gewählten Stationen gerade etwas über 1 % der Stationen ausmachen, die man hätte aussuchen können), Stunden bevor eine tatsächliche Attacke auf die selben drei Untergrund-Stationen ausgeführt wird?

Unglücklicherweise benutzt die breite Öffentlichkeit nicht ihre Gehirne, und erlaubt anstelle dessen, dass das Nachdenken durch sich im jüdischen

Besitz befindliche Medien für sie ausgeführt wird. Wieso würde ein trainierter Journalist einer solch eklatanten „smoking gun" (noch rauchenden Pistole) nicht nachfolgen, besonders wenn der Mann, der solche Behauptungen aufstellt, Peter Power, sich inzwischen weigert, dieses Thema weiter zu diskutieren. Die Antwort ist offen-

sichtlich, denn ein Journalist würde solche Entscheidungen nicht treffen, es kann nur angenommen werden, dass die Journalisten durch die Medienbesitzer kollektiv angewiesen worden waren, diese Sache nicht weiter zu untersuchen, es sind jüdische Medien.

Und für die Gründe, einen Terrordrill laufen zu haben, während die Attacken stattfinden, ist der wahrscheinlichste Grund der, ein Alibi für die tatsächlichen Täter der Attacke zu schaffen, die über diesen Drill Bescheid wussten. Die Art und Weise wie dies funktionieren könnte, ist, dass wenn die tatsächlichen Täter geschnappt worden wären, wie sie sich suspekt verhielten, sie behaupten hätten können, dass sie nur Teil des Drills gewesen seien, und sie hätten ein Alibi, das dies bestätigen würde. Dies würde natürlich heißen, dass die vermeintlichen Täter, vier muslimische Männer, nicht an diesen Attacken involviert waren.

2. Die Autoritäten behaupten, dass die persönlichen Dokumente, welche sich auf die so genannten Bomber beziehen, jeweils an den Bombenszenen gefunden wurden. Dies ist eine weitere seltsame Koinzidenz zwischen den Attacken auf das World Trade Center, als Autoritäten behaupteten, dass obwohl sie keine Spur von Körpern finden konnten, ein unbeschädigter Papierpass gefunden wurde, der einem der Hijacker gehören sollte.

3. Israels Finanzminister Benjamin Netanyahu ist in London an dem Morgen der Attacken, um einer Wirtschaftskonferenz in einem Hotel über jener U-Bahn Station, wo eine Attacke geschieht, beizuwohnen, bleibt aber stattdessen in seinem Hotelzimmer, nachdem er von israelischen Geheimdiensten informiert wurde, dass Attacken erwartet werden. Dies ist eine weitere Ähnlichkeit mit den Attacken auf Amerika, als 4000 Juden gewarnt wurden, nicht zur Arbeit im World Trade Center an jenem Tag zu gehen. Wie kommt es, dass nur Juden Vorwarnungen über vorgeblichen Al-Qaeda Terrorismus erhalten?

Der Invasion Afghanistan und Irak folgend, gibt es jetzt nur fünf Nationen auf der Welt ohne eine private Rothschild gehörende Zentralbank: Iran; Nord Korea; Sudan; Kuba; und Libyen. Interessanterweise bevorzugt der Satellitenstaat von Israel, im Allgemeinen bekannt als die Regierung der Vereinigten Staaten, diese Länder als „Schurkenstaaten" zu bezeichnen.

Der Physik Professor Stephen E. Jones von der *Brigham Young University* veröffentlicht ein Dokument, in dem er beweist, dass die Gebäude des World Trade Centers nur durch Explosive in der Art und Weise heruntergebracht werden konnten. Er bekommt keine Berichterstattung in den Massenmedien für seine wissenschaftlich beweisbaren Behauptungen.

Am 30. September veröffentlicht die dänische Zeitung Jyllands-Posten 12 so genannte Cartoons, wovon die meisten den muslimischen Prophet Mohammed bildlich darstellen, etwas, das gegen den islamischen Glauben verstößt. Diese Cartoons werden daraufhin in über 50 Ländern nachgedruckt, was in großem Maßstab Proteste bei der weltweiten muslimischen Gemeinschaft hervorruft.

Das ist genau der Grund, wieso sie abgedruckt werden. Um die Spannungen zwischen der westlichen Welt anzuheizen, und die muslimische Gemeinschaft, und die westliche Welt weiter zu befremden, sodass sie unter sich selbst kämpfen können, bis nur noch die Juden übrig sind. Der kulturelle Editor von Jyllands-Posten, der für die originale Veröffentlichung dieser Cartoons verantwortlich ist, Flemming Rose, ist ein Jude.

Am 30. Oktober wird der Leiter des Kabbalah-Zentrums in Israel, Shaul Youdkevitch, festgenommen für die Abnahme von Geld von einem Krebspatienten. Über einen Zeitraum von wenigen Monaten spendete das Opfer $ 36.000 an das Kabbalah-Zentrum, nachdem Youdkevitch ihr erzählte, dass ihre Spende ihre Kondition verbessern würde. Als ihre Kondition nicht besser wird, machen andere Rabbis an dem Kabbalah-Zentrum in Tel Aviv den Vorschlag, dass sie eine „signifikante und schmerzliche Spende" machen soll.

Als Resultat gibt sie weitere $ 25.000 und kauft auch etwas heiliges Wasser vom Kabbalah-Zentrum, zu einem exorbitanten Preis. Sie hat schließlich kein Geld mehr, sodann schlagen die Rabbis vor, dass ihr Ehemann die Arbeit aufgibt und anstatt dessen für keinen Lohn an dem Kabbalah-Zentrum arbeitet. Das Opfer stirbt, und der Ehemann geht zur Polizei, um diese Erpressung anzuzeigen. Interessanterweise ist Shaul Youdkevitch einer der hauptsächlichen Lehrer der Kabbalah weltweit und war direkt für Madonnas Israel-Besuch in 2004 verantwortlich.

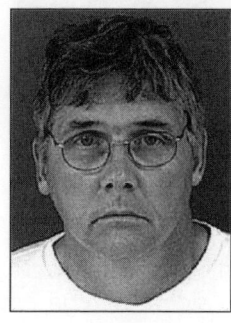

Am 15. November wird Robert Stein Jr., ein amerikanischer Schwerverbrecher, der als Rechnungsprüfer für die Coalition Provisional Authority im Irak beschäftigt war, der Unterschlagung und Akzeptierung von Bestechungsgeldern angeklagt, und bekennt sich der Anklagen für schuldig. Stein, Lieutenant Colonel Michael Wheeler und Leutnant Colonel Debra Harrison waren für die Akzeptierung von Bestechungsgeldern in der Höhe von $ 200,000 pro Monat angeklagt, gezahlt von Philip Bloom, im Gegenzug für die Vergabe fragwürdiger Verträge.

In einem New York Times-Artikel über Steins Verwaltung der Rekonstruktions-Geldmittel aus Iraks Öleinkommen steht:

„Aus Gründen, die das Pentagon sich bis jetzt geweigert hat, aufzuklären, war Stein als Kostenprüfer durch die ›Coalition Provisional Authority‹ eingesetzt worden, und in Verantwortung von 82 Millionen Dollar die für den Wiederaufbau genutzt werden sollten, trotz seiner schon vorliegenden Bestrafung für Felony Fraud (Schwerverbrechen der Unterschlagung) in den 1990ern."

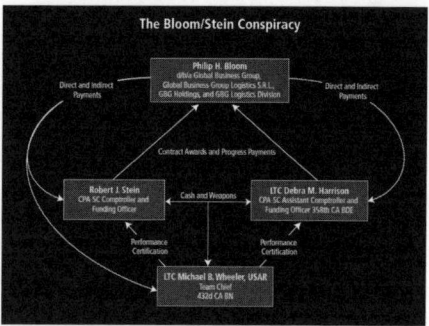

Im November berichtet eine Gruppe von Konservativen bis moderaten Demokraten genannt „Blue Dog Coalition", die ihren Fokus auf fiskalische Verantwortlichkeiten der Regierung setzt, dass Präsident George W. Bush mehr Geld von Banken und ausländischen Geldinstituten geliehen hat, als alle vorherigen 42 United States Präsidenten zusammen. Die Zahlen des Schatzamts sagen aus, dass von 1776 bis 2000 alle vorherigen amerikanischen Präsidenten zusammen insgesamt $ 1.01 Trillionen Dollar ausgeliehen haben, während die Bush Verwaltung in den letzten 4 Jahren allein $ 1.05 Trillionen geliehen hat.

Am 6. Dezember wird David Cameron zum Führer der *British Conservative Party* gewählt. Cameron ist ein alter Favorit der Rothschilds, und war auch *special advisor* von Norman Lamont, als er den britischen Geldmarkt für die Rothschilds 1993 zusammenfallen ließ. Cameron ist ebenfalls mit der britischen Königsfamilie verwandt.

Interessanterweise prahlt die Organisation "Conservative Friends of Israel" stolz auf ihrer Webseite, dass über zwei Drittel der britischen konservativen Mitglieder des Parlamentes auch bei ihr Mitglieder sind. In der Tat schafften sie es sogar, dass David Cameron einen Fragebogen vor seiner Wahl als Leader für Sie ausfüllte, in welchem er das folgende schreibt:

> „Israel ist in der Frontlinie im internationalen Kampf gegen terroristische Gewalt."

Eine weitere Organisation, anzunehmender weise in kompletter Opposition zu den „Conservative Friends of Israel," nennt sich die „Labour Friends of Israel." Sie ziehen es vor, nicht aufzudecken, wie viele Labour Mitglieder des Parlamentes Mitglied bei Ihnen sind. Sie sagen jedoch, dass sie seit 1997 mindestens 50 davon auf bezahlte Ausflüge nach Israel geschickt haben.

Trotz diesem intensiven politischen Lobbying decken die offiziellen Zahlen der Regierung auf, dass Juden weniger als ein Prozent der britischen Bevölkerung ausmachen.

Am 6. Dezember trifft sich die Ehefrau von Bush, Laura Bush, zwecks der Kosherisierung der Küche des Weißen Hauses mit Rabbi Binyomin Taub, Rabbi Hillel Baron und Rabbi Mendy Minkowitz. Ein Foto jenes Ereignisses mit den Beteiligten wurde von Shealah Craighead aufgenommen, das Foto wird daraufhin auf der offiziellen Webseite des Weißen Hauses veröffentlicht.

2006: Im Januar wird die Hamas in den palästinensischen Wahlen zur Macht gebracht. Dies ist genau, was Israel wollte, da es ihnen eine Entschuldigung liefert, härtere Maßnahmen gegen die Palästinenser ergreifen zu können (falls dies nötig sein sollte). Sofort nach der Wahl der Hamas verlangt Israel, dass die Hilfe an Palästina beendet wird, und dies wird pflichtbewusst von den Vereinigten Staaten, der Europäischen Union und Kanada durchgeführt. Das Resultat dessen ist natürlich weit reichendes Leiden in Palästina,

Es dient auch Israels langjährigen Zielen im Mittleren Osten, wie der frühere Mossad-Agent Victor Ostrovsky prophetisch auf Seite 252 seines in 1994 veröffentlichten Buches "The Other Side Of Deception" schrieb:

> *„Die Unterstützung der radikalen Elemente des muslimischen Fundamentalismus passte gut zum generellen Plan des Mossad für diese Region. Eine arabische Welt, welche durch Fundamentalisten regiert würde, würde nicht ein Teil von Verhandlungen mit dem Westen sein, und somit Israel wieder als das einzige demokratische, rationale Land in der Region dastehen lassen.*
> *Und wenn dann der Mossad für die Hamas (palästinensische Fundamentalisten) arrangieren könnte, die palästinensischen Strassen von der PLO zu übernehmen, dann wäre das Bild komplett."*

Die *Edmond De Rothschild Banque*, ein Unterzweig von Europas *Edmond De Rothschild Family Bank Group* in Frankreich, wird die erste ausländische Bank, welche die Zustimmung der *China Banking Regulatory Commission* erhält und in Chinas finanziellen Markt eintritt.

Am 5. und 7. März hält das *American Israel Public Affairs Committee* (AIPAC) ihre jährliche Konvention in Washington DC Mehr als die Hälfte aller Senatoren und ein Drittel aller Abgeordneten der Vereinigten Staaten nehmen teil.

Gesetz gegen Hassverbrechen

Die Anti-Defamation League (ADL) lehnt sich unbarmherzig auf Regierungen über die ganze Welt, um „Hate crime Legislation" (Gesetze gegen Hassverbrechen) zu implementieren, da sie Angst haben, dass diese jüdsche kriminelle Kabale [3] mehr und mehr auf einer täglichen Basis bloßgestellt wird, vor allem im Internet.

---

[3] jüdische Kabale = Familienverwandtschaft. In diesem Fall die Kabale jener Familien, die sich jüdisch nennen

Ihre Aufgabe ist es, das kriminelle Netzwerk zu schützen, und was ist ein besser Weg, als so genannte Gesetze der Hassverbrechen einzusetzen, in dem jeder, der einen jüdischen Kriminellen bloßstellt, selbst zu einem Kriminellen gemacht wird.

Diese Hassverbrechen-Gesetzgebung wird unterstützt, um andere Dinge zu schützen, insbesondere ethnische Minoritäten. Es ist interessant, dass diese jüdischen Organisationen so eifrig Gesetze anderen Ländern rund um die Welt aufzwingen, die im Gegensatz zu Ihrer eigenen Position zu sein scheinen mögen, wenn man das Folgende bedenkt:

1. Israel erlaubt nur Juden, nach Israel zu emigrieren und bietet ihnen finanzielle Anreize an, dieses zu tun.

2. Das Israelische Gesetz verbietet die Heirat zwischen einem Juden und einem Nichtjuden.

3. Israel erlaubt Nichtjuden nicht, Wohneigentum in dem Land zu kaufen, und höchst interessant:

4. Israel erlaubt es keinem Nichtjuden nicht, jegliche Medien zu besitzen. Dies obwohl die Juden kein Problem damit haben, selbst die überwiegende Mehrheit aller Medien des Restes der Welt zu besitzen.

Die Ideen sind vielfältig, aber sie enthalten den Gebrauch ihrer Jahrhundertealten Politik von „Divide and Conquer (Teile und Herrsche)": Sie be-

nutzen die billigen Arbeitskräfte für die multinationalen Firmen, die sie besitzen, indem die sozialen und ökonomischen Probleme der massiven mexikanischen Immigration dazu zu verwenden, die Aufmerksamkeit der Amerikaner von ihrer jüdischen Vorherrschaft abzulenken. Wie kommt es, dass Juden Massenimmigration in jedes Land lieben, außer in ihr eigenes Land Israel?

Am 12. Juli verirren sich zwei Israelische Soldaten in libanesisches Gebiet, und werden daraufhin als Kriegsgefangene von libanesischen Streitkräften festgenommen. Die jüdischen Medien schreien über die ganze Welt, dass sie gekidnappt worden wären, nehmen jedoch keinerlei Bezug darauf, dass Israel mehr als 9000 Palästinenser gefangen genommen und ohne Verhandlung in Gefängnisse einschlossen haben. Israel fängt auch an, den Libanon wahllos zu bombardieren, ein Land, in welchem übrigens 40-45 % der Bevölkerung Christen sind.

Zufälligerweise, in Bezug auf die Einsperrung von 9000 Palästinensern ohne Gerichtsverhandlung, erlaubt der Artikel 111 des israelischen Gesetzes, dass die Regierung jegliche Person internieren kann, wen auch immer, für eine unbegrenzte Zeit, ohne Gerichtsverfahren und ohne Anklage. Dies wurde bei der Gründung

Israels eingesetzt, und eifrig von anderen jüdischen Führern kopiert, wie von Präsident George W. Bush, und ein Versuch wurde von Tony Blair unternommen, eine solche Änderung in das britische Gesetz zu bekommen.

Als die jüdischen Medien über den Konflikt zwischen Israel und Libanon berichten, nehmen sie keinen Bezug auf die hohe Zahl der Christen im Libanon und portraitieren die Menschen des Libanons als einen Haufen muslimischer Al-Kaida-Terroristen, und innerhalb eines Monats werden 1000 libanesische Männer, Frauen und Kinder getötet, und ein Viertel der Bevölkerung des Landes verjagt.

Der Krieg endet mit dem Rückzug Israels aus dem Libanon. Viele Juden sind nicht zufrieden mit diesem Ergebnis und beschuldigen den Premierminister Ehud Olmert, diesen Krieg verloren zu haben. Jedoch als er vor dem Knesset Foreign Affairs and Defence Committee am 5. September eine Rede hält, sagt er:

> *"Die Behauptung, dass wir verloren haben, ist unbegründet. Halb Libanon ist zerstört. Ist das ein Verlust?"*

Ist es tatsächlich einer für die zionistische Bewegung?

So etwas wie ein Nachwort: Das Spiel ist aus!

Mit dem Jahr 2005 endet dieses in den USA und England millionen-fach publizierte Buch mit seiner inhaltlich weitgehend konsistenten Recherche des globalen Bankerwahns. Deshalb hier ein aktueller Nach-trag zum brisanten Geschehen, schließlich soll auch der finale Unter-gang des perfiden Systems dokumentiert sein:

Die innere Logik des Systems hatte den Absturz längst vorgezeichnet, doch die verblendeten Herren der Welt wollten auch auf ihre eigenen Ökonomen nicht mehr hören. Um noch mehr abzucashen haben sie sogar selbst noch Öl ins Feuer gegossen. Was heute liebevoll ›Krise‹ genannt wird, ist nichts anderes als das Vorspiel zum finalen Kollaps. Aber alles der Reihe nach. Wie wurde die außer Kontrolle geratene letzte Runde inszeniert? Hier ein paar Meilensteine zum Ende vom Lied:

Juni 2007: Hedgefonds von Bear Stern kommen ins Schleudern.

Juli 2007: Deutsche Landesbanken verspekulieren sich am US-Markt.

September 2007: Kunden stürmen britische Northern Rock Bank.

Oktober 2007: Große Finanzhäuser melden Milliardenabschreibungen.

Februar 2008: US-Kongress billigt 150 Milliarden-Konjunkturprogramm.

März 2008: Bear Stern wird mit US-Regierungsgarantien verkauft.

Sommer 2008: Weltweite Milliardenabschreibungen gehen weiter.

September 2008:

US-Regierung übernimmt Kontrolle von Hypothekengiganten,
Lehman Brother geht am ›Schwarzen Montag‹ in Insolvenz,
Dow Jones-Index geht seit 11. September am tiefsten in den Keller,
Versicherungsriese AIG wird von US-Notenbank mit 85 Mrd. $ gerettet,

Zentralbanken fluten weltweit die Märkte,
US-Regierung schnürt 700 Mrd. $ - Rettungspaket für die Finanzbranche,
Goldman Sachs und Morgan Stanley müssen Sonderstatus aufgeben,
größte US-Sparkasse Washington Mutual wird an JPMorgan verkauft,
US-Kongress verhandelt über Rettungsplan.

Oktober 2008:

EU-Kommission beschließt Bankenregulierung,
Deutsche Bundesregierung spricht von Staatsgarantien für Sparer,
Dow Jones - Index verliert über 800 Punkte,
Island steht vor Staatsbankrott,
EU-Finanzminister wollen ›systemrelevante‹ Banken stützen,
Großbritannien teilverstaatlicht seine größten Banken und
schnürt Hilfspaket von 500 Milliarden Pfund für angeschlagene Institute,
der deutsche Dax-Aktienindex fällt unter 5000 Punkte,
G7 beschließt gemeinsamen Aktionsplan gegen globale Finanzkrise,
Eurozone einigt sich auf gemeinsame Regeln gegen Zusammenbruch,
die Bundesregierung bürgt mit 400 Milliarden Euro für Bankkredite,
Wirtschaftsforscher sehen Deutschland am Rand einer Rezession,
die USA geben größtes Haushaltsdefizit ihrer Geschichte bekannt,
hochkarätige Gipfeltreffen zur Finanzkrise lösen einander ab,
13 asiatische Staaten einigen sich auf gemeinsames Rettungspaket,
Ungarn und Ukraine werden mit IWF-Hilfe vor dem Crash bewahrt,
deutsche Immobilienfonds stoppen Auszahlungen,
11 Immobilienfonds werden aus Liquiditätsmangel geschlossen.

November 2009:

Landesbanken nehmen staatliche Rettungspakete in Anspruch,
IWF sagt für 2009 eine Rezession der Weltwirtschaft voraus,
China beschließt 600 Milliarden Dollar-Konjunkturpaket,
US-Hypothekenriese Fannie Mae gibt Rekordverlust bekannt,
EU-Kommission will Rating-Agenturen unter Kontrolle stellen,
Opel sucht um Staatsrettung an,
G20 beschließen auf Weltfinanzgipfel Aktionsplan zur Marktkontrolle,
CitiGroup Bank streicht 53000 Stellen trotz Bürgschaft über 300 Mrd.$,

General Motors, Ford und Chrysler ersuchen um staatliche Finanzhilfen,
Ölpreis fällt unter 50 US-Dollar,
die US-Federal Reserve will um 800 Mrd. $ Konsumkredite aufkaufen,
Schweizer UBS Bank benötigt staatliches Rettungspaket,
Commerzbank übernimmt Dresdner Bank zum Schnäppchenpreis.

Dezember 2009:

US-Autokonzerne kämpfen trotz Stützung ums Überleben,
Großbanken bauen weltweit massiv Stellen ab,
US-Arbeitslosenzahlen klettern auf Höchststand seit 15 Jahren,
Japan rutscht tiefer als erwartet in die Rezession,
Weltbank prognostiziert schlimmste Krise seit den 30er-Jahren,
Wirtschaftsforschungsinstitut IFO sieht für Deutschland tiefschwarz,
Bank of America beginnt 35.000 Stellen zu streichen,
Ex-Nasdaq-Chef Madoff wegen Finanzbetrug bis 50 Mrd. $ verhaftet,
US-Leitzins wird auf historisches Tief von 0,25 Prozent gesenkt,
OPEC senkt Ölförderquote massiv ab,
Staatsanwälte gehen bei Banken wegen Marktmanipulation ein und aus,
Japanische Börse beendet den Handel mit historischem Jahresverlust.

Januar 2009:

US-Notenbank FED pumpt 500 Mrd. Dollar in den Hypothekenmarkt,
dem US-Haushalt droht gigantisches Defizit von 1,2 Billionen Dollar,
Bundesagentur für Arbeit rechnet mit bis zu 4 Millionen Arbeitslosen,
zehntausende deutsche Autobauer gehen in Kurzarbeit,
Russland geht von einem Nullwachstum seiner Wirtschaft aus,
IWF malt schwärzestes Jahr für die Wirtschaft seit 1945 an die Wand,
Obama bezeichnet Banker als ›schamlos und unverantwortlich‹,
Gesetz zur Verstaatlichung deutscher Banken wird erarbeitet,
Allein im Januar fallen in den USA wegen der Rezession 600.000 Jobs.

Februar 2009:

Beim Exportweltmeister Deutschland sinkt die Ausfuhr um 7,7 Prozent,
Schweizer Großbank Credit Suisse meldet Jahresverlust von 5,5 Mrd. €,

Industrieproduktion der Eurozone bricht so stark ein wie nie zuvor,
G7 beschließen im Kampf gegen die Krise alle Register zu ziehen,
Bundesregierung stellt Weichen für Enteignung angeschlagener Banken,
Deutsche Post verbucht Milliardenverluste,
auch Allianz und Royal Bank of Scotland melden Milliardenverluste,
japanische und amerikanische Wirtschaft schrumpft im Rekordtempo.

März 2009:

Deutsche Maschinenbauer schreiben dickes Minus in Auftragsbüchern,
Asiatische Entwicklungsbank schätzt vernichtetes Vermögen auf 50 Bill. $,
Kanzlerin Merkel spricht von schlimmster Wirtschaftskrise seit 1945,
Forbes-Liste meldet auch Superreiche unter Opfern der Finanzkrise,
Wirtschaftinstitute senken ihre Prognosen für Deutschland weiter,
China fordert eine Abkehr vom US-Dollar als Leitwährung,
US-Regierung will faule Kredite von über 1 Billion Dollar aufkaufen,
US-Regierung stellt Modell zur Regulierung der Finanzmärkte vor.

April 2009:

Der deutsche Maschinenbau meldet Auftragseinbruch von 49 Prozent,
Japan stellt ein Konjunkturprogramm von 116 Milliarden Euro vor,
Goldman Sachs meldet trotz Krise plötzlich Milliardengewinne,
immer mehr Frachtschiffe liegen weltweit ungebucht vor Anker,
das DIW verzichtet auf eine Wirtschaftsprognose für 2010,
die Bank of America meldet für das erste Quartal Milliardengewinne,
auch JPMorgan legt trotz Krise auffallend gute Zahlen vor,
der IWF nennt 4,1 Billionen Dollar als weltweite Krisenverluste,
deutsche Finanzinstitute nennen BIP-Schrumpffaktor von sechs Prozent,
American Express meldet 63 Prozent Ertragsminderung,
US-Autobauer Chrysler meldet Insolvenz an.

Mai 2009:

EU-Parlament verschärft Vorschriften für Banken,
EZB senkt zum siebten mal seit Oktober den Leitzins auf nur noch 1,0 %,
US-Banken brauchen weitere hunderte Milliarden Dollar als Stütze,

Produktion der Stahlindustrie sinkt auf das Niveau der 50er-Jahre,
Hypo Real Estate wird halbverstaatlicht.
Gesetzesentwürfe zur Schaffung von ›Bad Banks‹ werden verabschiedet,
Wirtschaftskrise sorgt global für deutlichen Rückgang des Luftverkehrs,
Autobauer General Motors geht trotz Stütze in Insolvenz.

Juni 2009:

Die Luftfahrtindustrie sieht sich in der schwersten Krise ihrer Geschichte,
Japans Volkswirtschaft beschleunigt seine Talfahrt mit minus 3,8 Prozent,
Weltbank sagt für die ärmsten Länder besonders dramatische Krise voraus,
OECD rechnet bis Ende 2010 mit 5,1 Millionen deutschen Arbeitslosen,
General Motors rutscht in die Insolvenz.

Juli 2009:

Investmentbank Goldman Sachs meldet erneut Gewinn von 2,7 Mrd. $,
auch JPMorgan schließt Quartal erneut mit hohen Gewinnen ab,
CitiGroup und Bank of America melden ebenso jeweils Milliardengewinne,
Goldman Sachs kauft sich aus dem US-Bankenpaket frei,
weitere US-Großbankenpleite in Texas,
auch Milliardengewinne bei der Deutschen Bank,
Arbeitslosigkeit klettert in Deutschland auf 8,1 Prozent.

August 2009:

Deutsche Landesbanken zahlen trotz Staatshilfe weiterhin hohe Gehälter,
Deutsche Bank bestätigt Einstiegsinteresse bei Privatbank Sal. Oppenheim,
Manager der WestLB stehen wegen fragwürdiger Bonuspraktiken vor Gericht,
die Colonial Bank geht als 77. US-Bank pleite,
Finanzexperten erwarten bis 1000 US-Bankenpleiten in den nächsten Jahren
und so weiter und so fort...

Obige Informationen sind natürlich nur jene, die nicht zurückhaltbar
waren, im Hintergrund gehen noch ganz andere Schachzüge vor sich.
Die noch immer illusionäre Elite im Hintergrund, die das Desaster zur
großflächigen Umstrukturierung des Weltmarktes angezettelt hat,

wird zusehends darob nervöser, dass ihre Rechnung nicht aufgehen könnte. Andere wiederum haben ihre (vorübergehende) Chance bereits voll genutzt: Das halbe Dutzend Banken etwa, welche die scheinstaatliche US-Zentralbank steuern, hat sich enorme Summen der ausgegebenen Hilfsgelder gleich selbst in den Rachen geschoben und stehen so urplötzlich wieder gut da. Hinter den Kulissen tobt noch ein nie da gewesenes Feilschen um Pfründe und die Mega-Korruption feiert fröhliche Urständ. Kaum stehen leichte Pseudoaufschwungstendenzen im Raum, wird sofort wieder auf Teufel komm raus spekuliert wie eh und je. Die Banker haben nicht ein Jota dazu gelernt - abgesehen von jenen zwei Dutzend Finanzgangstern, die ihr weiteres Leben als sinnlos erkannten und ihm ein Ende bereiteten.

Noch ein paar Worte zum Buch, das Sie, werter Leser, in Händen halten: Das britische Originalmanuskript trug den fragwürdigen und deshalb im Einvernehmen mit dem Autor geänderten Titel ›Die Synagoge Satans‹. Mit dem englischen Titel wurde und würde (in der deutschen Übersetzung) die inhaltliche Bedeutung des Wortes Synagoge als Synonym für den jüdischen Tempel im deutschen Sprachraum tendenziös verunglimpft, wobei die ursprüngliche Wortbedeutung nur ein Versammlungshaus meinte (in dem vorerst nur nebenbei auch rituelle Gottesdienste abgehalten wurden). Auch wenn historisch nachweislich überproportional viele jüdische Menschen in die perversen Machenschaften rund um die Vergewaltigung der Globalökonomie und damit der Menschheit verwickelt waren und sind, rechtfertigt das nicht die im Originaltitel kolportierte und auch zwischen den Zeilen noch durchschimmernde rassistische Pauschalierung. Dazu kommt, dass viele dieser vorgeblich jüdischen Erdenbürger per definitionem eigentlich gar keine sind. Solche Etikettierungen dienen nur der weiteren Polarisierung von Volksgruppen im Interesse der Herrschenden und sollen primär von jenen monströsen Hintermännern (und -frauen) ablenken, welche die Zügel der Macht wirklich in Händen halten.

Anfang des 20. Jahrhunderts kam jenes erwähnte Traktat namens ›Die Protokolle der Weisen von Zion‹ im Umlauf, das die Strategien schildert, wie durch der Manipulation der öffentlichen Meinung, sowie der Politik, Wirtschaft und Religionen ein Plan umgesetzt werden soll, der den Aufbau einer Weltregierung unter der Dominanz eines groß-israelitischen Staates ermöglichen soll. Dieses Schriftwerk wurde mit yiddischen Ausdrücken und hebräischem Vokabular gespickt, allerdings so übertrieben und teils so unrichtig verwendet, dass erkennbar ist, dass der Text kaum von einem der Muttersprache mächtigem Autor verfasst worden sein kann. Es handelt sich dabei um den bekannten „Vergifteter Apfel"-Trick: Eine wirksame Desinformation wird mit einem Mantel von Wahrheit verhüllt. Diese ominöse Schrift lieferte ein wesentliches Fundament für die antisemitische Ideologie des Nationalsozialismus.

Die Entstehung Israels scheint für diejenigen Drahtzieher, welche die ›Neue Weltordnung‹, also eine Weltregierung unter ihrer Ägide aufbauen wollen, besonders wichtig gewesen zu sein. Es scheint ihnen dabei allerdings nicht wirklich um das Wohlergehen des jüdischen Volkes zu gehen – es steht einzig die Macht auf ihrer Agenda. Übrigens wissen 99 % der jüdischen Bevölkerung, weder weltweit noch in Israel, genau so wenig über die wahren globalen Machtverhältnisse Bescheid wie die übrige Welt. Sie werden instrumentalisiert, ebenso wie der Bevölkerung der USA und der muslimischen Welt. Dies ist wichtig zu wissen, weil das genannte Traktat derzeit wieder stark im Umlauf ist, speziell in Europa, was auch für die zunehmend radikalen Ausschreitungen verantwortlich ist. Außerdem ist es seit Jahren ein Bestseller in den muslimischen Ländern. So es dient einerseits dazu den Nahost-Konflikt weiter zu schüren und andererseits lenkt es von den wahren im Hintergrund Inszenierenden sehr effektiv ab.

Eigentlich ist es verwunderlich, dass eine so große Menge an undifferenzierter, antijüdischer Literatur wieder in Umlauf ist – das vorliegende Buch teilweise mit eingenommen – welche die gleichen Inhalte wiederholt, die schon die Nazis verwendet haben, um das antisemitische Sentiment so effektiv zu schüren. Wenn die globalen Verschwörer so viel Einfluss darauf ausüben, welche Art von Information verbreitet wird – und es sich dabei um Juden handelt, wie dieses Buch präsentiert - wieso können sie dann die erneute Verbreitung von antisemitischer Propaganda nicht unterbinden? Kann es sein, dass ihnen, wie schon gesagt das Wohlergehen des jüdischen Volkes gar nicht wichtig ist, und dass das erneute Aufflammen des antisemitischen Sentiments ihren Zielen eigentlich dienlich ist, z. B. um Druck auf Israel auszuüben und sie zu wichtigen Zugeständnissen zu zwingen? Also, warum ist dieses Buch nicht verboten worden? Weil Antisemitismus als politisches Instrument eingesetzt wird!

Nur wenn das Erdenvolk geschickt gegeneinander gehetzt und zugleich unter allen erdenklichen ökonomischen Druck gesetzt wird, können die Massen unter Kontrolle gehalten werden – das war seit Jahrtausenden das Credo der Mächtigen und Gierigen. Doch jedes Spiel geht einmal zu Ende und wir leben in jener Endzeit, in der wir das letzte Hecheln des zwischen diesen Buchdeckeln personifizierten Machtgiermonsters samt allen zugehörigen Turbulenzen miterleben dürfen.

Seit 2005 hat sich die weltpolitische Lage weiter massiv in Richtung Finale zugespitzt. Die aktuellen Meilensteine des von den internationalen Dunkelmächten auf die Spitze getriebenen Ränkespiels werden deshalb nachfolgend der Vollständigkeit halber in aller Kürze ergänzend beigestellt. Schließlich galoppieren diese ohne Wimpernzucken über Leichen gehenden Kräfte derzeit – sich dabei fast überschlagend – selbst in den unweigerlichen Untergang. Das perfide System satanischer Gier hat sich ironischerweise durch die Immanenz seiner mörderischen Struktur letztendlich ins eigene Schwert gestürzt. Diese geistig-seelisch armseligen, egoman verblendeten Süchtigen der Macht versuchen zwar mit einer Serie konzertiert angelegter Mega-Coups noch immer verzweifelt das Ruder herum zu reißen, doch das selbstzerstörerische Projekt der hinter den nationalen und internationalen Vorhängen agierenden Schattenregierungen ist ohne weitere Gnadenfrist endgültig dabei zu scheitern. Die überkommene Gesellschaft weltumspannender Dominanz der Dinosaurier und Hyänen elitärer Macht beginnt inzwischen auch für notorische Wegblicker unübersehbar zu bröckeln. Die ersten Dutzend Statthalter des Grauens haben bereits die Ausweglosigkeit ihrer Spezies erkannt und die suizidale Lösung ihres Dilemmas vollzogen. Und die wenigen Schritte zum letztlichen Abgang des gesamten satanischen Konsortiums aus ideologiegetriebenen Monstern samt ihren willfährigen Bankern und Polit-Marionetten sind schon vorgezeichnet.

Und wie es so kommt, wenn etwas zusammenkracht, sei es eine individuelle Psyche oder ein Gesellschaftssystem, dann muss Rückschau gehalten werden – so ist es in der Psychoanalyse und ebenso in der Weltpolitik. Da müssen die Leichen aus dem Keller geholt und dem

Geschehenen noch einmal ins Auge geblickt werden. In unserem Fall sind es die Augen dieser ökonomischen Triebtäter und staatlich sanktionierten Wirtschaftsterroristen. Ein krebskranker Mensch ebenso wie auch eine kanzeröse Menschheit kann nur heil und wieder ganz werden, wenn die Verursacher der Metastasenbildung erkannt werden. Gesellschaftlicher wie individueller Krebs muss mittels innerer Läuterung besiegt bzw. befriedet werden, und diese Einkehr bedingt zuallererst das Erkennen dessen, was falsch gelaufen ist. So wie sich beim von Krebs befallenen Menschen die psychischen und bioenergetischen Verstopfungen des Lebensflusses nur durch Auseinandersetzung mit der eigenen psychosomatischen Erstarrung lösen, können auch chronische Defizite der Gesamtgesellschaft nur durch genaues Hinsehen auf den sozialen Stau mit einem daraus resultierenden Handeln bewältigt werden.

Mit Verdrängen ist es nun nicht mehr getan. Auch wenn noch so viele Ängste aufsteigen, da muss die Gesellschaft als Ganzes durch. Insbesondere die selbsternannten Sklaventreiber werden nun von den Umständen gezwungen, einen Blick in den Spiegel auf ihre eigene Monströsität zu werfen. Mit pseudodemokratischen Wahlen wurden die Völker der Welt Jahrhunderte lang mittels ihnen übergestülpten Demokraturen samt Wahl zwischen Pest und Cholera zum Narren gehalten. Nun ist Transformation oder Untergang ist die einzig übrige Wahl. Jeder prüfe, auf welche Seite er sich schlage, denn weitere Fluchtwege sind pure Illusion. Denn jetzt erwacht eine Komponente der Evolution, mit der kaum einer der Mächtigen gerechnet hat. Dumm gelaufen: die simple Blödheit der Gier hat sich ein letales Eigentor geschossen! Das Verflixte an der Sache ist, dass die betriebsblinde Mentalität der Machteliten dies erst voll realisieren wird, nachdem es schon zu spät ist, geschweige denn ihre vorgeschobenen Politiker Da kann auch die mit unzähligen Milliarden geköderte, den selbsternannten Herren der Welt willfährige Wissenschaft nichts daran ändern, muss sie doch ebenfalls wahr nehmen, das ihre scheinobjektiv-rationale Weltsicht nur eine zusammengekleisterte Hyperreligion ist, in der die Widersprüche schon unerbittlich zum Himmel stinken. Und selbst die Weltreligionen, die – von einem Kern an Wahrhaftigkeit abgesehen – schon seit langem zu tragenden Säulen der Herrschaftsstrukturen verkommen sind, werden einer konsequenten Selbstauflösung nicht entkommen. Oder hat der besitzstrotzende Vatikan irgendetwas Christliches an sich? Auch dort residiert eine gut getarnte satanische Zentralbank!

All diese Institutionen der etablierten Macht wackeln bereits in ihren Grundfesten, schon die ersten Vorbeben der kommenden Verwandlung haben tiefe Schrammen hinterlassen. Auch wenn sich deren Statthalter noch so an die illusionären Felsen ihrer einzementierten Pseudorealität klammern, es wird kein Stein wird auf dem anderen bleiben. Das hatten die 68er-Studenten damals schon weise vorausgeahnt, als sie „Der Sinn einer Organisation liegt in ihrem Scheitern" auf ihre Transparente schrieb. Organisation ist per se eine Erstarrung im Fluss des Lebens und wird stets so unflexibel und entartet, bis irgendwann die Dämme brechen müssen und alle krankhaften Ablagerungen von dannen schwemmen. Das hat schon vor uns vielen Gesellschaften der Menschheitsgeschichte den jähen Untergang gebracht und derzeit ist es wieder einmal soweit.

Doch genau betrachtete ist es kein immer wiederkehrendes Kreisen des Aufstiegs und Untergangs von Kulturen, wie es uns die dem Kapital hörige orthodoxe Geschichtsschreibung verkaufen will. Die gesellschaftlichen Entwicklungsschritte gehen in spiraligen Mäandern vor sich. Was die alten Mayas mit ihren zyklischen Kalendersystemen längst schon wussten, musste von der heutigen Alternativwissenschaft als bestürzende und zugleich beruhigende Faktenlage erst wieder mühsam ausgegraben werden: Der Mensch ist weit davon entfernt, die Krone der Schöpfung zu sein – im Gegenteil, jener Teil der Menschheit, der im Rahmen der Menschwerdung einen Reifegrad erlangt hat, höhere Schöpfungsdimensionen betreten zu dürfen, ist dem Kosmos gegenüber demütig geworden und wird in riesigen Zyklen aus der noch gärenden Menschwerdung abgeschöpft. Einem solchen Prozess gehen wir derzeit mit Meilenschritten entgegen. Kein Rechtschaffener geht somit im Universum verloren, oder wie es so schön heißt: Eher geht ein Kamel durch ein Nadelöhr, als dass ein Reicher in das Reich Gottes gelangt – aber das ist ein anderes Kapitel in einem anderen Buch.

Das Tollste an der derzeitigen gesellschaftlichen Schieflage ist: in ihrem Unterbewusstsein wissen all diese sich honorig und staatstragend gebenden Unterdrücker und ihre Lakaien ziemlich genau, was sie tun und was auf sie zukommt, denn sie taten es zumeist nicht das ersten Mal! Die Geschichte wiederholt sich für jeden bis er es kapiert hat, deswegen drehen sich die kosmischen Räder nach den oben erwähnten Äonen langen Mechanismen der Evolution. Ist etwas historisch überholt, wird es vom Fluss des Lebens mitgerissen, im Ozean der Wirklichkeit versenkt und zu neuen Erdenrunden der Selbsterkenntnis verurteilt.

Kommen wir zu den Massenmedien: Mit nicht zu überbietender Dämlichkeit wird die Menschheit tagtäglich strategisch zugemüllt, um den klaren Denken keinen Platz mehr zu lassen. Die Unterhaltungsindustrie wird ihrem Namen als ›Bewusstsein-Unten-Halter‹ mehr als gerecht. Und das ist kein Zufall sondern Methode: Rund 40.000 TV-Morde flimmern hochgerechnet jede Nacht rund um den Globus über die Bildschirme und auch sonst liegen die meisten TV-Programme auf nicht mehr zu unterbietendem Niveau. Was eine solch gezielte teuflische Dauerberieselung in der kollektiven Psyche der Menschheit anrichtet, kann man an den Fingern abzählen. Die klare Absicht der Herrschenden ist es, die Psyche der Menschen periodisch in Angst und Schrecken zu baden, um so die Energie für etwaige Aufstände zu lähmen und zu zerstreuen. Auch die politischen Parteien spielen dieses Spiel der Angst, teils bewusst, teil als unbewusste Schachfiguren. Sie haben inzwischen allesamt so extrem an Glaubwürdigkeit verloren, dass auch ihr Ende vorgezeichnet ist. Regieren heißt für das Volk nur noch Korruption ohne Ende. Da wird ein Rechtssystem aus purem Hohn abgesegnet, dass nur noch die Verlogenheit der Gesellschaft widerspiegelt. Erbgesetze etwa wurden gesetzlich so zementiert, dass sie allein schon ein Garant waren, die gesellschaftlichen Diskrepanzen zu perpetuieren. Und Großindustrien, die alles dem Profit unterordnen, haben mit ihren Lobbyisten die Regierungen derart im Griff, das sich sogar der kleine Mann zunehmend fragt, wer da eigentlich regiert. Da wird von den Volksvertretern – den dem Volk-in-den-Hintern-Tretern – ein völlig verkommenes Medizinsystem am Laufen gehalten, das bis heute den Menschen nicht begriffen hat. Oder nehmen wir das globale Schulsystem der Verblödung, das uns mit nutzlosesten Inhalten voll stopft, damit nur ja keiner zu denken und aufzuwachen beginnt. Falsche Geschichtsschreibung ohne Ende, damit jeder Funken an Hoffnung, diesem mentalen Gefängnis entfliehen zu können, im Keim erstickt wird. Dieses Netzwerk der Infamie hat in der EU seinen Gipfel erreicht: Eine bescheuerte Horde von Bürokraten, die keine Ahnung davon hat, worum es im Leben überhaupt geht, nimmt sich heraus, jedes kleinste Detail des Lebens zu regulieren.

Doch den Machtobsessionen jener unsichtbaren rund 300 Elitefamilien – deren bekannte Namen nur die Spitze des Eisbergs sind, denn die im Dunkeln sieht man nicht – seien es nun Illuminaten, Freimaurer, Jesuiten, Zionisten, Bilderberger und Co. werden nun finale Schranken gesetzt. Deren Bankern, die Welt als Kasino betrachten, in dem man auf Teufel komm raus abzocken kann, soll und darf, wird jetzt von einer höheren Instanz Einhalt geboten. Da wurde von deren Herren, diesen menschlichen Auslaufmodellen, zwar noch rasch der Klimawandel als neues globales Regulationsinstrument aus dem Ärmel gezogen, aber damit kommen sie nicht mehr weit. Ihre kleinlaut gewordenen Astrophysiker müssen inzwischen zugeben, von den derzeitigen Sonnenaktivitäten überhaupt nichts mehr zu verstehen. Hier laufen derzeit kosmische Vorgänge ab, wie sie noch nie da gewesen sind. Die zyklische Selbstreinigung des Kosmos ist dabei, seine Parasiten von Bord zu werfen. da werden auch die riesigen geheimen Bunkeranlagen nicht helfen. Die Konfusion unter dem in die Enge getriebenen Abschaum der Menschheit ist bereits derart groß, dass sie wild um sich schlagend noch vermeintliche allerletzte Trümpfe auf den Tisch legen, um dem Unbill ihrer Zukunft Paroli zu bieten: Der geplante globale Impfterror zur Zähmung und Reduzierung der Massen wird voll in die Hose gehen. Eine Weltgesundheitsbehörde, die eigentlich die Gesundheit der Welt auf ihre Fahnen schreiben sollte, kollaboriert mit den Obergangstern der Pharmaindustrie! Zuletzt kommt dann das Militär zum Einsatz, aber auch hier nimmt das Drama seinen Lauf: Die globalen Sandkastenspiele der Dobermänner der Eliten werden solche bleiben. Amerikanische Generäle mussten sogar vor laufender Kamera schon zugeben, dass nicht näher definierte höhere Instanzen ihre Atomraketen - bei diversen Bereitschaftstests - einfach außer Funktion setzten. Über den Abschussrampen wurden in großer Höhe gleichzeitig unbekannte Flugobjekte gesichtet. Die UFO-Geheimhaltung wurde inzwischen von einem halben Dutzend relevanter Regierungen stückweise aufgehoben, denn die öffentlichen

Sichtungen nehmen derartig zu, dass die Präsenz von dem Erdenvolk näher als deren Regierungen stehenden höher entwickelten, außerirdischen Menschheiten ohnehin nicht mehr verborgen gehalten werden kann. Jährlich gibt es Millionen von Sichtungen, viele tausende davon auf Film dokumentiert. Und je näher unsere kosmischen Freunde kommen, desto mehr ist das Schicksal der globalen Unterdrücker besiegelt. Da helfen auch keine geheimen Militärprojekte mehr weiter. Alles fliegt auf, nichts bleibt verborgen - wir gehen spannenden Zeiten entgegen! Letztlich wird es zum Shake hands, sprich zum offenen Erstkontakt, mit diesen galaktischen Kulturen kommen, die bereits seit den 50er-Jahren versuchten, unsere Regierungen umzustimmen. Aber der freie Wille unserer Ausbeuter geht mit dem Ende des großen Maya-Zyklus so oder so zu Ende. Ohne die kommende Rettung von außen würde der Planet samt Menschheit implodieren, den immensen angerichteten Schaden könnten wir ohne kosmische Hilfe absolut nicht mehr in den Griff bekommen.

Obwohl sich mancher Banker bereits wieder anschickt, das unsittliche Spiel in einer kleinen Finanzpause des Untergangs von vorne beginnen zu wollen, wird der Handlungsspielraum der mordlustigen Kollektivbestie aus machthungrigen Finanzmagnaten und deren politischen Krakenarmen in den nächsten Jahren Zug um Zug kleiner werden.

Denn jede Krise bietet auch eine gewaltige Chance, um so mehr ein finaler Kollaps. Es ist die Gelegenheit ein alternatives Wirtschaftssystem aufzubauen, das nicht auf Gier, Ausbeutung der Menschen und Zerstörung der natürlichen Ressourcen beruht. Während das verrottete System gesellschaftlicher Unterdrückung samt den dahinter stehenden, unbelehrbaren Eliten endgültig den Bach runter geht, bilden sich bereits - und in nächsten Jahren noch viel mehr - erste Strukturen eines neuen globalen mitmenschlichen Umgangs heraus. Wenn die Konditionierungen der Massen nicht mehr ständig durch die Massenmedien und Gesetzgeber - wie von einem Bühnenhypnotiseur - verstärkt werden, verlieren sie rasch an ihrer überkommenen Wirkung. Auch weil sie vom kollektiv zu mehr Freiheit erwachendem Bewusstsein zunehmend als das wahrgenommen, was sie sind: Eine raffinierte Peitsche zur vorauseilenden Kontrolle jedes autarken Lebenswillens. Doch diese Peitsche wird immer weniger knallen.

Eine Sache wird besonders spannend werden: Auf welche Seite wird sich Barak Obama - derzeit umzingelt von Dunkelmännern aus den eigenen Reihen - letztlich schlagen? Wer wird in diesem Endkampfszenario aus Einsicht zu den Fronten des Lichts hinüber wechseln? Dass das Spiel endgültig aus ist, haben die obersten Instanzen der Kontrolleure und ihre publikumsscheuen Auftraggeber längst begriffen, wollen dies aber dennoch bis zur bitteren Neige nicht öffentlich eingestehen... Der langen Rede kurzer Sinn: Banker + Gangster = Bankster. Dieses bereits rund um den Globus kursierende Kunstwort wird wohl bald in die Lexika Eingang finden. In diesem Sinne: Auf zu neuen Ufern!

Register

Andrew Carrington Hitchcock

arbeitet im finanziellen Sektor in London. Nach seinen Universitätsstudien diente er vier Jahre bei der Polizei. Seine Erfahrungen in beiden Bereichen überzeugten ihn von der Notwendigkeit, diese Organisationen und ihre dahinter agierenden Männer aufzudecken und bloßzustellen, welche die Welt aus blanker Macht- und Geldgier ohne Rücksicht in eine finale, horrende Katastrophe stürzen möchten.

Das Deutschland Protokoll

Die Bundesrepublik Deutschland ist ein souveräner Staat und das Grundgesetz ist unsere Verfassung. So wird es uns seit 1990 hypnotisch eingetrichtert und beinahe jedermann glaubt es. Aber stimmt das wirklich so? Oder wird im angeblich *freiesten Staat Deutscher Geschichte* nur Augenwischerei betrieben? Wenn Sie an Tatsachen und nicht an Märchen interessiert sind, sollten Sie weiter lesen. Wenn Sie aber weiterhin den gleichgeschalteten Massenmedien unter US-Hoheit Glauben schenken möchten, dann legen Sie es besser wieder weg, denn die Fakten könnten Sie vielleicht überfordern! Dieses Buch offenbart Ihnen erstmals, daß die BRD kein souveräner Staat, sondern ein weiterhin fortbestehendes besatzungsrechtliches Mittel der Alliierten ist; warum sich die bundesdeutsche Politik weiterhin nach US-Vorgaben auszurichten hat oder warum seit 1990 keine gesamtdeutschen Wahlen stattfinden!

Sie finden hier erstmals alle Beweise und Fakten die es Ihnen selbst ermöglichen, die in diesem Buch vorgetragenen Behauptungen selbst zu überprüfen. Das Traurige an diesem Buch ist die Wahrheit darin. Sie sind vielleicht der Meinung, das sei alles weit hergeholt?

Wissen Sie, weshalb Sie einen *Personalausweis* und keinen *Personenausweis* besitzen? Wessen Personal sind Sie? Vielleicht sind Sie sich auch wirklich ganz sicher, das Deutschland mit dem *2plus4-Vertrag* von 1990 einen Friedensvertrag hat. Selbstverständlich ist auch das *Grundgesetz für die Bundesrepublik Deutschland* unsere Verfassung - auch das wird sogar in Schulen so gelehrt. Sie können hoffentlich mit diesen und mehr Enttäuschungen umgehen, denn genau dies wird dieses Buch mit Ihnen tun: Es wird Sie *enttäuschen* und Ihnen ungeschminkt die verschwiegenen Fakten präsentieren, vor denen sich die Bundespolitiker aller Fraktionen so sehr fürchten!

Die US-amerikanische *American Free Press* schrieb am 7. Oktober 2002: „Ironischerweise ist Deutschland keine souveräne Nation, ohne Friedensvertrag und mit über 70.000 US-amerikanischer Besatzungstruppen noch immer auf seinem Boden: Die USA und Großbritannien könnten die Bundestagswahl annullieren unter Deutschlands *tatsächlicher* Verfassung, dem Londoner Abkommen vom *8. August 1945*."

Dies ist nur ein kleiner Vorgeschmack auf weitere Enthüllungen und Fakten dieses Buches. Unter anderem erfahren Sie: Warum die BRD keine Rechtsgrundlage für ihr Handeln besitzt; warum die bundesdeutschen Regierungen und alle Wahlen seit 1990 illegal sind; weshalb Berlin kein Bundesland der BRD sein kann; weshalb jeder Bundesdeutsche staatenlos ist; wieso es keine Staatsangehörigkeit „Deutsch" gibt; wofür und für wen Sie hohe Steuern zahlen; warum Deutschland weiterhin von den USA besetzt ist; was das Grundgesetz *für* die Bundesrepublik Deutschland wirklich ist; warum Deutschland keinen Friedensvertrag hat, warum Deutschland noch immer unter mittelbarem Kriegsrecht steht; weshalb der Euro keine legale Banknote ist und keinen Bestand haben wird; warum Bundeswehrsoldaten Söldner und Freischärler und keine Soldaten im Sinne des Völkerrechts sind; warum sich die BRD nicht an das Völkerrecht hält - und vieles mehr!

Vergessen Sie die *freie Presse*! Vergessen Sie die *freien Medien*!
Vergessen Sie die *frei gewählten Politiker*! Vergessen Sie alles, was man Ihnen bisher
erzählte und prüfen Sie den Inhalt des Buches auf seinen Tatsachengehalt selbst nach!
Aber Vorsicht: Sie werden künftig die Welt mit ganz anderen Augen sehen!

ISBN 978-3-940845-88-7

Andreas Clauss
Das Deutschland Protokoll II

„Die Wenigen, die das System verstehen, werden so sehr an seinen Profiten interessiert oder so abhängig sein von der Gunst des Systems, dass aus deren Reihen nie eine Opposition hervorgehen wird.
Die große Masse der Leute aber, mental unfähig zu begreifen, wird seine Last ohne Murren tragen, vielleicht sogar ohne zu mutmaßen, dass das System ihren Interessen feindlich ist. "

Rothschild, 1863

Anhand der jüngsten Finanzkrise, der gegenwärtigen Rechtslage und Rechtsprechung in Deutschland zeigt der Autor, dass die Gültigkeit des Zitates aus dem 19. Jahrhundert nicht nur weitsichtig, sondern leider auch zutreffend war. In unserer globalisierten Welt geht es nun um Dimensionen, die alle bisherigen Wirtschaftskrisen in den Schatten zu stellen droht.

Auf unterhaltsame und informative Weise führt Sie der Autor in die Hintergründe der Finanzkrise und deren Auswirkungen auf Ihr Leben. In Fortsetzung des ersten Bandes werden Möglichkeiten und persönliche Wege aus der Geld-, Steuer- und Abhängigkeitsfalle gezeigt. Sie bekommen ein paar Ideen, auf welchem Wege es gelingen wird, sich über das Thema Gemeinnützigkeit und Ausland, dem Geld- und (Un)Rechtssystem der BRD zu entziehen, ohne gleich das Land verlassen zu müssen.

Nach den Worten des Autors setzt sich das Wort Wertpapier aus zwei unterschiedlichen Substantiven zusammen: Wert und Papier. Wie Sie mittlerweile selbst den Mainstream-Medien entnehmen können, gehen diese getrennte Wege:

Wenige besitzen die Werte, viele haben das Papier.

Der Tausch Ihres Papiergeldes gegen das bedruckte Papier zwischen diesen beiden Klappdeckeln, könnte sich als eine sinnvolle Investition erweisen, um in der Zukunft auf der für Sie wahrscheinlich besseren und gesünderen Seite zu stehen.

Gleichzeitig bekommen sie ein paar Anhaltspunkte, dass es um sehr viel mehr, als um Geld geht. Es geht um unsere Autarkie, unsere Lebensfähigkeit als Individuum und in der Gemeinschaft, denn Sie können weder Ihr Geld noch dieses Buch essen.

Es geht um Sie, um unser Volk, um unser Land.

Es geht um den Unterschied zwischen Staats- und Privatrecht und wie man es zu unserem Wohle wieder richtig anwendet.

Es geht um lebensfähige, reproduzierbare Alternativen.

ISBN 978-3-940845-90-0

Toni Haberschuss
Das Deutschland Protokoll III

Dieses Buch wird Sie an Ihrem Verstand zweifeln lassen!

Der Autor erzählt in berichtender Romanform Erlebnisse, die rückwärts betrachtet und im Vergleich zu den Geschehnissen der Zeit auf einmal einen Sinn ergeben. Erst jetzt wird die Bedeutung von bestimmten Zeitabläufen in Bezug auf Politik, Wissenschaft (insbesondere der Physik) der medizinischen Versorgung, wie medizinische Behandlung und Pharmaindustrie deutlich.

Wir werden nicht richtig ernährt. Wir werden medizinisch falsch behandelt. Wir werden mit pharmazeutischen Produkten regelrecht hingemordet. Und das alles mit dem Segen der Politik.

Aber es geht noch weiter. Die Politik hält uns in Bezug auf alternative Energien völlig unterbelichtet, erklärt uns aber über die gekauften Medien ständig ihr Bemühen, die Entwicklung von alternativen Energien zu fördern. Dabei handelt es sich aber nur um Techniken, die nicht in Konkurrenz zu bestehenden Energieträgern stehen und diese deshalb niemals ersetzen können. Tatsachen, die ein völlig neues Weltbild ergeben, werden zurückgehalten und nur ausgesuchten Eliten zugänglich gemacht. Es ist ein so unglaubliches Komplott, dass das Wissen darum niemals einer großen Öffentlichkeit zugänglich gemacht werden darf. Politiker oder Wissenschaftler können für solche Miss-Handlungen am Volk nicht einfach gekauft werden. Wie die Elite dazu gebracht wird, bei solchen Volksmordungen mitzumachen, ist für den normalen Menschen nicht vorstellbar. Wer ist diese Personengruppe die eine solche Macht ausübt, reihenweise Staatschefs als Vasallen zu beschäftigen? Dieses Buch ist nichts für schwache Nerven, denn es wird die Vorstellungen - über machbare Perversionen und Verbrechen - von normalen Menschengehirnen weit übersteigen.

ISBN 978-3-940845-97-9

Michael Winkler

Politik am Pranger

Der Pranger war eine Einrichtung der mittelalterlichen Strafjustiz, ein Brett, an das Straftäter in völliger Hilflosigkeit gefesselt wurden, um ihre Schandtaten der Öffentlichkeit preiszugeben. Wer am Pranger stand, wurde verspottet. Das war eine vergleichsweise milde Strafe in einer Zeit, in der bedenkenlos geköpft und verstümmelt wurde.

Seit Oktober 2004 erscheinen auf der Internet-Seite **www.michaelwinkler.de** in der Rubrik „Pranger" allwöchentlich Texte zu einer großen Auswahl von Themen. Unter Kennern haben diese Texte längst Kultstatus erlangt. Wirtschaft, Politik, Vorsorge, Philosophie – es gibt in Deutschland keinen zweiten Autor, der in dieser Qualität und mit dieser Ausdauer ein derart breites Themenfeld bearbeitet.

Dieses Buch enthält ausgewählte Texte zum Thema Politik. Es ist in sechs Kapitel untergliedert und nimmt die Demokratie, die Zerfallserscheinungen in der BRD, die selbstherrlichen Parteien, die offizielle Geschichtsschreibung und die desinteressierten Mitmenschen aufs Korn. Das letzte Kapitel ist der Erneuerung gewidmet, der Hoffnung auf Besserung.

Einige Texte aus der Regierung Schröder wurden an den nötigen Stellen aktualisiert, die Sachverhalte sind leider noch immer erschreckend relevant. Am Pranger steht die Politik der Gegenwart, das Geschehen, mit dem wir Tag für Tag konfrontiert werden.

Der mittelalterliche Pranger diente der Belehrung, der Angeprangerte sollte zur Einsicht gebracht werden – und er sollte weiterleben, um sich zu bessern. Genau dies ist die Absicht der Internetseite und dieses Buches.

ISBN 978-3-941956-34-6

Michael Winkler
Das deutsche Jahrhundert - Staatskonzepte der Zukunft

Dies ist ein Buch für die Schublade...

Wir bewegen uns unaufhaltsam auf Veränderungen zu, die so bedeutend sind, wie jene in den Jahren von 1910 bis 1960. Nur wird das, was damals fünfzig Jahre gedauert hat, in gerade einmal fünf Jahren stattfinden.

Wir leben in den letzten Tagen des uns vertrauten Staates, in den letzten Tagen trügerischer Ruhe und Sicherheit. So, wie 1910 bereits der Keim zu zwei Weltkriegen und dem Ende des Kolonialzeitalters gelegt gewesen war, so ist auch heute schon die Zerstörung dessen absehbar, was uns heute noch unerschütterlich stabil erscheint.

Wenn wir nicht aus den Fehlern der Gegenwart lernen, sind wir verdammt, diese Fehler fortzusetzen. Es ist zu spät, die alte Bundesrepublik zu retten. Die Politiker, die diesen Staat an sich gerissen haben, wissen nicht mehr weiter. Es geht ihnen um den Erhalt von Pfründen und Privilegien, nicht um das Wohl unseres Landes.

Das jetzige System läßt uns vor seinem Zusammenbruch noch die Zeit, ein Konzept für eine bessere Zukunft zu entwickeln – ein Konzept, wie Deutschland im Jahr 2020 aussehen soll.

Wenn der Staat sich auflöst, in der kommenden Stunde Null, ist es zu spät, neue Konzepte zu entwickeln. Wenn dann nichts in der Schublade bereit liegt, wird improvisiert, zusammengestückelt und der Not folgend auf die Schnelle organisiert, was wohldurchdacht aufgebaut werden sollte.

Dieses Buch ist eine Anleitung für den Aufbau eines besseren Staates, der die Fehler der Vergangenheit meidet. Deshalb sollte es für den Fall der Fälle griffbereit in der Schublade liegen.

ISBN 978-3-940845-22-1

Ein Alex Jones Film

Police State 3 - Die totale Versklavung

Alex Jones' letzter Teil der Dokumentarfilmreihe über das Gefängnis, das weltweit um uns herum unter dem Vorwand der Terrorbekämpfung errichtet wird.

Erfahren Sie, wie die Völker der Welt durch verdeckte Kriegsführung, Anschläge unter falscher Flagge, sowie Marionettenregierungen auf nationaler und internationaler Ebene in ein globales, diktatorisches Regime getrieben werden.

Alle unsere Bewegungen sollen durch modernste Technologien lückenlos überwacht und besteuert werden.
Mit neuen Gesetzen können Regierungen jeden missliebigen Bürger zum Terroristen erklären. Im Fernsehen wird inzwischen offen die Folterung von Kindern befürwortet.

Es wird Zeit, dass Sie den Wahnsinn durchschauen!

160 min, mit deutscher Tonspur von *infokrieg.tv*.

ISBN 978-3-940845-66-5

Zeitgeist – Der Film

Zeitgeist ist ein nonkommerzielles Film-Projekt, das nach jahrelanger Recherchearbeit im Jahr 2007 von Peter Joseph umgesetzt wurde.

Seit der englischen Veröffentlichung Mitte 2007 ist der Film bis heute in mindestens 20 Sprachen übersetzt worden, u.a. in Deutsch, Spanisch, Französisch, Japanisch und Russisch. Nach konservativen Schätzungen wird der Film täglich allein über die Video-Streaming Plattform „Google Video" mehr als 70.000 mal gesehen, das sind mehr als 2 Millionen pro Monat. Der Film nimmt damit weltweit hohe Positionen in den Video-Charts ein.

Der Film stellt die provokante Frage welche Gemeinsamkeiten Jesus Christus, der 11. September und die Federal Reserve Bank haben.

Dabei wird im ersten Teil des Films ausführlich auf die astrotheologischen Hintergründe und Mythen um die Figur des „Jesus Christus" eingegangen und es stellen sich Gemeinsamkeiten mit Göttern anderer, teilweise viel älterer Kulturen heraus.

Der zweite Teil des Films widmet sich vorwiegend den Terroranschlägen des 11. September 2001, mit dem Versuch dieses Ereignis kritisch zu betrachten und es in einen Kontext mit anderen terroristischen Anschlägen zu bringen.

Im dritten Teil wird der Frage nachgegangen wer die Männer hinter dem Vorhang sind. So wird u.a. die Geschichte rund um die Entstehung des Zentralbankensystems der USA beleuchtet und es wird ein kritischer Blick auf wirtschaftliche und kriegerische Ereignisse des 20. Jahrhunderts geworfen. Der Film schließt mit der Entlarvung des vorherrschenden Zeitgeistes als gänzlich auf Angst basiert.

122 min, mit deutscher Tonspur von *infokrieg.tv*.

ISBN 978-3-940845-64-1